高职高专财经商贸类专业精品课程系列教材

现代推销技术

xiandai tuixiao jishu

主　编　周朗天
副主编　邵运川　张　荣　王　泉
主　审　蒋永贵　曹　耀

苏州大学出版社
Soochow University Press

图书在版编目(CIP)数据

现代推销技术/周朗天主编. —苏州：苏州大学出版社，2014.6
高职高专财经商贸类专业精品课程系列教材
ISBN 978-7-5672-0916-9

Ⅰ.①现… Ⅱ.①周… Ⅲ.①推销-高等职业教育-教材 Ⅳ.①F713.3

中国版本图书馆 CIP 数据核字(2014)第 123901 号

现代推销技术
周朗天 **主编**
责任编辑 施小占

苏州大学出版社出版发行
(地址:苏州市十梓街 1 号 邮编:215006)
常州市武进第三印刷有限公司印装
(地址:常州市湟里镇村前街 邮编:213154)

开本 787×1091 1/16 印张 16 字数 380 千
2014 年 6 月第 1 版 2014 年 6 月第 1 次印刷
ISBN 978-7-5672-0916-9 定价:33.00 元

苏州大学版图书若有印装错误,本社负责调换
苏州大学出版社营销部 电话:0512-65225020
苏州大学出版社网址 http://www.sudapress.com

序言

现代商品经济条件下，产品由生产领域到消费领域的转移，必须通过“推销”这一最主要的手段来实现马克思所说的“惊险的跳跃”。近年来，对推销人才的需求量在我国各行业中所占比例最大，高校营销类专业毕业生在就业市场呈现供不应求的态势，需求缺口日益明显。全球展开的信息和信息技术革命，正以前所未有的方式对社会变革的方向起着决定作用，信息化时代同样也对推销人员的知识和技能提出了更高的要求。

根据教育部(教职成〔2012〕9 号)《教育部关于“十二五”职业教育教材建设的若干意见》中“在职业院校推行适应项目学习、案例学习等不同学习方式的教材，注重吸收行业发展的新知识、新技术、新工艺、新方法，对接职业标准和岗位要求，丰富实践教学内容”的精神，本书在经过三年的项目化教学实践中，收集了大量新的案例资料和典型小故事，融技能性、趣味性、知识性于一体，按照推销员岗位的基本要求，以完成任务的典型活动项目来驱动，通过推销活动各环节的情境模拟和课后作业等多种手段，以典型的推销流程为主线，使学生在员工培训、推销准备、推销洽谈、顾客异议处理、成交及售后服务、推销管理等各项活动中掌握推销员岗位的基本职业能力。

本书由江苏食品药品职业技术学院周朗天任主编，雨润集团蒋永贵、江苏新亚百货股份有限公司曹耀主审，江苏食品药品职业技术学院邵运川、张荣、王泉任副主编。具体分工如下：单元一由周朗天编写，单元二、单元三由张荣编写，单元四、单元五由王泉编写，单元六及附录由邵运川编写。此外，江苏广播电视股份有限公司淮安分公司徐金美提供了部分企业案例分析资料。

本书的编写得到了苏州大学出版社相关领导和编辑的大力帮助和支持，在此谨表感谢。书中引用了很多相关著作和资料，在此也向这些著作和资料的作者表示感谢。由于编者水平有限，书中疏漏和缺陷在所难免，恳请广大同仁和读者朋友多提宝贵意见。

目录

单元一

员工培训

导入案例

海尔的员工培训

海尔培训工作的原则是:"干什么学什么,缺什么补什么;急用先学,立竿见影"。在此前提下,首先是价值观的培训,即"什么是对的,什么是错的,什么该干,什么不该干",这是每个员工在工作中必须首先明确的内容,这就是企业文化的内容。对于企业文化的培训,除了通过海尔的新闻机构《海尔人》进行大力宣传以及通过上下灌输、上级的表率作用之外,重要的是员工的互动培训。

为调动各级人员参与培训的积极性,海尔集团将培训工作与激励紧密结合。集团中高层人员,必须定期到海尔大学授课或接受海尔大学培训部的安排,不授课则要被索赔,同时也不能参与职务升迁。海尔大学每月对各单位培训效果进行动态考核,划分等级,等级升迁与单位负责人的个人月度考核结合在一起,促使单位负责人关心培训,重视培训。

技能培训是海尔培训工作的重点。海尔在进行技能培训时重点是通过案例、到现场进行的"即时培训"模式来进行。具体说,是抓住实际工作中随时出现的案例(最优事迹或最劣事迹),当日利用班后的时间立即(不再是原来的停下来集中式的培训)在现场进行案例剖析,针对案例中反映出的问题或模式,来统一人员的动作、观念、技能,然后利用现场看板的形式在区域内进行培训学习,并通过提炼在集团内部的报纸《海尔人》上进行公开发表、讨论,形成共识。员工能从案例中学到分析问题、解决问题的思路及观念,提高员工的技能,这种培训方式已在集团内全面实施。对于管理人员则以日常工作中发生的鲜活案例进行剖析培训,且将培训的管理考核单变为培训单,利用每月8日的例会、每日的日清会、专业例会等各种形式进行培训。

资料来源:http://edu.21cn.com/qy/Learn/63283.htm

海尔之所以成为全球大型家电第一品牌,与海尔公司开展员工培训是分不开的。同样,做优秀的推销员也离不开知识技能的培训。为了更好地了解员工培训相关知识,本单元将从推销员必须具备的要素、企业文化、沟通技巧三个方面分别阐述。

项目一　推销认知

职业能力目标与学习要求

1. 知识目标:了解推销员必须具备的要素;掌握现代推销流程。
2. 技能目标:能将推销流程应用到产品的推销过程。
3. 任务分解:

   任务一:掌握推销员必须具备的要素;任务二:分析现代推销流程。

任务一　掌握推销员必须具备的要素

实施步骤

1. 案例阅读。
2. 案例分析与思考。
3. 分析推销员相关要素。

思考案例

我国春秋战国时期的一些所谓"谋士"进行的政治游说活动就是非常典型的推销例子。战国时期的苏秦是"连横合纵"战略的主要策划人员之一。《战国策》中关于苏秦的描写非常精彩。

苏秦成名之前是一个穷困潦倒的书生。锥子刺骨,刻苦攻读,以期有朝一日能改变自己的命运。除了努力学习书本知识外,他非常关注政治时局的变化。当时,秦国日益强大,其吞并诸侯国的野心不断膨胀。苏秦判断未来的天下必在秦国,自己人生光明的前途也将身系秦国。就跟现在的大学生一样,深圳、广州、上海等大城市是全国经济发展的龙头,大学生们希望取得大的发展,实现自己的人生价值,大多往这些大城市挤。苏秦准备了非常翔实的资料,拟定了"连横"的政治和军事策略(所谓连横,就是各个击破),准备游说秦王。他采用例证的方法,列举了很多先前有名的帝王成就伟业的例子,劝导秦王,怂恿其尽快发动攻打六国的战争。他说,古往今来,哪个成大事者不是依靠战争来实现的呢?并提出自己关于攻打六国的"连横"战略。秦王听得是心花怒放。但秦王毕竟是一国之君,办事老谋深算,不愿意轻信这个远道而来并急于推销其政治见解的年轻书生。只是对苏秦说时机还未成熟,便拒绝采纳苏秦的主张。

"说秦王书十上而说不行。形容枯槁,面色黧黑。"苏秦只得收拾行李,准备回家。"归至家,妻不下紝,嫂不为炊,父母不与言",一败涂地,苏秦很郁闷。可是,他并没有一蹶不振,他信奉“哪里跌倒哪里爬起来”。既然秦国不采纳自己的主张，就转到秦国的对立面，帮助六国攻打秦国。

于是，苏秦又经过一番精心的准备，进行主张“合纵”(所谓合纵，就是六国要团结，以防各个击破)。他首先游说赵国。这个地处秦国旁边、实力弱小的国家，面对虎视眈眈的秦国，正终日发愁。苏秦的到来，真是雪中送炭。“见说赵王于华屋之下，抵掌而谈，赵王大悦，封为武安君。”苏秦一举成功，拿到了相印，并获得黄金万镒作为“合纵”战略实施的资费。这时的苏秦真是无限风光。

资料来源：周朗天. 现代推销技术. 北京：科学出版社，2011：3.

一、推销的概念与特点

推销，作为一种社会实践活动，有着悠久的历史。但是，什么是推销？当今世界众说纷纭，莫衷一是。世界首席保险推销员齐藤竹之助总结几十年的实践经验后指出：“无论干什么都是一种自我显示，也就是一种自我推销。”据统计，国内外专家学者对于推销的定义大约有180多种。为便于理解，下面举出几个较有影响的观点。

美国市场营销学会(1960年)：推销是用人为或非人为的方法协助和说服顾客购买某种产品或劳务，并依照对出售者具有商业意义的意见采取有利的行为。

戈德曼(欧洲推销专家)：所谓推销，就是要使顾客深信，他购买你的产品会得到某些好处。

原一平(日本推销之神)：推销就是热情，就是战斗，就是勤奋地工作，就是忍耐，就是执著的追求，就是时间的魔鬼，就是勇气。

中国营销界：推销是指推销人员在一定的推销环境里，运用各种推销技术和推销手段，说服推销对象接受一种事物或观点，同时也达到推销人员自身特定目的的活动。

上述观点各有独到之处，各自从不同的角度，用不同的理论解释问题。现在人们一般从广义和狭义两个角度去理解推销的定义。

(一) 广义推销

广义的推销就是信息的发出者运用一定的方法和技巧，说服与帮助信息的接收者接受其发出的信息，以使双方的某种需要得到满足的行为过程。从广义的推销的角度出发，凡是对他人的说服行为均属于推销。比如，各种性质的谈判，学生毕业求职面试，以人为本管理思想下计划的贯彻执行，政治家的游说演讲，青年男女的求爱，甚至婴儿的啼哭与微笑，等等。

我们来分析苏秦的成功。苏秦何以取得成功？首先是他雄辩的口才；其次是他的胆识；而最重要的一点是他对时局有着透彻的分析和准确的把握，善于揣摩关键人物的心理，并提出行之有效的方案。这里时局的分析和心理的揣摩，在市场营销里，对应的就是消费者需求的分析和满足。苏秦能够取得成功，是因为有时局的需要。

从苏秦的案例中，可以得出这样的结论：广义推销所使用的方法、手段以及广义推销的实质，都与狭义推销是一致的。因此，我们要培养敏锐的观察力，将日常生活中广泛存在的广义推销方法运用到产品推销活动中来。

（二）狭义推销——商品推销

商品推销就是指企业的商品营销人员运用一定的方法和技巧，说服和帮助顾客购买某种商品（或劳务），以使双方需要得到满足的行为过程。

理解狭义的推销，可以从以下几个方面入手。

1. 推销是一个复杂的行为过程

传统观念认为推销就是耍嘴皮子，目的就是说服顾客购买。这种观念直接导致了在推销过程中过分强调推销行为本身，推销人员一味地将自己的推销意志强加给顾客，而不认真研究顾客对推销品以及推销行为的反应，只顾及推销方的利益，而忽视顾客需求的满足。这种把推销单纯理解为说服行为的观点，是导致目前社会上人们普遍对推销人员抱有成见、持抵触态度的根本原因。

从推销活动的构成要素上来看，无论是广义的推销还是狭义的推销，任何企业的商品推销都少不了推销人员、顾客和推销品，即推销主体、推销对象和推销客体构成了推销活动的三要素。

（1）推销人员

推销是以人为主体的活动过程，在推销活动中，推销员要成功地推销商品，首先要成功地推销自己。假如客户不接受推销员这个人，就会连介绍商品的机会都不肯给他，更不用说购买他推销的商品了。不管推销员向顾客介绍的公司和产品如何出色，如果顾客不认可推销员本人，推销活动就不可能发生，更谈不上推销业绩。所以，推销员是企业与顾客之间的桥梁。

（2）顾客

顾客或购买者，是推销员推销商品的目标与对象，它包括各类准顾客、经常购买者和购买决策者。推销对象是推销过程中一个有意识的、能动的因素，他拥有买与不买、买多与买少的自由；购买者的需求在不断变化着，不同的购买者有着不同的需求，同一类购买者在不同的时期，需求也可能各不相同。因此，在推销过程中，必须重视推销对象的主体作用，深入研究顾客的想法。顾客买不买某一件东西常有一个决定性的力量在支配，那就是感觉。感觉是客观刺激作用于感觉器官所产生的对事物个别属性的反映，是能影响人们行为的关键因素，是一种人和人、人和环境互动的综合体。企业、产品、人、环境、语言、语调、肢体动作都会影响客户的感觉。所以推销员一定要把与顾客见面的整个过程的感觉营造好。

在推销过程中，重要的是关注“对方”，而不是“自己”。不要把话题集中在夸耀自己的产品上，要知道，顾客永远不会因为产品本身而购买，顾客买的是这个产品或服务能给他带来的利益。

（3）推销品

推销品是指被推销的有形商品和无形商品，它包括实物、服务和观念。在推销过程中，对实物的推销与对服务、观念的推销联系在一起，形成一个不可分割的统一整体。推销员在推销实物的过程中，必须详尽地介绍产品的特征、用途及维修保养知识，并进行技术示范，使顾客了解产品的使用、维修方法，并向推销对象推销信息、技术等方面的服务；同时，推销员必须向顾客宣传产品的使用价值，以引起顾客兴趣、引导顾客购买，在推销实物的同时，向顾客推销现代消费观念。因此，推销过程既是一个实物推销过程，也是一个服务、观念的推销过程。商品推销过程中所推销的有形商品或无形商品，是保证推销活动顺利进行的物质基础。

2. 推销活动的核心在于满足顾客的需求和欲望

推销本是一个双赢的过程，推销员实现商品的价值，从而取得利润；顾客获得商品的使用价值，从而取得使用产品带来的利益。因此，交易达成后，没有任何一方遭受损失，哪怕是心理上的损失。但是，在推销活动的过程中，买卖双方之间的地位存在事实上的不对等关系。在大多数情况下，卖方处于主动地位，而买方处于被动地位。所以，一般情况是推销员需要说服顾客采取购买行为。

怎样才能有效地说服顾客采取购买行为呢？这不仅需要良好的口才，更重要的是要掌握说服人的正确原则，即"抓住对方切身利益展开说服工作"。如果推销人员在推销的过程中把重点放在夸耀自己的产品上，而忽视顾客的切身利益，尤其是顾客的潜在需求，就很难把自己的产品与顾客的利益结合起来，顾客自然不会对你的产品发生兴趣，从而导致推销活动失败。作为一名推销人员要时刻记住：顾客最关注的往往不是产品如何的好，而是对他本人是否有用。

3. 推销者要掌握一定的方法和技巧

由于推销者和推销对象分属于不同的利益主体，这就使得推销行为具有相当的难度。深入地分析、了解市场和顾客，灵活机动地采用相应的方法和技巧，才能有效地促成交易，收到成效。这种方法和技巧是多方面的，比如语言、动作、神态、表情甚至穿着打扮等，但不管是什么方法和技巧，都必须紧紧围绕顾客的需求进行，这是推销艺术的集中表现。

拓展阅读

推销的产生和发展

推销作为一种社会经济活动是人类社会发展到一定历史阶段的产物。推销的历史十分悠久，当人类社会第一次出现商品这个概念时，推销就应运而生了，它与商品同呼吸、共命运。可以这样说，推销伴随着商品的产生而产生，并伴随着商品的发展而发展，商品生产越发达，推销就越为重要。

从我国来看，早在原始社会后期，就出现了物物交换。随着人类社会第三次大分工——商人的出现，推销就成为专门的行当，那些专门从事商品交换的人，就是我们现在所说的职业推销员。我国最早出现专门从事交换的人是在夏代，到了商代，交换则发展成为一种专门的行业，城市里出现了专门经营买卖的市场，商人为了推销商品，大声叫卖招徕生意。伟大诗人屈原曾在《天问》中写道："师望在肆昌何识？鼓刀扬声后何喜？"这是屈原记录姜太公在朝歌这个城市贩卖肉食的传说。文中的"鼓刀"即屠宰，"扬声"是叫卖的意思。看来，姜太公可算是我国推销的鼻祖。

到了春秋战国时期，商品生产和商品交换已成为经济生活中的重要组成部分，商品推销活动更为广泛，既有门市销售，也有流动推销，如走街串巷的小商贩便是流动推销。这一时期，产生了我国历史上著名的大商人，如子贡、范蠡、计然、白圭等。他们的成功经验，有力地推动了我国经商理论或推销理论的发展。

到了北宋时期，商品生产和商品交换有了进一步的发展，推销活动的开展更为盛况空前。北宋著名画家张择端的《清明上河图》生动地描述了这一壮观的景象。在国外，推销同样源远流长。尼罗河畔的埃及商贩，丝绸之路上的波斯商旅，地中海沿岸的希腊船商，还有随军远征的罗马、阿拉伯、西班牙、葡萄牙、英国、法国的商人，都曾对推销的演进做出杰出的贡献。

特别是到了近代和现代，西方国家的推销发展步子迈得更大，出现了一大批诸如哈默、古拉德、松下幸之助、神谷正太郎这样杰出的推销大师。从某种意义上说，资本主义的商品经济发展史就是一部推销发展史。美国靠两次世界大战推销军火走上世界经济霸主的宝殿，日本战后靠大力拓展国外市场获得迅猛发展。据资料表明，现今日本平均每5个人中就有一位是从事推销工作的。正是这一大批推销人员把日本产品推到世界各地市场，可以说，没有这些众多的推销人员就没有日本今天的经济繁荣。

正因为推销对推动经济发展有日益重要的作用，所以本世纪以来越来越受到各国的重视。1958年，海因兹·姆·戈德曼公开出版《推销技巧》，标志着现代推销学的诞生。目前推销已由一门技术发展成为一门科学，大量的推销学著作得以出版，美国、日本、西欧都设有推销培训中心，日内瓦还设有国际推销培训中心，连我国的台湾和香港也相继办起了推销培训中心。这些培训中心造就了大批的推销人才，有力地推动了推销理论与实践的发展。

资料来源：http://blog.sina.com.cn/s/blog_625dcb820100fp1p.html

（三）推销的特点

1. 针对性

推销是企业在特定的市场环境中为特定产品寻找买主的商业活动，必须首先确定需要特定产品的潜在顾客，然后再有针对性地向推销对象传递信息并进行说服。因此，推销总是有特定对象的。任何一位推销员的任何一次推销活动，都具有这种针对性和特定性。他们不可能漫无边际或毫无目的地寻找顾客，也不可能随意地向毫不相干的人推销商品。否则，推销就成为毫无意义的活动。

2. 灵活性

由于影响市场环境和推销对象需求的不确定性因素很多，环境与需求千变万化。推销人员必须适应这种变化，灵活运用推销原理和技巧，恰当地调整推销策略和方法。可以说，因地制宜、灵活机动的战术，是推销活动的一个重要特点。

3. 双向性

推销并非只是一个推销员向推销对象传递信息的过程，而是信息传递与反馈的双向沟通过程。一方面，推销可以把企业的有关信息传递给中间商和最终用户，也就是推销对象；另一方面，推销人员通过与推销对象面对面的接触，观察顾客的反应，调查了解顾客对企业产品的意见与要求，可以把与推销对象有关的企业、产品、品牌、竞争对手等方面的信息反馈回来。通过这种双向的信息沟通，企业可以及时、准确地了解市场方面的有关情况和信息，为企业做出正确的经营决策及为企业营销决策的调整提供依据。这种沟通起到了重要的信息源的作用。

4. 互利性

现代推销是一种互惠互利的双赢活动,必须同时满足推销主体与推销对象双方的不同需求。成功的推销需要买卖双方都有积极性,其结果是“双赢”的,不仅推销的一方卖出商品,实现赢利,而且推销对象也感到满足了需求,给自己带来了多方面的利益。这样,既达成了今天的交易,也为将来的交易奠定了基础。

5. 说服性

推销活动中推销的是产品,但使用者是顾客,所以,推销的核心是人而不是物。说服是推销的重要手段,也是推销活动的核心工作。为了争取顾客的信任,使顾客接受企业的产品,并且采取购买行动,推销人员必须将产品的特点和优点,耐心地向顾客展示、介绍,影响并促使顾客接受推销人员的观念、产品或服务。一句话,说服是讲究艺术的。

6. 挑战性

推销工作给大家一种易于赚钱和成就事业的感觉,有很大的想象空间,是一种有很强的吸引力的工作。同时,推销工作对推销员的素质与能力也有较高的要求,不是什么人都适合做推销的。成功的推销员除了具有基本的专业知识、文化素质和社会沟通交往能力外,特别要具有非凡的自信心、吃苦耐劳的精神、面对挫折的勇气与强烈的成功的欲望。另外,推销目标任务完成的压力,推销竞争环境的压力,也决定了推销工作的挑战性质。

小资料

男孩对女孩说,我非常喜欢你,你就是我梦中的天使,所以,请跟我好吧!

——这是推销

男孩对女孩说,我家很有钱,我家在市区有两套房子,你嫁给我一定会过好日子的。

——这是促销

男孩没和女孩说过几句话,但是女孩却为他高雅从容的气质所倾倒。

——这是营销

男孩和女孩从没有见过面,但女孩周围所有的人都说男孩是多么多么的优秀。

——这是品牌

二、推销员应该具备的要素

优秀的推销员总是太少,而企业对优秀推销员的需求又总是太多,以至于优秀的推销员任何时候都是企业争相追逐的“抢手货”。一个优秀的推销员应具备以下要素。

(一) 职业知识

每个职业对从业人员都有不同的知识要求,对推销员的知识要求主要体现在企业知识、产品知识、市场知识、顾客知识、竞争知识等方面。

1. 企业知识

优秀的推销员要充分了解自己所处企业的情况。主要包括企业创建时期、企业文化发展历程、经营指导思想、有关的规章制度和惯例、营销战略与策略、生产规模、产品质量、设备工艺、员工素质、经营业绩、发展规划和总体目标等。

2. 产品知识

作为一名优秀的推销员，必须对自己所销售的产品的方方面面有透彻的认识和了解。需要了解产品的特点和功能、产品构成的原材料、产品制作的过程、产品的使用方法和保养方法等。

3. 市场知识

优秀的推销员，必须接受系统的营销管理理论的教育或培训。包括市场营销理论、营销调研、市场预测、推销技巧、商务谈判等方面的知识，了解熟悉有关方面的政策、法令和法规，还需要掌握必要的交际礼仪。

4. 顾客知识

优秀的推销员不仅要懂得消费者心理和购买行为方面的知识，还应该掌握商业心理学、公共关系学、人际关系学、行为科学和社会学等方面的知识。

5. 市场竞争知识

优秀的推销员必须掌握同行竞争状况的信息，包括整个行业的产品供求状况，企业处在什么样的竞争地位，竞争产品有哪些优缺点，竞争对手的价格、营销策略等。

不同性格的推销员可以创造同样辉煌的销售业绩，但是优秀推销员的性格当中都有以下的共同特征：热情开朗、意志坚定、超强耐性、宽容大度、举止大方、富有幽默感。除此以外，他们都有明确的人生目标和计划，有非常强烈的财富欲望和成功欲望，而且他们都具有良好的团队合作精神和良好的生活和工作习惯。

（二）职业能力

优秀的推销员总是能够在企业利益和顾客利益之间找到共同点，并且能够在满足顾客需要的基础上实现企业的利润。优秀推销员必须具备以下能力：

1. 良好的语言表达能力

推销员每天要接洽不同的顾客，在推销活动中主要是借助语言来介绍推销品带给顾客的利益。能否激发顾客的欲望，最终促成交易，语言能力的强弱是推销成功的关键要素。推销员在语言表达时要准确和清晰，言简意赅；要针对不同的顾客，有针对性地使用不同的语言；讲究语言表达的艺术性，并恰当使用姿势、手势、眼神、表情等肢体语言。

小故事

一位卡车推销员过去是司机，他对自己推销的卡车非常熟悉。在推销中，只要有人挑剔他的车，他就立即与之辩论，因为经验丰富，他经常是辩论的胜者。每当他走出顾客办公室的时候，他总是自豪地说："我又教训了他一次。"事实上他确实以他丰富的产品知识和经验教训了很多顾客，但是最终他也没有卖出去几辆车。

2. 较强的沟通能力

推销员向顾客推销的过程，实际上是信息沟通的过程。沟通能力是销售人员必不可少的能力，沟通含有两层含义：一是准确地采集对方信息，了解对方的真正意图，同时将自身信息也准确传达给对方；二是通过恰当的交流方式使得谈话双方容易达成共识。

3. 敏锐的洞察力

在推销过程中，敏锐的洞察力对销售成功是至关重要的。推销员应该用专业的眼光和知识去细心观察顾客的谈话用词、语气、动作、神态等微妙的变化，从而洞察对方的心理，发现重要的信息，及时调整推销技巧。

4. 快捷的应变能力

推销员在推销过程中会遇到很多突发情况，一旦推销人员缺乏处理异常情况的临场应变能力，就会陷入被动，可能导致推销失败。面对复杂多变的情况，推销员要善于对突变的情况进行快速分析，分析情况变化的原因，做出新的判断，冷静而沉着地处理各种可能出现的情况，根据情况的变化调整推销的策略和方法，提出各种变通的方案，尽快妥善解决。

5. 很好的自控能力

推销员在工作中要与各种矛盾、冲突打交道，要处理各种突发事件与纠纷，并常常受到诸如冷淡、批评、拒绝甚至挨骂的待遇，这就需要推销员具有很好的自控能力，要遇乱不慌，遇危不惊，有礼有节，沉着应对，决不能使性子，凭情绪办事。做到在不失原则的前提下，调动顾客，控制顾客，消除疑虑，转危为安。从销售来说，就是要化复杂为简单，化干戈为玉帛，取得销售的成功。

6. 较强的坚持能力和自我激励能力

推销工作很辛苦，这就要求推销人员要具有吃苦耐劳、坚持不懈的韧性。有时候推销员可能需要坚持一个月、半年甚至一年才开始积累到一些客户，推销业绩和收入才能有相应的提高。"吃得苦中苦，方为人上人"，推销工作的一半是用脚跑出来的。推销员要不断地去拜访顾客，与顾客沟通，说服顾客，甚至跟踪顾客以提供服务。可见，推销工作绝不是一帆风顺的，会遇到很多困难，但只要有持久的耐心、强大的信心和百折不挠的精神，就一定会取得相应的成效，赢得成功。在坚持的过程中，就要求推销员能够进行自我激励，鼓励自己胜利就在前方。自我激励不仅能够使我们充满激情地面对工作、迎接挑战，而且可以让我们在平凡的工作中做出不平凡的业绩来，因为成功总是属于不懈努力和不断自我激励的人。

小故事

有位推销员向一大群顾客推销一种钢化玻璃杯。他在进行完商品说明之后，便向顾客做商品示范。这一示范就是把一只钢化玻璃杯扔在地上而不会破碎。可是他碰巧拿的是一只质量没过关的杯子。只见他猛的一扔，杯子碎了。这样的事在他整个推销杯子的过程中是前所未有的，大大出乎他的意料。他很惊讶，但没流露出来。而顾客呢，则是目瞪口呆，因为他们本已相信了推销员的推销说明，只不过想亲眼看看，得到一个证明而已，结果却出现了这样一个尴尬的场面。然而，仅过3秒钟，就听推销员不紧不慢地说："你们看，像这样的杯子，我就不会卖给你们。"顾客笑了，沉默的气氛变得活跃了。接着，这位推销员又扔了5只杯子，个个掉在地上完整无损。推销员的随机应变能力博得了顾客的好感，5个完整无损的杯子赢得了顾客的信任。推销员很快推销出几十打杯子。试想，如果推销员不能随机应变摆脱窘境，顾客肯定会拂袖而去。

(三)职业素质

1. 良好的职业素养

企业必须选择“德才兼备,以德为先”的推销员,推销员经常工作在企业的外部,如果没有强烈的事业心和高度的责任感,即使企业有完善的管理制度也难以管理和控制他们。推销员的工作不仅仅是销售产品,还包括传播和收集信息、建立公司和品牌形象、沟通各方关系、向顾客提供顾问式的服务等等。在很多企业里,这些工作往往都没有纳入考核范围,这就要求推销员必须要有良好的职业意识。推销员经常接触公司和顾客的商业秘密,经常与金钱打交道,经常受到各种各样的诱惑,这也要求推销员必须具备良好的职业道德。良好的道德素养主要包括两个方面:一是对企业的忠诚;二是对顾客的诚实。

首先要忠诚于企业的利益,避免私下交易或出卖企业的利益。即使离职去别的企业或自己创业,也不能故意损害原来企业的利益。

不诚实的推销员决不可能成就大事业。要设身处地为顾客着想,真心诚意为顾客服务,和顾客交朋友,实行顾客固定化策略,发展顾客关系,顾客是企业及其市场销售人员的最重要的资源。

乔·吉拉德说:“诚实是推销之本。”要使销售成功,首先你要学会诚实。诚实是推销的最佳策略。推销过程中需要说实话,一是一,二是二,来不得半点欺骗。

据美国纽约销售联谊会的统计,70%的人之所以从你那儿购买产品,是因为他们喜欢你、信任你和尊敬你。因此,美同销售专家齐格拉强调:“信任是关键。”他说:“我坚信,如果你在销售工作中对顾客以诚相见,那么,你的成功会容易得多、迅速得多,并且会经久不衰。”

2. 身体健康

推销员的销售工作既是一项复杂的脑力劳动,同时也是一项艰苦的体力劳动。推销员经常因为业务而出差,在必要时还得携带样品、目录、说明书等,有时还需舟车劳顿、日夜兼程。部分推销员还需要进行安装调试、维修等较大强度的体力劳动和脑力劳动。因此,强壮的身体是成功销售的前提。推销员要有健康的身体素质,可以从如下几方面入手:保持良好心态;学会劳逸结合;努力坚持运动;注意饮食起居。

3. 富有自信心

自信是从事任何工作的必要条件。对于推销工作而言,自信尤显重要。推销是勇敢者的职业,在推销过程中,推销员要与形形色色的人打交道。要说服他们,赢得他们的信任和欣赏,就必须坚信自己的能力,相信自己能够说服他们,然后信心百倍地去敲顾客的门。自信传递着这样一种信息:你从事的职业不错,你所在的公司有发展前景,产品质量不错。缺乏自信,顾客会怀疑产品质量有问题,再好的产品,也很难卖出。因此自信体现在三个方面:对自己自信、对产品自信和对公司自信。

小故事

《美国》杂志的出版商亚瑟·莫特里年轻时为积攒上大学的学费,到处寻找打零工的机会。有一天,一个齐特拉琴的推销商找到他,让他推销齐特拉琴。齐特拉琴是一种古琴,价格不贵,销量较好。莫特里以5美元/把进货,10美元/把卖出,同时免费赠送给顾客30页乐谱。有一天,一位购买琴的顾客向他索要更多的乐谱,他突然发现这种琴只能弹奏C调,对其他调号的曲子一点用都没有。从他天起,他的销量再也没有达到先前的水平,因为他认为产品有缺陷,对产品信心不足。

小故事

在日本,一个家庭的祖孙三代3个人,同时都在一家医疗器械公司上班,同时都担任推销员职位,并且他们3个人的推销业绩占据了该公司的第一、第二、第三名。为什么会出现这样有趣的现象?原来,这个家庭的祖父,之前曾患有一种慢性病,医院无能为力,一个偶然机会,使用了这家公司生产的医疗器械,把病给治好了,解决了大问题。从此,他逢人便说这家公司的产品是如何如何好,免费为这家公司做了很多宣传工作。公司得知这个消息,将这个老人聘为推销人员,老人对产品的功效深信不疑,并且以自己的实际体验为说服材料,当然是业绩斐然。之后,他的儿子、孙子都进了这家公司,一起从事推销工作,同样对产品的功效深信不疑,一样的业绩斐然。

4. 热情开朗

热情是一种积极的意识状态,具有十分强烈的感染力,能够激励和鼓舞人们对自己所从事的工作采取积极的行动。对工作富有热情的人,他成功的可能性会远远大于没有热情的人。"没有热情就没有销售。"要保持热情的态度,热情能够感染人,热情散发出来的生机、活力、真诚与自信会感染顾客,引起顾客的共鸣。开朗的性格在推销中至关重要。开朗的人乐观,有亲和力,易于沟通,容易与顾客迅速建立良好的关系,并赢得顾客信任,最终实现成功推销。

(四) 职业礼仪

1. 仪表与服饰

没有固定的模式。

男性:一般是白衬衣、领带、深色西装,男士着装示意图见图1-1;女性:正式工作装。

基本要求:

① 干净。推销员形象代表个人、公司、产品。邋遢的外表将损害公司和产品形象。

② 得体,与顾客协调。不应该为使顾客产生深刻印象而着奇装异服,与顾客着装保持协调。推销实务中有一个重要的法则,即与顾客"情绪同步",进入"顾客频道"。要做到情绪同步,首先要求着装与顾客保持协调。

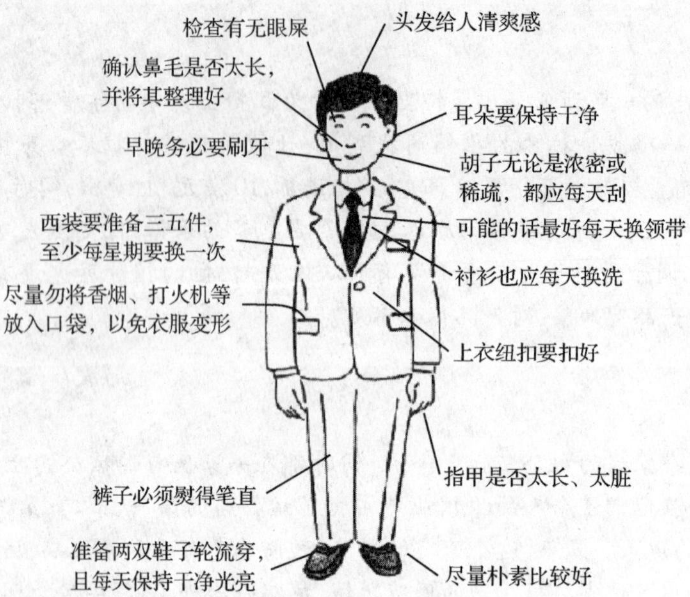

图 1-1　男士着装示意图

2. 言谈

基本要求：

① 发音准备，表达清晰、流畅。

② 节奏或语速要按顾客类型（视觉型、听觉型、感觉型）调整，与顾客保持协调。

③ 真诚、热情。

注意事项：

① 不要恶意攻击竞争者。

② 注意倾听顾客声音，不要与其争辩。

③ 不要开粗俗玩笑。

3. 举止：身体语言

身体语言非常重要。心理学有个基本原理：身体语言是个人潜意识或内心真实意思的表达。口头语言做到欺骗很容易，身体语言做到欺骗很困难。

注意事项：

① 手上不要不停地玩弄小物品，更不能把顾客名片当玩具玩。

② 坐姿前倾，不要后仰。

③ 站立或坐下时，不要双手抱胸。

④ 站立时不要背手。

⑤ 不要有怪动作，克服不良习惯，如不停眨眼、挖鼻子、掏耳朵、咬嘴唇、吐舌、抓头、不停看表、东张西望等。推销员的基本礼仪常识，见表 1-2。

表 1-2 推销员的基本礼仪常识

礼仪项目	基本要求
进门的礼仪	先敲门,即使顾客的门是敞开的 进门时必须充满自信,与人有眼神接触 如有同行者时,注意进门时应当让上司、女士先行
握手的礼仪	与他人见面应先握手,以示友好 握手时应当有力度,但要注意力度合适 握手时应当要保持 30 秒,但也不要时间太久
自我介绍	向别人介绍时,要注意身份,"高贵"身份的人最后介绍
办公室礼仪	保持心态轻松,遇事不可大声喧哗,应尽量保持冷静 不能长时间打私人电话 进出办公室应当注意不要打扰他人 未经同意不要吸烟,有女士在场必须首先征得女士的同意
接发名片的礼仪	接名片时应当双手去接,并且需要当场阅读 发送名片时,应以顾客能够读懂的文字面朝上,双手递去 递送的同时要主动读出名片上自己的姓名、职业等内容
电话礼仪	顾客电话铃响 3 声以内接听 和顾客谈话时,接听电话前需要向顾客道歉 接听顾客电话时,要不时使用语气词使对方确认你正在听他讲话 对于不清楚的问题,一定要主动询问 要养成在对方讲完话后再讲话的习惯,不要打断对方

小故事

某公司经理解释他为什么要聘用一个没有任何人推荐的一位小伙子时说:"他神态清爽,服饰整洁;在门口蹭掉了脚下带的土,进门后随手轻轻关上了门;当他看见残疾人时主动让座;进了办公室,其他的人都从我故意放在地板上的那本书上迈过去,而他却很自然地俯身捡起书并放在桌上;他回答问题落落大方,简洁明了,干脆果断,面带微笑。这些难道不是最好的推荐信吗?"

小资料

乔·吉拉德是世界上最伟大的销售员,他连续 12 年荣登吉尼斯世界记录大全世界销售第一的宝座,他所保持的世界汽车销售纪录——连续 12 年平均每天销售 6 辆车,至今无人能破。三十五岁以前,乔·吉拉德是个全盘的失败者,他患有相当严重的口吃,换过四十个工作仍一事无成,甚至曾经当过小偷,开过赌场。乔·吉拉德这样评价自己:跟其他人一样,我并没有什么秘诀。我只知道,人们真正买的是我,我是在推销世界上最好的产品。

任务二 分析现代推销流程

实施步骤

1. 有推销经历的学生简要介绍推销过程(3 ~5 个)。

2. 分组讨论推销工作的基本流程(3 ~5 组)。

3. 各组代表进行讨论结果交流。

4. 填写现代推销基本流程内容。

思考案例

日本有个推销大王,叫原一平。长相不佳,满脸疙瘩,身高只有一米四多一点。但这个人挺乐观,挺自信。在推销工作的起步阶段,他也很苦闷,因为业绩一般。他总在思考,推销应与做人的道理一样,做人的道理他比较在行,尽管长相和身材都不好,但他一样讨人喜欢,同样,推销也应有诀窍。经过一番苦心钻研,他摸索出两个武器:

一个是婴儿的微笑。婴儿那天真无邪的微笑,人见人爱。

一个是情人的眼神。情人含情脉脉的眼神,让人如痴如醉。

资料来源:李享章. 推销原理与技巧. 上海:立信会计出版社,2010. 12

现代推销的基本流程包括员工培训、推销准备、说服沟通、推销洽谈、异议处理、成交与售后服务等方面。

一、员工培训

在商品经济社会,企业之间的竞争,就好比行军打仗一样。打仗往往主要耗费的是钱粮,而企业竞争,则主要依靠人力资源。因此,企业的员工培训,就相当于源源不断供应军队的钱粮一样,显得尤为重要。把员工培训作为现代推销流程的第一环节,正是凸显其重要性。企业推销员培训重点应放在企业文化、社交礼仪、职业道德、专业知识与推销技能等方面。

二、推销准备

企业无论推销什么,其推销的主要对象是目标顾客。因此,产品或劳务在进入正式推销之前,需要对顾客心理(包括顾客类型、顾客购买行为、顾客购买动机等)有充分的研究;通过一定的方法和技术来寻找、接近目标顾客;以及做好一切必要的推销准备工作,才能为成功的推销奠定坚实的基础。

三、说服沟通

现代推销是一项技术,也是一门艺术,现代推销中的一项核心技术就是说服与沟通。通过沟通,使推销员与顾客之间彼此建立一种互相信任的良好关系;通过说服,使产品最终能被消费者认可,实现产品由生产领域向消费领域的转移。说服与沟通的基本内容大致包括介绍、倾听、询问、说服等。

四、推销洽谈

洽谈是进入推销主题的一个主要环节。传统推销与现代推销在洽谈中的一个本质区别在于:传统推销洽谈的根本目的是为了取得自身利益的最大化,而基本上忽略了对方的利益;而现代推销洽谈的根本目的是要兼顾双方利益,取得"双赢"。这就决定了现代推销洽谈要以利益推销为前提,进行必要的准备。推销洽谈的基本内涵包括:计划、摸底、报价、分析、磋商等。

五、异议处理

在推销过程中,存在顾客异议是必然的,也是无法避免的。然而,面对异议时如何进行正确的处理,这是现代推销中一项非常重要的技术。现代推销技术中针对顾客异议的处理,首先要充分认识各种异议的类型,并进行异议成因的分析;其次,通过一定的策略和技巧,处理顾客异议;最后,达到消除或化解顾客异议的目的,使顾客满意或基本满意。

六、成交与售后服务

成交与售后服务是一次推销过程的终结,也是另一次推销过程的开始。当推销进入到成交阶段,要求推销员能够正确识别成交信号,运用一定的成交策略,选择相应的成交方法,适时提出成交请求,并最终签订协议合同。售后服务实际上是推销过程的延续。售后服务的基本内容包括:建立顾客档案、与顾客保持联系、处理顾客投诉、提供售后服务等。

小资料

陈安之超级推销十大步骤:

一　准备

二　让自己的情绪达到巅峰状态

三　建立信赖感

四　找出顾客的问题(需求与渴望并满足他)

五　塑造产品价值(塑造不够就会被杀价)

六　分析竞争对手

七　解除顾客抗拒点

八　成交(前面步骤做对自然就能成交)

九　售后服务

十　要求顾客转介绍

项目小结

本项目在介绍推销产生与发展的基础上,让学生了解推销员应该具备的基本要素,掌握推销基本流程，让学生明白如何才能成为一名出色的推销员。

项目练习

一、判断题

1. 推销员的首要任务就是最大限度地推销商品，为企业实现利润，无论采用什么手段和方法，推销业绩是检验推销成功与否的唯一标准。（ ）

2. 推销活动的核心在于满足顾客的需求和欲望。（ ）

3. 企业利益与顾客利益不能同时满足时，推销员要站在顾客的立场上推销商品。（ ）

4. 推销员介绍产品和示范产品，应该使用专业性语言。（ ）

5. 推销员所推销的不是单纯的产品实体，而是产品能给顾客带来的价值。（ ）

6. 一名优秀的推销员不仅应该具备敬业精神、自信心、团队意识等基本素质，还要具备较强的语言表达能力、观察判断能力，并且爱好广泛、风趣幽默。（ ）

7. 推销可以根据顾客的特点和推销环境的不同而采取不同的推销方式。（ ）

8. 在推销过程中，推销员是主动的，而顾客始终是被动的。（ ）

9. 在现代市场经济条件下，达成交易签订合同意味着推销活动的真正终结。（ ）

二、单项选择题

1. 推销就是（ ）。

A. 将顾客不需要的产品也卖给他们　B. 将本公司的任何产品都卖给消费者

C. 将顾客可用可不用的产品卖给他们　D. 将能满足顾客需要的产品卖给他们

2. 某邮政局推销员劝说交警大队制作违章通知明信片解决收费难的问题，交警大队很感兴趣但苦于经费不足无法实施。推销员同时了解到某保险公司刚刚推出了一个针对司机的新险种，于是推销员建议保险公司在违章通知明信片上搭载新险种的广告，由邮政部门负责制作和投送。此案例的成功运作体现了推销的（ ）。

A. 适销对路原则　B. 互利双赢原则

C. 推销使用价值的原则　D. 人际关系原则

3. （ ）是整个推销活动的高潮。

A. 推销洽谈　B. 推销异议处理　C. 推销接近　D. 推销成交

4. 推销活动的中心是（ ）。

A. 生产　B. 销售　C. 服务　D. 满足顾客的需要

5. 推销的两大主体包括推销人员和（ ）。

A. 推销品　B. 推销信息　C. 推销要素　D. 推销对象

6. 推销员在正式场合中，应将手机（ ）。

A. 放在公文包中　B. 挂在腰带上

C. 放在裤袋中　D. 挂在胸前

7. 男士衬衫的袖口长度应该正好到手腕的（ ）位置为宜。

A. 以长出西装袖口 1 - 2cm 为宜　B. 以短出西装袖口 1 - 2cm 为宜

C. 正好与西装袖口齐平　D. 无所谓

三、简答题

1. 推销活动一般会经过哪些基本流程?

2. 你愿意从事推销工作吗?请谈谈你对推销工作的看法。

3. 推销人员应具备哪些素质?

四、案例分析题

在2012年2月底一起招聘进来的5位销售人员当中,王小姐无疑是最被所有人看好的一位。她学的是服装专业,很对口;语言表达能力强,口齿清晰,声音圆润,又写得一手漂亮的字;之前她曾在一家人才网络公司担任电话销售人员,而且自述业绩属于中上水平;她清秀美丽,是典型的江南女子的形象;从提交的简历、面试交谈以及录用后的工作当中都可以得知她还是一位有上进心的、细节取向型的团队成员。总之,大家一致觉得她非常适合做本公司的电话销售员。

起初,王小姐的销售业绩进展还算不错,经过半个月的适应和在职培训之后开始销售,她在4月份完成了3笔交易,虽然金额很小,但应该是一个很好的起步。然而接下来的5、6、7、8四个月当中,虽然经过各种指导、培训和她自己的努力,但她只完成了一笔交易。最终因为达不到公司的业绩考核标准被辞退。大家都觉得很惋惜:"一个各方面条件看上去这么好的人,怎么就不行了呢?不可思议。"

后来笔者了解到王小姐去了一家保险公司去做寿险销售,一个月后,也就是9月的一天,王小姐回到本公司来开具《退工单》,闲聊了将近半个小时,但是她一直没有主动提起寿险,更不用说推销寿险。笔者终于明白她为什么以前销售不成功的原因了,于是说:"王小姐,你不适合做销售,或者至少可以说你在保险公司的一个月培训是失败的,因为你还是怕向我销售寿险会遭到拒绝,觉得会使你我的关系变味。"

问题　试根据现代推销学方面的知识(优秀推销人员具备的特质),对上述案例中王小姐被辞退的原因进行分析。该案例对现今的推销人员有何启示?

五、实训

要求学生以小组为单位,以××食品企业的食品为例,完成推销工作流程分析表(表1-2)的填写。

表1-2　推销工作流程分析表

推销工作流程	内容简述	重点注意事项
员工培训		
推销准备		
说服沟通		
推销洽谈		
异议处理		
达成交易		
售后服务		

项目二 企业文化

职业能力目标与学习要求

1. 知识目标：了解企业创立与发展的历史沿革；了解现代企业的相关理念；正确理解现代企业的核心价值观念。

2. 能力目标：能够分析企业文化对商品推销的影响；能够将企业文化内容运用到商品推销的工作中。

3. 任务分解：

任务一：感悟企业文化；任务二：分析企业文化对商品推销的影响。

任务一 感悟企业文化

实施步骤

1. 阅读思考案例。
2. 分析案例中中粮企业文化对企业经营活动的影响。
3. 分析中粮企业文化的构成。
4. 总结企业应从哪些方面建立自己的企业文化。

思考案例

2005年4月，中粮集团召开高层研讨会。经过充分研讨，确定了集团的使命、愿景、战略和企业精神，形成了中粮企业文化的主体内容。以这些内容为基础，经过实践的丰富和发展，逐步形成了新的"中粮文化"体系。

中粮集团的企业文化体系，包括精神、行为和物质三个层面的内容。

首先，精神层面主要体现为中粮的核心价值观体系，即集团统一的价值观，包括使命、愿景、战略、企业精神、品牌信仰等。集团使命：我们奉献营养健康的食品、高品质的生活空间及生活服务，使客户、股东、员工价值最大化。集团愿景：建立主营行业领导地位。这意味着中粮集团要在所进入的主营行业具有竞争力、影响力、控制力和市场占有率。集团企业精神：诚信，团队，专业，创新。

其次，行为层面的企业文化，是价值观在经理人和员工思维方式、行为模式上的表现，包括"五步组合论"、"6S管理体系"、"企业管理逻辑系统"、"行动学习法"、"高境界"、"团队工作法"、"战略思维"、"职业经理人"、"大中粮，无边界"等。中粮集团在对经理人的管理上提出了"两高"的要求，"一高"即高境界，是宁高宁董事长给经理人提出的八点要求，给中粮经理人指明了方向和目标；另“一高”是对经理人的“高压线”，即经理人廉洁自律十四条，是对经理人的基本要求，是不可触碰的高压线。

最后，物质层面的企业文化，即价值观外化的各种具体形式，包括中粮视觉形象识别系统、办公环境与宣传物品、群体性活动、仪式和内部流行语等。中粮司徽的设计，也打上了时代的烙印。第一代司徽在1961—1987年间使用，体现了中粮走向世界的愿望。第二代、第三代司徽逐步形象化了，第四代司徽的使用时间较长，从1993年至2006年使用了13年，其中的绿色和中间的麦穗代表中粮的主业。第五代的立体司徽非常时尚，包含四种颜色：梦想蓝、喜悦橙、青春绿、承诺棕。橙色代表土地，蓝色代表天空和阳光，中间的绿色代表生命，也像一个“人”字，寓意中粮集团能够成为人与自然和谐发展的纽带和桥梁，体现了“自然之源，重塑你我”的理念。

资料来源：http://blog.163.com/jxr88880214@126/blog/static/122875309201333010511720/

一、企业文化综述

（一）企业文化的基本概念及特征

1. 企业文化的概念

一般而言，文化有广义和狭义两种理解。广义的文化是指人类在社会历史实践过程中所创造的物质财富和精神财富的总和。狭义的文化是指社会的意识形态，以及与之相适应的礼仪制度、企业机构、行为方式等物化的精神。

2. 企业文化的主要特征

企业文化具有以下几个主要特征：

（1）超个体的独特性

每个企业都有其独特的企业文化，这是由不同的国家和民族、不同的地域、不同的时代背景以及不同的行业特点所形成的。例如，美国的企业文化强调能力主义、个人奋斗和不断进取；日本文化深受儒家文化的影响，强调团队合作、家族精神。

（2）相对稳定性

企业文化是企业在长期的发展中逐渐积累而成的，具有较强的稳定性，不会因企业结构的改变、战略的转移或产品与服务的调整而变化。一个企业中，精神文化又比物质文化具有更强的稳定性。

（3）融合继承性

每一个企业都是在特定的文化背景之下形成的，必然会接受和继承这个国家和民族的文化传统和价值体系。但是，企业文化在发展过程中，也必须注意吸收其他企业的优秀文化，融合世界上最新的文明成果，不断地充实和发展自我。

（4）发展性

企业文化随着历史的积累、社会的进步、环境的变迁以及企业变革逐步演进和发展。强势、健康的文化有助于企业适应外部环境和变革，而弱势、不健康的文化则可能导致企业的不良发展。

（二）企业文化的结构与内容

1．企业文化的结构

企业文化作为一个整体系统，其结构与内容是由以精神文化为核心的三个层次构成（图1-2）。

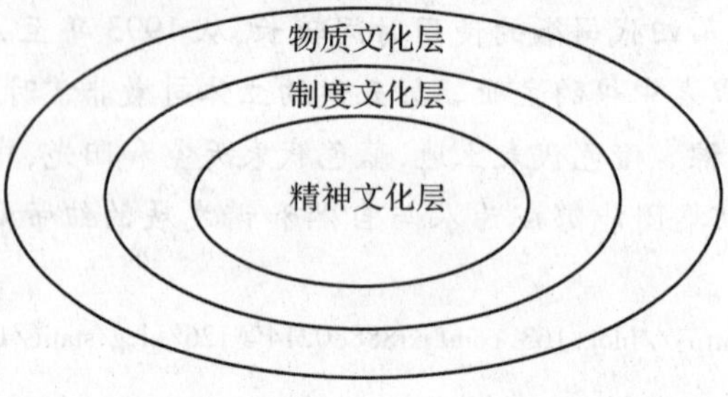

图 1-2　企业文化结构层次

企业文化的结构划分有多种观点，通常把企业文化划分为三个层次，即物质层、制度层和精神层。

（1）物质文化层

物质文化层又叫表层文化，是企业生产和经营的物质过程、产品的总和以及实体性的设施，它主要包括企业产品的结构和外表款式、企业职工劳动环境和员工娱乐休息环境，职工的文化设施以及厂容厂貌等。表层的物质文化尽管是企业文化的最外层，但它却集中表现了一个现代企业在社会上的外在形象。因此，它是社会对企业进行总体评价的起点。

（2）制度文化层

制度文化层或称中层文化，是企业员工行为方式及企业各种规范、管理条例的总和，包括各种规章制度、行为规范、传统习惯、领导风格、职工修养、人际关系等，这些内容都以成文或不成文的规定为企业所有的员工接受和奉行，由于它是介于深层理念和具体实物文化之间，故称作中层文化或介层文化。

（3）精神文化层

精神文化层或称深层文化，它是企业文化的核心内容，指企业的生产经营活动过程中形成的独具本企业特征的意识形态和文化观念，主要包括企业精神、企业道德、价值观念、企业目标和行为准则等。

2．企业文化的内容

从最能体现企业文化特征的内容来看，企业文化包括企业价值观、企业精神、伦理规范以及企业素养等。

（1）企业的价值观

企业价值观就是企业成员对企业行为和企业中人的行为进行评价的总的看法和根本观点，包括企业存在的意义和目的、企业中人的各种行为和企业利益的关系等。企业价值观作为企业成员的共同信念，为企业的生存和发展指明了基本方向和行动指南，为企业成员提供了判断是非的标准，是调节人际关系的行为导向。

小故事

清朝康熙年间，康熙皇帝带领14个皇子及20多位皇孙到热河打猎。在打猎比赛前，康熙皇帝拿出一座上好玉石打造的“如意”作为冠军的礼品，由于礼品贵重，让人想象是继承王位的象征。于是，狩猎开始了，各皇子拼命快马加鞭追逐猎物。

比赛终于结束了，开始计算谁捕获的猎物最多。战况如下：三皇子一共捕获猎物九只，八皇子猎物有十只，九皇子猎物有七只，十皇子猎物有十二只，十三皇子猎物有十八只，十四皇子猎物有十六只，其余皇子猎物都在五只以下。

此时，康熙皇帝向大臣及外国贵宾问道，在这些皇子中，谁应该获得这冠军的礼品“如意”。有一些大臣认为礼品应归猎物最多的十三皇子，但绝大多数的大臣及外国贵宾认为礼品应归八皇子，因为他掳获的猎物都是活的，表示八皇子仁心仁德，并且有好生之德，将来若继承大位，必定是位仁德之君。

此时皇孙弘历忽然提出异议，弘历认为射杀猎物是爱新觉罗氏的传统，是维护万物自然生态均衡的一环，他举出康熙皇帝及太祖以前打猎的辉煌狩猎纪录。因此皇孙弘历认为礼品应归猎物最多的十三皇叔。康熙皇帝龙颜大悦，他说：“知我者，弘历也。”最终，在这场角逐之中，所有皇子都未得到“玉如意”，康熙皇帝最后决定将礼品“如意”赠给弘历。而弘历就是后来的乾隆皇帝。

(2) 企业精神

企业精神是指企业经过共同努力奋斗和长期培养所逐步形成的、认识和看待事物的共同心理趋势、价值取向和主导意识。企业精神是一个企业的精神支柱，是企业文化的核心，企业精神反映了一个企业的基本素养和精神风貌，成为凝聚企业成员共同奋斗的精神源泉。

(3) 伦理规范

伦理规范是指从道德意义上考虑的、由社会向人们提出并应当遵守的行为准则，它通过社会公众舆论规范人们的行为。企业文化内容结构中的伦理规范既体现企业自下而上环境中社会文化的一般性要求，又体现着本企业各项管理的特殊需求。

(4) 企业素养

企业的素养包括企业中各层级员工的基本思想素养、科技和文化教育水平、工作能力、精力以及身体状况等等。其中，基本思想素养的水平越高，企业中的管理哲学、敬业精神、价值观念、道德修养的基础就越深厚，企业文化的内容也就越充实丰富。

二、企业文化的功能与塑造途径

(一) 企业文化的功能

1. 导向功能

企业文化一旦形成，就产生一种定势，这种定势就自然而然地把职工引导到企业目标上来。企业提倡什么、抑制什么、摒弃什么，职工的注意力也就转向什么。例如，日本松下集团充分注意了企业文化的导向作用,使职工自觉地把企业文化作为企业前进之舵,引导着企业不断向某一方向发展。

2. 提升功能

先进的文化理念可以提高企业形象,增加品牌的附加值。例如,万宝路的文化比登喜路明显高出一筹。万宝路立意于人格力量和一种人类审美的意境,而登喜路仅仅着眼于烟的口味,所以万宝路的形象价值是登喜路的几十倍。

3. 约束功能

企业文化的约束功能是通过职工自身感受而产生的认同心理过程来实现的。如通过内省过程,产生自律意识,自我遵守那些成文的规定。如厂规、厂纪、厂风、人际关系等。

4. 凝聚功能

企业文化的形成,使广大员工对外有向心力,对内有凝聚力,使得企业的个体成员能够为达成企业的目标同心协力去奋斗。企业文化正是以各种微妙的方式,沟通人们的思想感情,融合人们的观念意识,把广大员工的信念统一到企业价值观和企业目标上来。

5. 激励功能

企业文化以理解人、尊重人、合理满足人们各种需要为手段,以调动广大员工的积极性、创造性为目的。所以,企业文化从前提到目的都是为了激励人们、鼓舞人们的。通过企业文化建设,创造良好安定的工作环境,和谐的人际关系,从而激发职工的积极性和创造性。

6. 辐射功能

企业文化不仅对企业内部产生强烈的影响,还通过自己的产品,通过职工的传播,也会把自己企业的经营理念、企业精神和企业形象辐射于社会。有的还会对社会产生强烈的影响。如20世纪50年代鞍钢的“孟泰精神”,20世纪60年代大庆的“铁人精神”,20世纪90年代的李素丽等,都对社会产生了巨大的影响。

7. 协调功能

所谓协调是指企业内部各部门、人与人、人与事、事与事之间的有机配合。例如松下电器公司的创始人松下幸之助本人虽然业已逝世,但松下的企业文化照旧发挥作用,没有因为松下本人的逝世而使企业的经营管理走下坡路,松下的精神和理念已成为该公司无形的法则。

(二) 企业文化的塑造途径

1. 凝炼合适的企业价值观标准

企业价值观要立足于本企业的具体特点,根据自己的目的、环境要求和组成方式等特点选择适合自身发展的企业文化模式。在此基础上,选择正确的企业价值观标准要注意以下四点:

第一,企业价值观标准要正确、明晰、科学,具有鲜明特点;第二,企业价值观标准要体现企业的宗旨、管理战略和发展方向;第三,企业价值观标准要使之与本企业员工的基本素质相融合;第四,选择企业价值观要发挥员工的创造精神。最终把经过科学论证的和实践检验的企业精神、企业价值观、企业伦理与行为,经过必要的理论加工和文字处理,用凝练的语言表述出来。

2. 强化员工的认同感

强化员工的认同感是促使文化塑造与变革的一个重要的策略，在文化变革的实施计划安排就绪后，就要督促员工参与培训、学习，让全体员工接受培训。通过专门培训，让员工知道什么是企业文化，企业文化有什么作用，企业为何及如何实施文化塑造与变革，新的企业文化对员工有什么新的要求，认识企业现有文化状态与目标文化的差距。还可利用各种舆论工具，如广播、闭路电视、标语、板报等大力宣传企业的价值观，使员工时刻都处于充满企业价值观的氛围之中，通过耳濡目染来达到深入员工心中的效果。

3. 领导者身体力行，信守价值观念

企业领导者的模范行动是一种无声的号召，对下属成员起着重要的示范作用。因此，要塑造和维护企业的共同价值观，领导者本身就应是这种价值观的化身。他们必须通过自己的行动向全体成员灌输企业的价值观念。首先，领导者要坚定信念；其次，要在每一项工作中体现这种价值观；再次，领导者要注意与下属成员的感情沟通，重视感情的凝聚力量，以平等真诚和友好的态度对待下属成员，就会取得他们信任。感情上的默契会使领导者准确地预见周围世界对自己行动的反应，形成一种安全感。而对下属来说，则会产生“士为知己者用”的效用。

4. 建立激励机制，巩固企业文化

价值观的形成是一种个性心理的累积过程，这不仅需要很长的时间，而且需要不断给予进行强化。人们的合理行为只有经过强化加以肯定，这种行为才能再现，进而形成习惯稳定下来，从而使指导这种行为的价值观念转化为行为主体的价值观念。

5. 在发展中不断丰富和完善

任何一种企业文化都是特定历史的产物，当企业的内部条件发生变化时，企业必须不失时机地丰富、完善和发展企业文化，企业文化由此经过不断的循环往复以达到更高的层次。

小资料

泰伦斯·迪尔和阿伦·肯尼迪在其《企业文化——企业生存的习俗和礼仪》一书中将企业文化整个理论系统概述为五个要素，即企业环境、价值观、英雄人物、文化仪式和文化网络。

企业环境是指企业的性质、企业的经营方向、企业的外部环境、企业的社会形象、企业与外界的联系等方面。它往往决定企业的行为。

价值观是指企业内成员对某个事件或某种行为好与坏、善与恶、正确与错误、是否值得仿效的一致认识。价值观是企业文化的核心，统一的价值观使企业内成员在判断自己行为时具有统一的标准，并以此来选择自己的行为。

英雄人物是指企业文化的核心人物或企业文化的人格化，其作用在于：作为一种活的样板，给企业中其他员工提供可供仿效的榜样，对企业文化的形成和强化起着极为重要的作用。

文化仪式是指企业内的各种表彰、奖励活动、聚合及文娱活动等，它可以把企业中发生的某些事情戏剧化和形象化，来生动地宣传和体现本企业的价值观，使人们通过这些生动活泼的活动来领会企业文化的内涵,使企业文化"寓教于乐"之中。

文化网络是指非正式的信息传递渠道,主要是传播文化信息。它是由某种非正式的组织和人群,以及某一特定场合所组成,它所传递出的信息往往能反映出职工的愿望和心态。

任务二 分析企业文化对商品推销的影响

实施步骤

1. 阅读思考案例。
2. 分析企业文化构成对推销工作的影响。
3. 参观所在地具有浓厚文化底蕴的大中企业,撰写观后感。

思考案例

无疑,作为一家火锅餐饮连锁企业,海底捞是做得非常成功的。从营销角度来讲,它可以于顾客用餐之外提供更多的增值服务,比如擦鞋、赠送火锅酱等,都使得顾客获得了完美的消费体验,海底捞以此作为口碑传播的噱头,获得了大量的回头客和客带客(朋友间介绍)。其他方面诸如服务员与客户沟通、了解客户偏好等,实际上都是营销过程中挖掘新客户、留住老客户的一些常规手段。在餐饮业普遍管理粗放的大背景下,海底捞做足了这些工作,所以它成了个案,并有了如此成功的前提。

海底捞引起业界的关注实际上并不是上述的营销功夫,引起大家关注的是其相对独特的人力资源管理模式,就是所谓的"把员工当人看"。这样一句颇为江湖的表述,成了所有关注点的全部。也就是说,海底捞真正引起别人关注的魅力在于它如何将农村受教育层次并不高的年轻人变成了一个个端得了盘子、登得了台面、上得了层次的员工。海底捞服务的标准化要求每一个服务员都让客人觉得他们在尽心尽力的服务,高高兴兴的工作。比如,有的服务员不善言语,但他可以一溜小跑给客人买烟;有的服务员喜欢说话,他可以陪客人海阔天空,这种标准化轻易学不来,因为他要求每个服务员都是管理者。海底捞的很多具体服务方式,比如眼镜布、手机套、免费电话等等,这几年被很多餐馆效仿,可是细心人一看就会发现——形似神离,因为他们的员工只是用双手为客人服务。

海底捞对人的培养是建立在师徒制传帮带基础上,这种传统的师徒制培养体系,是海底捞江湖似的人本组织文化的机制基础。依靠较长时间(至少1年)的内部文化熏陶以及技能学习,培养了大批技能高、忠诚度高的员工。把员工当成家人,就要像信任家人那样信任员工,海底捞把员工视为手足,员工自然把海底捞当作自己的心脏来呵护,更重要的是海底捞的晋升制度让他们看到了真切的希望。

在这种文化的影响下,海底捞的员工忠诚度很高,海底捞充分挖掘员工个人的聪明才智,形成了一种"照顾好员工,你的员工就会照顾好你的客户"的良性逻辑。这是海底捞通过所谓“把员工当人看”所塑造的核心竞争力。

一、企业文化对商品推销的影响

一个普通的推销人员,一家公司的推销团队,一支规模庞大、结构复杂的渠道队伍——他们共同构成了冲杀在市场前线的先锋梯队。背负着推销量的重压,经受着客户的“揉搓”,承担推销职能的人员更需要“特别关怀”。于是,各种激励机制、诸多奖励措施竞相出台,“要让马儿跑,就拼命喂草”成了贯穿其间的指导思想。

然而,喂再多的草,马儿照样可能跑不动或不愿跑,这是目前很多公司都颇感头痛的问题——推销激励机制丧失效用,经营业绩缺乏上升动力。难以拉动推销只是激励机制失灵的显性特征,更为严重的是,相当一部分公司在推出激励推销的举措时,往往忽视成本收益分析——本来希望获得四两拨千斤的效果,但秋后算账会发现激励成本很可能高于实际收益,激励机制隐性失灵的危害显然更大。那么,出现上述现象的症结何在?

从心理学和行为学的角度看,任何附有激励性质的举措都存在一定的生命周期,其给目标受众带来的愉悦刺激及随之产生的行为冲动,会因时间的推移而呈现出递减效应,如果推销激励措施出台的时机不当或延续时间过长,就很难达到预期的效果;而且,在市场环境还不成熟、竞争秩序尚需规范的情况下,激励机制变形走样的可能性极大。

以目前最常见的提成制度为例。“销量越大,得到的奖励越多”是这一制度的设计初衷。可是,一些推销人员平进平出甚至赔本赚吆喝,增加销量,而把产品利润都赔进去了,主要靠奖金或提成维持生计。这种做法导致价格体系濒于崩溃,厂商、经销商、代理商等供应链诸环节的利益均受损害。为了避免这些问题,很多公司对返点制度进行了改良,如实行“浮动返点”,即事先不公开具体返点数,而承诺年终会通过综合评估对表现良好者予以奖励等。不过,效果都不是很好。

不难看出,仅从具体措施的层面来思考推销激励机制失灵的问题,不可能找到正确答案。真正的解决之道是改变单纯依赖利益驱动、致使推销人员工具化的既有思路,依靠企业文化的力量将与推销相关的员工、团队及各类合作伙伴“整合”起来,进而提升其尊严感及归属感——只有奠定了坚实的文化基础,再辅以指向明确、操作简单的激励措施,才有可能收到事半功倍的效果。

实际上,IBM、惠普、联想等公司已通过组织商学院、开办高层管理培训等方式,将企业文化的因子不断向公司内部推销人员及渠道合作伙伴渗透,其带来的不仅仅是推销业绩的持续增长。身处前线的推销人员和渠道队伍也是品牌传播的重要载体,他们的言谈举止代表着整个企业的形象,文化味越浓,越有利于在用户中树立口碑。

二、建立企业推销团队文化

(一) 推销团队文化内容

鉴于企业文化对公司业绩的巨大影响,建立适宜的推销团队文化非常重要。对于一些公司来说，这意味着要花费时间对其推销文化进行深入了解。

每一支推销团队都有不成文的规则来指导推销人员行为，影响其抉择结果。这些规则被推销队员含蓄地理解为“做事方式”。他们可能成为同事间共享的“成功秘诀”，也可能被认定为推销组织的内在特质；一些推销管理者将其推销团队文化称为“推销团队品格”。这种团队文化为公司决策制定及可能行为树立了底线，它引导推销人员在处理困难时采取特定的优先措施。

建立企业推销团队文化必须考虑三个核心因素，即规范、价值及工作方式。规范与价值对于企业的重要之处在于其可以支配机构的决策，影响推销行为。规范规定了推销人员在面临特定选择时应如何作为。价值指的是面临特定选择时在既定形势下推销人员愿意如何作为。工作方式指的是人们应如何作为以及如何与其他人相互作用，既指公司内部，也指与外部客户及供货商的相互作用。工作方式是推销团队文化中重要的组成部分。推销团队会表现出对于某种工作方式的倾向，而工作方式会受到行业、产品或服务、推销模式、市场、竞争动力及公司策略和管理方式的影响。虽然任何一种工作方式的存在都有其合理性，因为工作方式并没有内在好坏之分，但在特定环境下，一些工作方式会比其他工作方式更加适合。

（二）建立推销团队文化的方法

推销团队文化植根于企业的历史，并通过单个推销人员的经验不断得到强化。实际上，个人的经验可能通过“经验分享活动”、传说或传奇的传播方式对公司文化产生极大的影响。公司创立者的故事或过去推销巨星的传奇通常为推销组织内部所共享，并有助于推销团队文化的形成。

1. 举办公司典礼

在销售团队中，总是有一些员工非常追求别人的认可，因为在他们内心深处，从小没有得到父母的关注和认可，长大没有得到家人或同事的认可。所以，这些人一旦取了成绩，一定要让他们有满足感、重视感和归属感。这个相当重要。因为人性的深层本质是获得赏识、荣誉和成就。通过举办公司大型庆典，对优秀的推销人员进行表彰与奖励，在公众面前能创造“露脸”的机会，将是对他们莫大的激励。

除了大规模的公司庆典，小规模的销售会议形式也可以取得同等效果，比如伊利就是季会，蒙牛就是月会。在会议上对出色完成销售工作的推销人员给以表彰，通过对精英和销售冠军的表扬，让员工明白付出就会有收获，回报来自他们的业绩。并且能让他们不断看到成功者，他们获得了荣誉和认可，从而真正激发团队人员的斗志。

2. 书写属于推销的故事

找出几个推销人员，他们每天是如何工作的，他们如何开发顾客，如何处理顾客异议，如何自我激励，如何勤于思考，把这些真实的故事改编以后，发在内刊或内网上，供全体销售人员去学习。当然我们在整理这些故事的时候，可以适当地赋予传奇色彩，加上各种背景、各种细节。比如：他们如何获得了客户的认可，如何享受他们的工作，如何创造了高利润，如何把一个快丢的单起死回生了，如何高效地销售。通过这些故事的分享，一方面进行经验的传授，另一方面进一步传播了团队文化。

3. 理念和口号

我们选用口号，是因为口号最易被推销员记住。有好多推销员都是公司的老战士，他们学历不一定高，没有太多耐心和功夫去钻研我们的理念和无数次被口头告之的真理，口号是最好的方式之一。比如：苹果公司的"Think Different"（另类思考）、李宁公司的"崇尚运动、诚信、激情、求胜、创新、协作"。

推销团队文化有着相当大的惯性。一旦文化固定下来，就很难发生改变，除非推销人员受到极大震动并对其部分信念进行实践检验。根据经验，推销团队文化只有在推销人员觉察到危机或遇到其他强迫性因素后才有可能发生改变，而这种刺激因素必须在影响推销人员的领导方式、体系及工作程序发生有意义的变化后才能起作用。

项目小结

推销活动不仅仅是一种简单的产品销售和提供服务的过程，更是一种企业文化的渗透和企业形象的树立。通过推销等一系列经济活动的具体表现，充分展示企业理念以及企业核心价值观念对其所产生的影响。

项目练习

一、判断题

1. 企业文化一旦形成，就会产生一种定势，这种定势会自然而然地把职工引导到企业目标上来，这是企业文化的约束功能。 （ ）

2. 推销团队文化等同于企业文化。 （ ）

3. 推销团队文化不易发生改变。 （ ）

4. 企业价值观为企业的生存和发展指明了基本方向。 （ ）

5. 要塑造和维护企业的共同价值观，领导者应身体力行。 （ ）

二、选择题

1. 在企业物质文化基础要素中，专门用以代表企业或企业产品的固定图案、文字或其他形式的子要素是（ ）。

A. 企业名称 B. 企业标准字 C. 企业标准色 D. 企业标志

2. 在企业价值观引导过程中，表率首先是（ ）。

A. 普通员工的表率 B. 管理人员的表率

C. 科技人员的表率 D. 企业家的表率

3. 以理解人、尊重人、合理满足人们各种需要为手段，以调动广大员工的积极性、创造性为目的，是企业文化的（ ）功能。

A. 导向 B. 约束 C. 激励 D. 协调

4. 企业文化的核心内容是（ ）。

A. 物质文化层 B. 精神文化层 C. 道德文化层 D. 制度文化层

5. 泰伦斯·迪尔和阿伦·肯尼迪在其《企业文化——企业生存的习俗和礼仪》一书中将企业文化整个理论系统概述为五个要素，分别是（ ）。

A. 企业环境　　B. 价值观　　C. 英雄人物　　D. 文化仪式　　E. 文化网络

三、简答题

1. 简述企业文化的构成?
2. 谈一谈如何构建推销团队文化?
3. 简述企业文化的功能及塑造途径?

四、案例分析题

1987年的华为只有六名员工,全部资产只有区区两万元;而今天的华为却已发展成为年销售额近千亿、全球员工总数超过六万、全球排名第三的电信设备商。是谁在20年间创造了华为的神话?

华为总裁任正非在一篇文章中写道:"华为公司有什么呢? 连有限的资源都没有,但是我们的员工都很努力,拼命的创造资源。真正如国际歌所述的,'不要说我们一无所有,我们是明天的主人。从来就没有什么救世主,也不靠神仙皇帝,全靠我们自己'。"

华为所进入的电信设备行业是一个竞争异常激烈的行业,在跨国电信设备巨头面前,华为无论是在技术上、人才上,还是在管理上、资金上都没有任何优势可言。华为的成功很大程度上应归功于华为拥有一支令竞争对手胆寒的高绩效销售团队,以及最终成就了这支高绩效团队的团队文化。

为了市场销售增长所做的一切都不是可耻的,这句曾经在华为内部流传甚广的话就是华为团队文化的真实写照。为了得到订单,华为人可以彻夜不眠地召开项目分析会;为了得到订单,华为人可以在冰天雪地里光着脚为客户推车;为了得到订单,华为人可以在客户办公室门口站上一天;为了得到订单,华为人可以在竞争对手即将签订合同前仍然不懈地努力。华为的销售团队所创造的一个又一个奇迹为华为早期提倡的狼性文化和后期提倡的服务文化做了最好的诠释。

团队文化是在一个团队的核心价值体系的基础上形成的共同的认知模式和行为准则,这种共同的认知模式和行为准则是团队成员为了实现团队的使命、愿景和信仰而达成的一种具有延续性的承诺和契约。

分 析　联系实际说明华为的团队文化对企业发展的影响?

五、实训

1. 分析"中粮集团"的企业文化内涵(表1-3)。

表1-3　"中粮集团"企业文化内涵分析

企业文化内涵	内容简述	突出重点
历史沿革		
企业理念		
核心价值观念		

注:可上网查找搜索。

2. 参观所在地具有浓厚文化底蕴的大中企业,撰写观后感,将价值观念、团队意识、工作作风、行为规范和思维方式等企业文化内容运用到推销工作过程。

项目三 沟通技巧

职业能力目标与学习要求

1. 知识目标：了解说服的要点和基本方法；理解倾听的内涵。

2. 能力目标：能够合理运用推销中的沟通技巧来说服顾客；能够通过求职自荐来推销自我；能够设计询问提纲。

3. 任务分解：

任务一：沟通中说服技巧的把握；任务二：沟通中询问和倾听技巧的把握。

任务一 沟通中说服技巧的把握

实施步骤

1. 收集现实生活中的说服案例。
2. 选择说服方法。
3. 分析比较不同的说服策略。
4. 组织学生进行情景沟通与交流。

思考案例

1977年，史蒂夫·乔布斯意识到个人电脑将会具有广泛的市场，将是一个极具潜力的事业。于是，他和沃兹尼亚克共同创建了"苹果电脑公司"，推出配有鼠标的个人电脑。尽管下定决心要做个人电脑，也发现了市场上有巨大需求的客户，但是乔布斯却没有钱，怎么办？

乔布斯很厉害，凭借高超的口才，他说服了一部分客户先付钱定购电脑，并利用这部分资金购买设备。然后，乔布斯又说服了多位供应商先免费提供生产个人电脑的原材料，等到电脑售出后再付款。就这样，乔布斯开始了第一台苹果个人电脑的生产。经过后来的巧妙经营，苹果电脑公司的规模迅速扩大起来。乔布斯也由一个白手起家的创业者转变为一个成功的企业家。

从乔布斯创办苹果公司的事例中，我们得到这样一个启示：在现代企业中，善于说服他人是作为成功管理者的一项非常重要的素质。在管理中，善于说服他人，就能够争取到对方对自己观点和做法的支持，进而征服别人，形成合力，完成工作任务。

据权威机构调查：5%的人掌握了95%的世界财富。如果将这些财富平均分配给每一个人，预计不出5年，这些财富又将重新回到这5%的人手中。为什么呢？研究显示：这5%的人拥有一种吸引财富的超级魔力——那就是说服力！舌头、美元、原子弹，被美国人称作20世纪致胜的三大武器！后来美国人又将他们成功的三大武器改为：舌头、美元、电脑。但是不管怎么改，美国人始终坚定不移地认为：说服力是一种超越金钱、科技及暴力的终极权力！说服力，大到可以统治一切，小到也能够帮助一个手无寸铁的人创造奇迹！

资料来源：百度文库

一、说服的概念及要点

顾客要购买商品，必须首先产生购买欲望，然后才有购买行为。这种购买欲望的产生，要靠推销员的工作，推销员使顾客产生购买欲望的根本途径就是说服。

（一）说服的含义

说服就是通过摆事实、讲道理，使对方开通思想，双方取得一致看法的过程。从说服的内容看，说服的途径是摆事实、讲道理；说服的关键是开通对方的思想，消除其疑虑；说服的结果是双方取得一致的看法。

说服是推销的核心。买卖双方是在平等自愿的基础上进行交易的，对顾客只能通过摆事实、讲道理，使顾客认识到交易对自己有利，进而采取购买行动，不能压服、强迫顾客。双方交易要建立在平等自愿、互相尊重的基础上，否则，对推销员建立良好的人际关系，提高信誉是极其不利的。

（二）说服的要点

1. 掌握充分的材料

面对推销员的说服，顾客往往在心理上有一条防线，要突破这条防线，必须选择适当的途径，为自己的意见、建议提供充分的证据。一般地说，推销员掌握的有关材料越多，可供选择的说服途径也越多，能支持你的观点的证据也就越充分。因此，在接近顾客之前，推销员要对自己的企业、推销的商品、顾客、市场、同行等要有充分的了解。

2. 创造适宜交谈的情感气氛

任何人在情绪不佳的时候，都不容易被说服。推销员在说服顾客时，首先要选择合适的地点，避免因环境而影响交谈。要注意自己的仪表风度、谈吐举止，以使顾客产生良好的第一印象。要选择好双方交谈的话题，以使顾客有兴趣，产生共鸣，情绪愉悦。要选择适宜交谈的时机与场合。

3. 用商品能带来的利益打动顾客

顾客之所以能被说服，接受建议，购买商品，是由于推销员向他展示了交易能给他带来的利益。这就要求推销员要从顾客的角度出发，切实为顾客着想。

4. 循序渐进

人们对事物的认识需要经历一个过程。顾客对商品由不认识到认识，再到接受，也同样要有一个过程。推销员必须耐心、细致地去说服、引导顾客，这种说服应是环环紧扣、步步深入的。

5. 以诚相待

推销员在说服顾客时，要以诚相待，不能撒谎骗人，更不能假话空话连篇。只有诚实守信，才能更好地与顾客相处，获得顾客的信任，完成说服工作。

二、说服的基本方法

（一）自我评判法

自我评判法就是推销员与顾客共同分析行为的利弊，让顾客自己去评判，进而得出结论的方法。任何人都不希望被指责，更不希望被他人所左右。分析利弊，是在唤醒顾客的理智；让顾客自己去分析判断得失，拿主意，做决策，则是在维护顾客的自尊心，保全对方的面子。对方弄通了思想，感情上不抵触，自然容易被说服。

运用此法，一要利弊分析透彻，并用适当的形式明确表达出来，让顾客实实在在地感觉到接受你的意见是最为有利的；二要将评判权交给顾客，给予顾客思考与决策的机会与权利。这样，尽管顾客最终接受你的意见，但他也会觉得这是他自己拿的主意。

（二）经验说服法

经验说服法就是推销员利用顾客的切身经验来说服顾客。顾客在自己的工作生活中，往往有各式各样的经历和经验，这些经历经验对他的行为选择有很大的影响。如果你的观点正好与他的经验一致，他就容易接受、产生认同感。这就要求推销员充分利用顾客已有的经验，从他熟悉的事入手，使顾客相信你的说法。

运用此法，一要把握顾客经验所在，要求推销员熟悉顾客，判断其具有哪些经验，多观察、收集、积累有关顾客的资料；二要对顾客的经验形象生动地描述，使顾客如身临其境，以更好地唤起顾客回忆，强化说服的可信度与效果。

（三）事实说服法

在推销的过程中，最能说服顾客的莫过于向顾客展示活生生的事实了。推销员可以向顾客展示商品的性能、使用原理、使用效果，也可展示信誉资料、售后服务保证，可以提供样品，也可以展示图片音像资料，可以让顾客试用，提供权威机构的证明资料，可以让已使用过商品的顾客介绍用后体会经验。

运用此法，一要注意事实的客观性，提供的事实必须是确实存在的；二要把握提供事实的时机与次序。

（四）登门槛术

登门槛术就是推销员先向顾客提出其易于接受的小目标，然后逐步提高要求，以求达到最终目标。这种方法，由易到难，循序渐进，就如同我们去某家办事，如果敲不开门，被拒之门外，话就没法说，事也就难办。

一般地说，顾客在交易中总是要承担一定风险的，在迈进顾客的门槛之前，也就是在获得向顾客介绍你的商品的机会之前，顾客往往对商品缺乏必要的了解，因而对风险的估计也往往要大得多。运用此法，一要选好"敲门砖"，即引起交谈、引发顾客兴趣的"小要求"；二要选好切入点，即导入实质性交谈的时机；三要"最终目标"要适度，即"小要求"与"大要求"间是一个循序渐进的过程，最终目标不能过高。

（五）以退为进法

以退为进法就是为使顾客接受推销建议，推销员先向其提出一个较高的要求，当顾客感到为难时，先做出适当让步，提出相对真实、略低的要求。

这种方法不仅可以有效地遏制顾客讨价还价的势头，还可以使顾客对交易产生优越感，满足其自尊心。

运用此法，一是"高要求"要有可行性，高要求要有一定的依据，不能漫天要价，防止顾客反感；二是把握让步的时机，不是顾客一有反对意见就要让步，在十分必要时才作让步；三是控制退让的节奏与幅度。不能频繁让步，不能一次让步过大。

（六）共同语言法

共同语言法就是推销员在说服顾客时，先就双方容易达成一致的观点或利益加以强调，形成共同语言，为进一步的交谈打下基础。

在社会交往中，若交往双方志趣相投，具有较多的一致意见，会成为彼此信任和接受对方观点的心理基础。共同语言法就是遵循这一原理采用的方法。这种方法多用在双方交谈的初始阶段，以沟通感情，营造轻松气氛。

运用此法，一是设法找到与顾客的共同点，推销员要善于观察判断，研究把握顾客的动机、需求；二是要善于顺水推舟，善于迎合顾客。

（七）以情感人法

以情感人法就是推销员用自己的真情感动顾客，使其乐于接受自己的意见或建议。

"感人心者，莫先于情。"人的个性，有理性的一面，也有情感的成分。人在许多时候，往往不是靠理智而是靠感情做出决定或决策。

美国推销大王乔·坎多尔福认为："推销工作 98% 的是感情工作，2% 是对产品的了解。"如此看来，实际推销中，没什么比笼络感情更重要了。推销员与顾客见面后"10 分钟不谈业务"。那谈什么呢？"谈感情"。这才是实质推销的第一步。

运用此法，一是感情要真切，体现待人以诚；二要学会替顾客着想。

（八）苏格拉底法

在销售的过程中，如果一味地急于求成游说顾客购买产品，无疑会让顾客产生抵触情绪，你说好，顾客偏偏认为不好，这情形，跟我们平时去超市购买产品是一样的道理。每次若是服务生太过于热切地促销某种产品，心里都会咕嘟道："是不是卖不出去的牌子呀？"结果可想而知，偏偏自己就是不买她所推荐的产品，按服务生的观点对照，她就是欲速则不达。

而销售的手腕中，有一种策略是"欲擒故纵"。你想卖出去一种产品，万万不可操之过急，不妨设计一套提问的方式，让顾客在一味回答“是的”，以此来肯定你的产品的好处，这就是古希腊哲学家苏格拉底发明的方法，故称“苏格拉底”法。

苏格拉底法也称“双诱法”，就是在交谈开始时先就对方易于接受的方面谋求共识，然后逐步过渡到实质性问题。

推销员提出一系列顾客肯定会接受的观点，促使其接连称“是”，而不是“不”，这一连串的“是”，使顾客处于肯定性情绪支配之下，为实质性问题的肯定性答复创造了条件。此法也叫“称是法”。

运用此法，一是注意自己提出的观点的正确性；二是维护好顾客的自尊心。

小故事

有一位年轻的顾客前来珠宝行想购买一条项链，对于同样价值的白金与黄金，她游离不定，拿不定主意选哪种颜色，而作为一名销售的服务生，又怕时间久了会影响她的购物欲从而抽身。这时，作为一个服务生，不妨用“苏格拉底法”促成其购买的决心。

服务生：“小姐，你的皮肤很白，一白压三色呀！”（当然，如果不白，你得另外找思路）

顾客：“是的，谢谢你的夸奖，别人都这么说！”

服务生：“美容师都说皮肤白的人最好穿戴妆扮了，配什么颜色都好看！”

顾客：“是的，我也听说过这话。”

服务生：“那么，这两种颜色的项链配上你的白皮肤都好看，金黄让你白晰的脖子更加妩媚，白金会使你更加典雅纯洁。”

就这样的“是的”惯性法，让对方不可避免地走进她自己的肯定中，从而爽快购买。

三、推销说服策略

说服策略的选择应与顾客类型或购买行为类型相匹配。下面结合几种顾客的购买决策类型，介绍相对应的几种推销说服策略。

1. 视觉型说服策略、听觉型说服策略和感觉型说服策略

我们先来测试一下自己属于哪种说服类型。

假如你是公司的老板，你如何评价一个新员工工作能力的好坏？以下有三种模式：

第一，你一定要亲眼看到他的表现非常好，你才能信任他。眼见为凭。

第二，亲眼看到的也不一定是真的。你一定要听到其他你信赖的人对这个新员工的评价，说这个人不错，你才能信任这个新员工。耳听为实。

第三，前两种方法都不适于你。你要找一个机会跟他直接共事之后，才会有评价结果。

你会选择哪一个答案呢？

显然，选择第一个方法的属于视觉型决策的人，选择第二个方法的属于听觉型决策的人，选择第三个方法的属于感觉型决策的人。

顾客的购买决策也可以按这个模式分为三种，即视觉型、听觉型和感觉型。

例如：一个推销汽车的推销员为顾客介绍三部汽车。

第一部车。它的外形非常优美、大气，流线型，闪闪发亮。你可以从车子引擎盖流线的

弧度，以及尾部升高的行李箱，看出它非常符合流体的规律，线条非常流畅、美观。车子的内部也很好看，颜色鲜艳，与外装搭配非常协调。想象一下，驾着这样的一部车，在春光明媚、风景怡人的时光，穿行于绿色与鲜花布满山野和平川的公路上，将是多么气派、多么美妙的事情。

然后来看第二部车。第二部车有所不同。你在关车门的时候，你会听到非常扎实、安全的"嘣"的一声，很厚实。当你坐进去之后，启动引擎，踩下油门，你会听到像赛车一样低沉的"嗡"的声音，马力惊人。想象一下，你在高速公路上，驾驶着这样的一部车子，呼啸着前进，同时，欣赏着由欧洲进口的最高档音响、有十个喇叭播放着你最喜欢听的音乐，你的心情将是多么的振奋！

再来看第三部车。第三部车又另有所得。它的内饰非常豪华，车椅的弧度设计非常合理，坐上去感觉非常舒服。车椅的皮是由进口的小羊皮做成的，皮面非常光滑柔软，你忍不住多摸几下，感受它的高质量、高品味。车子的仪表面板是由核桃木做成的，表面光滑无比。当你驾驶着这部车子在街道上行驶的时候，这种非凡的气派令你的感觉特别好。特别是当你拐弯的时候，会感觉到车子的抓地非常有力，非常安全。

你听完之后，你会比较喜欢哪一部车呢？是第一部、第二部，还是第三部呢？

其实，刚才讲的三部车，是同一辆车。只不过是分别按照视觉型、听觉型和感觉型这三种说服类型的特点，采用不同的描述方式进行解说。如果你是视觉型的，第一种解说方式将对你有比较强的说服力；如果你是听觉型的，第二种解说方式将对你有比较强的说服力；如果你是感觉型的，那么，第三种解说方式将对你有比较强的说服力。这样，区别不同类型的顾客，任何解说都能产生很强的说服力。那么，销售业绩是不是会比别人高出许多呢？

2. 次数型说服策略和时间型说服策略

无论你的客户是属于视觉型、听觉型或感觉型，他都可能同时又是次数型或时间型决策的人。

例如，作为公司的老板，对新员工的观察，是在一次、二次或三次观察到或听说到他的表现很好之后，就会觉得这个人不错，还是非得观察一段时间之后才会有评价呢？选择第一个方法的属于次数型决策的人，而选择第二个方法的属于时间型决策的人。而次数型决策的人又分为一次、多次和每次三种类型。

顾客购买决策类型或者说服类型，也有一次型、多次型、每次型以及时间型说服类型。

每次型说服类型的客户，可能很麻烦。即使他已经是你的老客户，每次续约的时候，他都会问为什么"为什么要跟你合作？"你是不是觉得很恼火？没办法，他就是这样的人，你每次都得对他进行说服。

再说时间型说服类型的客户。比如，在购买汽车、住房等价值大的商品的时候，顾客下购买决策需要一段时间。你在这一段时间之内，拜访他五六次，甚至十次、一百次，他都不会下决定。是不是他拒绝了你呢？不是的，是时候未到。

因此，我们在对客户进行推销时，一定要弄清楚他是属于时间型还是次数型的。时间型，多长时间；次数型，几次。还要弄清楚他是否是视觉型、听觉型或感觉型的。

所以，我们在推销产品时，在与顾客的接触过程中，要通过观察，尽快判断出顾客的购买类型，然后制定相应的说服策略。做到知己知彼，百战百胜。

任务二 沟通中询问和倾听的把握

实施步骤

1. 拟定推销主题。
2. 设计询问提纲。
3. 注意倾听顾客意向。
4. 运用沟通技巧排除顾客疑虑。

思考案例

乔·吉拉德花了近半个小时才让客户下定决心买车,而后,乔·吉拉德所需要的只不过是让客户走进他的办公室,签下一纸合约。

当他们向乔·吉拉德的办公室走去时,那人开始向乔·吉拉德提起他的儿子,因为他儿子考进了一所有名的大学。他十分自豪地说:"我儿子要当医生了。"

"那太棒了。"乔说。当他们继续往前走时,乔却看着其他推销员。

"乔,我的孩子很聪明,当他还是婴儿时我就发现他相当聪明。"

"成绩非常不错吧?"乔说,仍然望着别处。

"在他们班是最棒的。"那人又说。

"那他高中毕业后打算做什么?"乔问道。

"我告诉过你的,乔,他要到大学学医。"

"那太好了。"乔说。

客户突然意识到乔太忽视他所讲的话了。"嗯,乔,"他突然说了一句,"我该走了!"就这样他真的走了。

下班后,乔回到家里想想今天一整天的工作,分析他所做成的交易和他失去的交易,开始考虑白天客户离去的原因。

第二天上午,乔给那位客户的办公室打电话说:"我是乔·吉拉德,我希望你能来一趟,我想我有一辆好车可以卖给你。"

"哦,世界上最伟大的推销员先生,"他说,"我想让你知道的是,我已经从别人那里买了车。"

"是吗?"乔说。

"是的,我从那个欣赏、赞赏我的人那里买的。当我提起我对我的儿子吉米有多骄傲时,他听得那么认真。"

随后他沉默了一会儿,又说:"乔,你并没有听我说话,对你来说我儿子吉米成不成为医生并不重要,好,现在让我告诉你,你这个笨蛋。当别人跟你讲他的喜恶时,你得听着,而又必须全神贯注地听。"

顿时,乔明白了他当时所做的事情。他此时才意识到自己犯了个多么严重的错误。

“先生,如果那就是你没从我这儿买车的原因,”乔说,“那确实是个不错的理由。如果换成我,我也不会从那些不认真听我说话的人那儿买东西的。那么,十分对不起。但是,现在我希望你能知道我是怎样想的。

“你怎么想?”他问道。

“我认为你很伟大。我觉得你送儿子上大学是十分明智的。我敢打赌你儿子一定会成为世上最出色的医生。我很抱歉让你觉得我无用,但是你能给我一个赎罪的机会吗?”

“什么机会,乔?”

“有一天,如果你能再来,我一定会向你证明我是一个忠实的听众,我很乐意那么做。当然,经过昨天的事,你不再来也是无可厚非的。”最后,乔·吉拉德说:“也许下次你愿意再给我个机会,向我买车。”

资料来源:思恩.乔.吉拉德经典推销思想和案例.北京:中国纺织出版社,2012.7

一、沟通中的询问技巧

(一)询问的基本内涵及重要性

在洽谈过程中,推销员要善于通过精心构思的询问来引导谈话,它和倾听经常搭配使用,成为洽谈的两大重要艺术手段。推销员为了了解客户的需要和心理疑问,会提出种种问题,这个过程就是洽谈中的询问。推销员要善于通过询问确切了解有关客户需求的信息。

精心设计的、有针对性的问题会引导客户认真思考后再作回答,从而为推销员提供与客户的现状、需求和期望相关的详细信息。恰当的询问可以为顾客指出谈话的方向,还有助于买卖双方对问题和可行方案的理解。有效的询问可以引起客户的注意,使客户对所提问题予以重视。合适的询问是转换话题的开关,可以在不挫伤顾客自尊心的情形下转换话题。推销员如果善于运用询问,就可以及早触及与推销有关和与揭示客户真正动机有益的内容,从而有效地引导洽谈的进程。

(二)询问的原则

1. 以少引多

要通过尽量短的询问,引发对方尽量多的谈话,提问越短而引出的问题越多则越好。不要提大问题也不要提长问题。例如,“您认为我们产品哪些方面不足?”这种提问会引出许多不满,甚至无中生有。“您对我们产品的质量、价格、款式、服务等有哪些看法?”这种提问涉及面也太广,顾客往往会无所适从。

2. 态度谦恭

询问时要注意自己的态度,要表现出谦恭礼貌。从形式上看,表情要自然,语气关切温和,音量适中;从内容上看,不问令人不愉快的问题,不要刨根问底,穷追不舍。

3. 充分准备

要掌握好一些常见的问候语,要事先考虑要询问的问题,提什么问题、怎样提出、什么时候提出都要有所准备,不能无的放矢。

(三)询问的时机

作为一个成熟的推销员,不仅知道该问什么,还知道什么时候问。知道问什么,又知道什么时机问的推销员,便能掌握洽谈的主动权,使整个洽谈过程按照事先的计划进行。

1. 等顾客发言结束时提问

许多人对抢话题很反感,认为对方看不起自己。如果推销员打断了讲话人而提问,便会使对方恼火。在与顾客洽谈过程中,这种现象更应避免。推销员应该是理性的,不能是情绪化的,即使有问题急于提问,也应该在对方发言完后提问。一方面这是对对方的尊重,另一方面也是显示自己的素养。

2. 在顾客征询意见时提问

有时,洽谈时间很长,顾客在讲话过程中为了调节气氛引起注意,会主动询问有什么问题。这时,推销员可以乘机提出问题。

(四)询问的技巧

1. 封闭式询问

封闭式询问,即推销员提出的问题,对方答复的范围是确定的,一般较简单,不需作进一步的解释。此法可以得到特定的信息和资料,可以促使对方的态度明朗化,但要把握住询问的时机。这种询问方法有如下几种形式:

(1)选择式:推销员为对方提出两种或两种以上的方案,让顾客选择,无论顾客选择哪一种,推销员都能接受。这种询问,具有一定的诱导性,诱导对方在你限定的范围内加以选择。

(2)澄清式:推销员针对顾客的谈话内容,促使其证实或补充的询问。有时,顾客只是表露出一种意向,态度并不明确,推销员在他的意向的基础上发问,促使其态度明朗化。

(3)暗示式:就是询问的本身已经强烈暗示出预期答案,顾客的答复一般不会出乎意料。这类询问的内容都是双方公认的事实,之所以要询问,其主要用意在于提醒对方注意这些基本事实,为交谈提供基础。

(4)参照式:即把第三者的意见或做法作为参照提出询问。这类询问,以具有权威性或影响力的第三方作为参照系数,使顾客增加了拒绝的难度。

2. 开放式询问

开放式询问就是推销员提出的问题及顾客回答的内容与范围是不确定的。由于回答的范围不确定,给对方以充分发表意见的余地,可以更多、更深地了解对方,在更大范围内寻找突破的机会。这种方法有如下几种形式:

(1)商量式:表现出推销员重视对方的权力与利益,尊重对方的自主选择。避免"最后通牒"式的询问方式,如"买不买"、"能否今天达成协议"等。

(2)探索式:针对对方提出的或谈及的问题深入询问,希望作进一步探讨,得到更为清晰明确的详细信息,帮忙推销员挖掘客户需求并找到解决方案。例如:"你说上批货的推销遇到了麻烦,请问是什么麻烦?"

(3)启发式:就是促使对方谈看法或发表意见,鼓励顾客开口讲话。例如:我公司电脑的主要优点是按需配置、可靠性强、性价比高，您最感兴趣的是什么呢？它可以帮您解决什么问题呢？

3. SPIN 询问技巧

SPIN 询问技巧实际上就是四种提问的方式：S(situation questions)即询问客户的现状的问题；P(problem questions)即了解客户现在所遇到的问题和困难；I(implication questions)即暗示或牵连性问题，它能够引申出更多问题；N(need - payoff questions)即告诉客户关于价值的问题。

SPIN 技巧和传统的销售技巧有很多不同之处：传统的技巧偏重于如何去说，如何按自己的流程去做；SPIN 技巧则更注重于通过提问来引导客户，使客户完成其购买流程。

小故事

卖方：你们工厂安装了节电设备没有？（背景问题）

买方：没有。

卖方：据我所知你们在控制成本方面做得相当不错，在实际操作过程中有没有困难？（难点问题）

买方：在保证产品质量和提高职工待遇的前提下，我们一直致力于追求生产效益最大化，因此在控制物料和人工的成本方面着实下了一番功夫，确实取得了一定的效益，但在控制电费的支出上，我们还是束手无策。

卖方：那是不是说你们在民用高峰期也要支付超常的电费？（难点问题）

买方：是的，尤其是每年的6、7、8三个月，电费高得惊人，我们实在想不出还有什么可以省电的办法啦。事实上那几个月我们的负荷也并不比平时增加多少。

卖方：除了电费惊人，你们是否注意到那几个月电压也不稳？（难点问题）

买方：的确是这样，工人们反映那几个月电压往往偏高，也有偏低的时候，不过并不多。

卖方：为防止民用高峰期电压不足及减少供电线路的损耗，电力部门供电时会以较高的电压传输，电压偏高对你们费用的支付意味着什么？（暗示问题）

买方：那肯定会增加我们实际的使用量，使我们不得不支付额外的电费。

卖方：除了支付额外的电费，电压偏高或不稳对你们的设备比如电机有什么影响？（暗示问题）

买方：温度升高缩短使用寿命，增加维护和修理的工作量和费用。严重的可能直接损坏设备，使生产不能正常进行，甚至全线停产。

卖方：有没有因电压不稳损坏设备的情况发生？最大的损失有多少？（暗示问题）

买方：有，去年发生了两起，最严重的一起是烧毁一台大型烘干机，直接损失就达50万元。

卖方：如此说来，节约电费对你们工厂控制成本非常重要？（需求—效益问题）

买方：是的，这一项支出如能减少，那就意味着我们的效益增加。

卖方：稳定电压对你们来说是不是意义更为重大？（需求—效益问题）

买方:是的,这不仅可以维持生产的正常运行,还可以延长我们设备的使用寿命。

卖方:从你所说的我可以看出,你们对既能节约电费又能稳定电压的解决办法最为欢迎,是吗?(需求—效益问题)

买方:是的,这对我们来说至关重要,我们非常需要解决电费惊人和电压不稳的问题,这样不仅使我们降低成本增加效益,而且还可以减少事故发生频率,延长设备的使用寿命,使我们的生产正常运行。(明确需求)

(五)询问提纲的设计

询问提纲的设计有助于推销员在询问时有的放矢,不至于偏离推销主题。询问提纲一般包括询问对象、询问目的、询问方式、询问内容、解决方案等内容。

1. 询问对象:明确顾客的类型。
2. 询问目的:引导顾客进入主题,了解顾客的真实意向。
3. 询问方式:采取封闭式或开放式方式进行询问。
4. 询问内容:从需求意向、价格意向、使用情况、服务情况、竞争者状况等多方面进行询问。
5. 解决方案:至少提供两种以上可供选择的方案。

二、沟通中倾听技巧

倾听的“听”字在繁体中文中的写法是“聽”,听字里有一个“耳”字,说明听字是表示用耳朵去听的;听字的下面还有一个“心”字,说明倾听时要用“心”去听;听字里还有一个“目”字,说明你听时应看着别人的眼睛去听;在“耳”的旁边还有一个“王”字,“王”字代表把说话的那个人当成是帝王来对待。从听字的繁体结构中可以看出,倾听时不仅要用耳朵,还要用心,用眼睛,更重要的是要把你对面的那个人当成是帝王,充分地去尊重他。

(一)倾听的重要性

一位外国学者说:“成功的捷径就是把你的耳朵而不是舌头借给所有的人。”做一个好的聆听者是成为一个成功的沟通者的重要素质之一。与客户沟通的过程是一个双向的、互动的过程。在整个销售沟通过程中,顾客并不只是被动地接受劝说和聆听介绍,他们也要表达自己的意见和要求,也需要得到沟通的另一方——推销员的认真倾听。管理学专家汤姆·彼得斯和南希·奥斯汀在他们合著的《追求完美》一书中谈到了有效倾听的重要性。他们认为,有效的倾听至少可以使推销员直接从客户口中获得重要信息,而不必通过其他中间环节,这样就可以尽可能地避免事实在输送过程中被扭曲的风险。同时,有效的倾听还可以使被倾听者产生被关注、被尊重的感觉,他们会因此而更加积极地投入到整个沟通过程当中。

(1)尊重顾客:倾听是尊重顾客的最好表现。要表达对顾客的尊重,一个很重要的举动就是认真细心地听取顾客讲话,这样既可以改变顾客拒绝的态度,又可以化解矛盾。

(2)揣摸顾客:倾听是揣摸顾客心理的重要途径。面对顾客,要能了解他的心理,就必须借助于倾听。

(3) 帮助记忆:倾听可以帮助记忆。倾听就是知识记忆的过程。

(4) 丰富信息与知识:倾听可能获得信息与知识。在与顾客交流中,只要认真仔细地听,就可以随时获取大量有用的信息,不断丰富知识。

(二) 倾听的障碍

1. 主观性障碍,即由于推销员心理原因而形成的障碍。主要表现为:

(1) 不重视:认为推销主要靠说服而不是靠听顾客讲话。

(2) 等待讲话:推销员把主要精力集中在自己将要讲话上,专门等待讲话的机会,忽视顾客讲话。

(3) 情绪过滤:凭自己情绪、好恶,取舍顾客的讲话内容。

(4) 思想开小差:推销员往往利用顾客讲话的时间进行自我对话。

2. 客观性障碍,即由于顾客表达的原因而形成的障碍。主要表现为:

(1) 数字的魔术:顾客说出的数字,有时听起来很小,而包含的实际利益却很大。有时听起来很大,而包含的实际利益却很小,这就容易使推销员被迷惑。

(2) 权威的滥用:顾客在交谈中,往往使用一些推销员不大熟悉的专有名词,使推销员不能及时搞清楚顾客表达的准确含义。

(3) 语言的模糊性:顾客为了抬高自己身份,争取谈判的有利地位,往往臆造出一些权威来支持自己的观点。

(4) 专有名词的干扰:有些语言具有歧义,可做多种解释,使推销员难以确切理解其含义。

小资料

作为一个听众,你认为你是如何经常陷入以下几种坏习惯的?先看下面的栏目,再根据答案算出你的得分。

项目	几乎总是	通常	有时	很少	几乎从不	分数
认为主题没意思						
批评讲话人的讲话方式						
过分沉浸于说话人说的某些内容						
为事实而听						
试图把一切概括出来						
假装对说话人注意						
允许外来干扰						
避开难的材料						
被感情色彩浓厚的词感染						
走神						
答案:选"几乎总是"得2分;选"通常"得4分;选"有时"得6分;选"很少"得8分;选"几乎从不"得10分 得分越高说明你有良好的倾听习惯,反之则是一名较差劲的倾听者,要努力了。					总分	

（三）倾听的技巧

1. 耐心倾听

顾客谈话的内容可能很乏味，这时就需要有耐心，不可以随便打断顾客的谈话。很多时候一些人的倾听能力是很差的，他们都不是无意打断，而是有意识地打断对方的谈话。无意识的打断是可以接受的，有意识的打断却是绝对不允许的。无意识地打断客户的谈话是可以理解的，但也应该尽量避免；有意识地打断别人的谈话，对于客户来讲是非常不礼貌的。当你有意识地打断一个人说话以后，你会发现，你就好像挑起来了一场战争，你的对手会以同样的方式来回应你，最后你们两个人谈话就可能变成了吵架。因此有意识的打断是绝对不允许的。

2. 用心倾听

当你与对方谈话时，如果对方正确地理解了你谈话中的意思，你一定会很高兴。至少他知道你成功地完成了我们上边所说的“听事实”的层面。能清楚地听出对方的谈话重点，也是一种能力。因为并不是所有人都能清楚地表达自己的想法，特别是在不满、受情绪的影响的时候，经常会有类似于“语无伦次”的情况出现。而且，除了排除外界的干扰，专心致志地倾听以外，你还要排除对方的说话方式给你的干扰，不要只把注意力放在说话人的咬舌、口吃、地方口音、语法错误或“嗯”、“啊”等语气词上面。

3. 适时表达

谈话必须有来有往，所以要在不打断对方谈话的原则下，适时地表达自己的意见，这是正确的谈话方式。这样做还可以让对方感受到你始终都在注意地听，而且听明白了。还有一个效果就是可以避免你走神或疲惫。表达不仅可以通过语言进行，还可以通过头、手、眼、心灵等各个器官去说话。但要牢记切不可过度地卖弄，如过于丰富的面部表情、手舞足蹈、拍大腿、拍桌子等。

4. 会心倾听

在谈话时，即使是一个小小的价值，如果能得到肯定，讲话者的内心也会很高兴的，同时对肯定他的人也容易产生好感。因此，在谈话中，一定要用心地去找对方的价值，并加以积极的肯定和赞美，这是获得对方好感的一大绝招。比如对方说：“我们现在确实比较忙。”你可以回答：“您坐在这样的领导位子上，肯定很辛苦。”

5. 避免虚假的反应

在对方没有表达完自己的意见和观点之前，不要做出比如“好！我知道了”、“我明白了”、“我清楚了”等反应。这样空洞的答复只会阻止你去认真倾听客户的讲话或阻止客户的进一步解释。在对方看来，这种反应等于在说“行了，别再罗嗦了”。如果你恰好在他要表达关键意思前打断了他，被惹恼了的客户可能会大声反抗：“你知道什么？”那就很不愉快了。

小资料

关于倾听的17个方法

(1) 带着真正的兴趣听客户在说什么,把倾听当成一种享受。

(2) 永远也不要假设你知道客户要说什么,因为这样会干扰对方的注意力。

(3) 不要漫不经心地听(左耳进,右耳出)。要理解客户所说的话。

(4) 让客户在你脑子里占据最重要的位置。

(5) 始终同客户保持目光接触,观察他的面部表情,注意他的音调变化。

(6) 记住,客户喜欢谈话,特别是喜欢谈他们自己。他们谈得越多,越感到痛快,就越会倾向于你。人人都喜欢好听众,所以,要耐心地听,听讲需要精神集中,需要耐心。

(7) 让嘴巴闭起来,以保持耳朵的清明。

(8) 用你所有的感官来倾听。先从耳朵开始,虽只听进去50%,也要了解完整的内容。

(9) 用你的眼睛倾听。保持目光的接触,这样能显示你听进了每一个字。我们都听过"左耳进,右而出"的说法,可从没有人说"左眼进,右眼出"。

(10) 用你的身体来倾听。运用肢体语言来全盘感受。坐正,不要弯腰驼背。表示更专注时,可倾身向前。脸上保持全神贯注的神情。

(11) 当一面镜子。别人微笑的时候,你也微笑;他皱眉时,你也皱眉;他点头时,你也点头。

(12) 不要打断对方。否则会中断说话者的思路,引起别人的烦躁。

(13) 避免外界的干扰。如果你是在办公室里,必要时请秘书暂时不要把电话接进来,或者到较少干扰的场所去。

(14) 避免分心。把收音机、电视或音乐关掉。没有什么背景声音比你正倾听的那个人更重要。

(15) 避免视觉上的分神。别让办公室、商店或工作地点内外的景象干扰你的眼睛。

(16) 集中精神。随时注意别人。这不是你看表、抠指甲、伸懒腰或点烟的时候。不要抽烟,手上拿根烟会影响你的注意力。

(17) 倾听弦外之音。要听出"小字"的部分。常常没有说出来的部分比说出来的重要得多。语调、手势、暗示、尴尬的咳嗽——这些都显示说话者想表示什么,只是没用语言表达出来。

资料来源:思恩. 乔. 吉拉德经典推销思想和案例. 中国纺织出版社,2012. 7

三、沟通技巧的综合分析

销售是一种以结果论英雄的游戏,销售就是要成交。没有成交,再好的销售过程也只能是过眼烟云。在销售员的心中,除了成交,别无选择。但是顾客总是那么"不够朋友",经常"卖关子",销售员唯有解开顾客"心中结",才能实现成交。在这个过程中方法很重要,以下介绍排除客户疑虑的几种成交法。

1. 顾客说:我要考虑一下

针对这种情况对策是:时间就是金钱。机不可失,时不再来。

(1) 询问法:通常在这种情况下,顾客对产品感兴趣,但可能是还没有弄清楚你的介绍(如:某一细节),或者有难言之隐(如:没有钱、没有决策权)不敢决策,再就是推脱之辞。所以要利用询问法将原因弄清楚,再对症下药,药到病除。例如:

先生,我刚才到底是哪里没有解释清楚,所以您说您要考虑一下?

(2) 假设法:假设马上成交,顾客可以得到什么好处(或快乐),如果不马上成交,有可能会失去一些到手的利益(将痛苦),迅速促成交易。例如:

先生,您一定是对我们的产品确实很感兴趣。假设您现在购买,可以获得××(外加礼品)。我们现在是促销活动,过几天就结束了,如果您不及时决定,会……

(3) 直接法:通过判断顾客的情况,直截了当地向顾客提出疑问,尤其是对男士购买者存在钱的问题时,可以采用激将的形式,迫使他付账。例如:

××先生,说真的,会不会是钱的问题呢?或您是在推脱吧,想要躲开我吧?

但要注意用合适的语言,不能刺激过大,以免适得其反。

2. 顾客说:太贵了

其对策是:一分钱一分货,其实一点也不贵。

(1) 比较法:

与同类产品进行比较。例如:

市场上××牌子的××价格,这个产品比××牌子便宜多啦,质量还比××牌子的要好。

与同价值的其它物品进行比较。例如:

××价格现在可以买a、b、c、d等几样东西,而这种产品是您目前最需要的,现在买一点儿都不贵。

(2) 拆散法:将产品的几个组成部件拆开来,一部分一部分来解说,每一部分都不贵,合起来就更加便宜了。

(3) 平均法:将产品价格分摊到每月、每周、每天,尤其对一些高档服装销售最有效。买一般服装只能穿多少天,而买名牌可以穿多少天,平均到每一天的比较,买贵的名牌显然划算。例如:

这个产品你可以用多少年呢?按××年计算,××月××星期,实际每天的投资是多少,你每花××钱,就可获得这个产品,值!

(4) 赞美法:通过赞美让顾客不得不为面子而掏腰包。例如:

先生,一看您,就知道平时很注重××(仪表、生活品位等),不会舍不得买这种产品或服务的。

3. 顾客说:市场不景气

这各情况下的对策是:不景气时买入,景气时卖出。

(1) 讨好法:通过夸奖购买者聪明、有智慧、是成功人士等,讨好顾客,往往会起到好的效果。

曾经有人透露过一个诀窍:当别人都卖出时,就买进;当别人都买进时,就卖出。现在决策需要勇气和智慧,许多很成功的人士都是在不景气的时候建立了他们成功的基础。

(2) 化小法:市场是否景气是一个大的宏观环境变化,是个人无法改变的,对每个人来说在短时间内还是按部就班,一切“照旧”。这样将事情淡化,将大事化小来处理,就会减少宏观环境对交易的影响。例如:

这些日子以来,有很多人谈到市场不景气,但对我们个人来说,还没有什么大的影响,所以说不会影响您购买××产品的。

(3) 例证法:举前人的例子、成功者的例子、身边人的例子、某类人的群体共同行为例子、流行的例子、领导的例子、歌星和偶像的例子等,让顾客向往,产生冲动,马上购买。例如:

先生,××人××时间购买了这种产品,用后感觉很好(描述具体感觉)。今天,你有相同的机会,作出相同的决定,你愿意吗?

4. 顾客说:能不能便宜一些

这种情况下的对策是:价格是价值的体现,便宜无好货。

(1) 得失法:交易就是一种投资,有得必有失。单纯以价格来进行购买决策是不全面的,光看价格,会忽略品质、服务、产品附加值等,这对购买者本身是个遗憾。例如:

您认为某一项产品投资过多吗?但是投资过少也有他的问题所在,投资太少,使所付出的就更多了,因为您购买的产品无法达到预期的满足(无法享受产品的一些附加功能)。

(2) 底牌法:通过亮出底牌(其实并不是底牌,离底牌还有很远),让顾客觉得这种价格在情理之中,买得不亏。例如:

这个价位是这款产品目前在全国最低的价位,已经到了底儿,您要想再低一些,我们实在办不到。

(3) 诚实法:在这个世界上很少有机会花很少钱买到最高品质的产品,这是一个真理,告诉顾客不要存有这种侥幸心理。例如:

如果您确实需要低价格的,我们这里没有,据我们了解其他地方也没有,但有稍贵一些的××产品,您可以看一下。

5. 顾客说:别的地方更便宜

这种情况下的对策是:服务有价,提醒防止假货。

(1) 分析法:大部分人在做购买决策的时候,通常会了解三方面的事:第一个是产品的品质,第二个是产品的价格,第三个是产品的售后服务。在这三个方面轮换着进行分析,打消顾客心中的顾虑与疑问。例如:

先生,那可能是真的,毕竟每个人都想以最少的钱购买最高品质的商品。但我们这里的服务好,可以帮忙进行××,可以提供××,您在别的地方购买,没有这么多服务项目,您还得自己花钱请人来做××,这样又耽误您的时间,又没有节省钱,还是我们这里比较理想。

(2) 转向法:不说自己的优势,转向客观公正地说别的地方的弱势,并反复不停地说,摧毁顾客心理防线。例如:

我从未发现,那家公司(别的地方的)可以以最低的价格提供最高品质的产品,又提供最优的售后服务。我××(亲戚或朋友)上周在他们那里买了××,没用几天就坏了,又没有人进行维修,而且态度还不好……

(3) 提醒法:提醒顾客现在假货泛滥,不要贪图便宜而得不偿失。例如:

为了您的幸福,优品质高服务与价格两方面您会选哪一项呢?你愿意牺牲产品的品质只求便宜吗?如果买了假货怎么办?你愿意不要我们公司良好的售后服务吗?先生,有时候多投资一点来获得真正要的产品,这也是值得的,您说对吗?

6. 顾客讲:没有预算(没有钱)

这种情况下的对策是:制度是死的,人是活的,没有条件可以创造条件。

(1) 前瞻法:将产品可以带来的利益讲解给顾客听,催促顾客进行预算,促成购买。例如:

先生,我知道一个完善管理的事业需要仔细地编预算。预算是帮助公司达成目标的重要工具,但是工具本身须具备灵活性,您说对吗?××产品能帮助您的公司提升业绩并增加利润,你还是根据实际情况来调整预算吧!

(2) 攻心法:分析产品不仅可以给购买者本身带来好处,而且还可以给周围的人带来好处。购买产品可以得到上司、家人的喜欢与赞赏,如果不购买,将失去一次表现的机会,这个机会对购买者又非常重要,失去了就会痛苦。尤其对一些公司的采购部门,可以告诉他们竞争对手已在使用,已产生什么效益,不购买将由领先变得落后。

7. 顾客问:它真的值那么多钱吗?

这种情况下的对策是:怀疑的背后就是肯定。

(1) 投资法:做购买决策就是一种投资决策,普通人是很难对投资预期效果作出正确评估的,都是在使用或运用过程中逐渐体会、感受到产品或服务给自己带来的利益。既然是投资,就要多看看以后会怎样,现在也许只有一小部分作用,但对未来的作用很大,所以它值。

(2) 反驳法:利用反驳,让顾客坚定自己的购买决策是正确的。例如:

您是位眼光独到的人,您现在难道怀疑自己了?您的决定是英明的,您不信任我没有关系,您也不相信自己吗?

(3) 肯定法:把产品的价值分析给顾客听,以打消顾客的顾虑。可以通过对比分析、拆散分析,还可以举例佐证。

8. 顾客讲:不,我不要……

这种情况下对策是:我的字典里没有“不”字。

(1) “吹牛”法:吹牛是讲大话,推销过程中的“吹牛”不是让销售员说没有事实根据的话、讲假话。而是通过“吹牛”表明销售员销售的决心,同时让顾客对自己有更多的了解,让顾客认为您在某方面有优势、是专家,值得信赖以达成交易。例如:

我知道您每天有许多理由推脱了很多推销员让您接受他们的产品。但我的经验告诉我:没有人可以对我说不,说不的人最后我们都成了朋友。当他对我说不,他实际上是对即将到手的利益(好处)说不。

(2) 比心法:其实销售员向别人推销产品,遭到拒绝,可以将自己的真实处境与感受讲出来与顾客分享,以博得顾客的同情,产生怜悯心,促成购买。例如:

假如有一项产品,您的顾客很喜欢,而且非常想要拥有它,您会不会因为一点小小的问题而让顾客对您说不呢?所以,先生,今天我也不会让您对我说不。

(3) “死磨”法:坚持就是胜利,在推销的过程中,并不总是一帆风顺的。顾客总是下意识地提防和拒绝别人,所以推销员要坚持不懈、持续地向顾客进行推销。同时如果顾客一拒绝,推销员就撤退,顾客对推销员也不会留下什么印象。

项目小结

人字的结构就是互相支撑。而人与人之间的沟通是互相支撑的前提。推销中沟通技巧的运用,要求推销员能够为顾客排除各种疑虑,通过询问、倾听、说服等方法,最终促成交易。

项目练习

一、判断题

1. 听比说更重要。( )

2. 推销员要坚持不懈、持续地向顾客进行推销。( )

3. 以退为进法就是为使顾客接受推销建议,推销员先向其提出一个较高的要求,当顾客感到为难时,先做出适当让步,提出相对真实、略低的要求。( )

4. 谈话必须有来有往,在倾听时,也应适时地表达自己的意见。( )

5. 在提问时应尽量提大问题和长问题。( )

二、选择题

1. 给对方以充分发表意见的余地,可以更多更深地了解对方的提问方式是( )。

A. 封闭式提问 B. 开放式提问 C. 选择式提问 D. SPIN 式提问

2. 你想卖出去一种产品,通过设计一套提问的方式,让顾客在一味回答"是的",以此来肯定你产品的好处,这在说服技巧中属于( )。

A. 苏格拉底法 B. 以退为进法 C. 以情感人法 D. 事实说服法

3. 当顾客希望价格能不能再低一点时,你说"这个价位是产品目前在全国最低的价位,已经到了底儿,您要想再低一些,我们实在办不到。"这是洽谈中的( )。

A. 底牌法 B. 诚实法 C. 提醒法 D. 坦白法

4. 以下( )属于主观性倾听障碍。

A. 思想开小差 B. 专业术语太多 C. 语言模糊 D. 不重视

5. 倾听的技巧包括( )。

A. 用心倾听 B. 耐心倾听 C. 会心倾听 D. 适时倾听

6. 一顾客在一家大商场选购某种小家电时提出:"你们的价格为什么这么高?"经验丰富的营业员说明价格差异的主要原因是( )。

A. 品牌不同 B. 用料不同 C. 规格不同 D. 使用寿命不同 E. 用途不同

三、简答题

1. 简述说服的基本方法。

2. 简述倾听中遇到的障碍。

3. 简述询问的重要性。

4. 有人认为,推销中应让顾客多说"是",你如何看待?并说明原因。

四、案例分析

一位电子产品推销员在推销产品时,与客户进行了这样一番对话。

推销员:“你孩子快上中学了吧?”

客户愣了一下:“对呀。”

推销员:“中学是最需要开启智力的时候,我这儿有一些游戏卡,对你孩子智力的提高一定有益。”

客户:“我们不需要什么游欢卡,都快上中学了,谁还让他玩这些破玩意儿。”

推销员:“我的这个游戏卡是专门为中学生设计的,它是数学、英语综合在一块儿的智力游戏,绝不是一般的游戏卡。”

客户开始犹豫。

推销员接着说:“现在是一个知识爆炸的时代,不再像我们以前那样一味从书本上学知识了。现代的知识是要通过现代的方式学的。您不要再固执地以为游戏卡都是害孩子的,游戏卡现在已经成为孩子学习的重要工具了。”

接着,推销员从包里取出一张卡递给客户,说:“这就是新式的游戏卡,来,咱们试着操作一下。”

果然,客户被这张游戏卡吸引住了。

推销员趁热打铁:“现在的孩子真幸福,一生下来就处在一个良好的环境中,家长们为了孩子的全面发展,往往在所不惜。我去过的好几家都买了这种游戏卡,家长们很高兴能有这样有助于孩子的产品,他们毫不犹豫地买了,还希望以后有更多的系列产品。”

客户已明显地表现出强烈的购买欲望。

推销员:“这种游戏卡是买给孩子的最佳礼物,孩子一定会很高兴的!”结果是,客户心甘情愿地购买了几张游戏卡。在这里,推销员巧妙地运用了洽谈的艺术,激发了客户的购买欲望,使其产生了拥有这种产品的感情冲动,引导客户采取了购买行动。

思考 本案例中的推销员是如何激发出客户的购买欲的?请你对此推销员的洽谈艺术进行评析。

五、实训

1. 两人一组,一个人连续说3分钟,另外一个人只许听,不许发声,更不许插话,可以有身体语言。之后,换过来。结束以后,每人轮流先谈一谈听到对方说了些什么?然后由对方谈一谈听者描述的所听到的信息是不是自己想表达的?

2. 某推销员向某客户推销某品牌洗衣粉,该产品具有洗得干净、易于漂洗、环保等优点。由于是试销期,每袋售价15元,而同类产品市场每袋售价18元。现在客户提出每袋以13元成交,推销员应如何说服客户接受15元的价格?要求以学习小组为单位,分别设计说服策略,并选出代表作模拟表演。

单元二 推销准备

导入案例

利用运动错觉,调整服务手段

有家切糕店,老板卖糕时,故意少切一点儿,过秤后见分量不足,切一点添上,再称一下,还是分量不足,又切下一点添上,最终使秤杆尾巴翘得高高的。如果你是一位顾客,亲眼见到这两添三过秤的过程,就会感到确实量足秤实,心中也踏实,对卖糕人很信任。如果卖糕人不这样做,而是切一大块上秤,再一下二下往下切,直到秤足你所要的分量时,你的感觉就会大不一样,眼见被一再切小的糕,总会有一种吃亏的感觉——这就是运动错觉对顾客的影响效果。

资料来源:百度文库

以上案例讲述的是密切把握顾客购买过程中的消费心理案例。聪明的卖糕人正是巧妙地利用了顾客的这种极其微妙的心理活动变化,并实实在在地做到了童叟无欺,才使糕摊处地利人和之优而终日生意红火。为了能够准确地把握顾客的消费心理,本单元将从顾客心理研究和不同顾客心理下的推销说服策略分别阐述。

项目四 顾客心理研究

职业能力目标与学习要求

1. 知识目标:了解顾客购买需求、动机的基本类型和购买过程,理解不同顾客消费类型的特点和相应的推销策略。

2. 技能目标:能够通过顾客心理分析采用不同的推销说服策略。

3. 任务分解:

任务一:分析顾客消费心理类型;任务二:分析不同顾客心理下的推销说服策略。

任务一 分析顾客消费心理类型

实施步骤

1. 分析顾客购买需求的类型。
2. 分析顾客购买动机的类型。
3. 分析顾客购买决策过程。
4. 顾客购买过程的心理活动。

思考案例

有时,客户会向销售人员表达:"我们要的是商品的质量,而不是价格。价格是好商量的。"可销售人员最后发现:客户真正的异议点和抗拒点还是在于价格。有时,客户跟你讲"不是因为什么样的原因,我不买",其实往往就是这个原因阻止了真正购买的发生。因为很多时候,客户也只是无意识地用自己后天习得的各种方式为自己争取最大化利益。所以,他们可能只是在无意识中用自己后天习得的惯性思维布置了一场"官兵追强盗"的心理游戏。

资料来源:http://finance.qq.com/a/20080414/001528_1.htm

以上案例讲述的是关于顾客心理方面的案例,在这个过程中,如果销售人员对客户真正关注的焦点不给予足够的注意,并提供相应的解决方案,将会影响到最后销售的结果。由此可以看出充分了解和把握顾客心理的意义,本任务就是要讲述分析顾客消费心理类型相关知识。

一、顾客购买心理分析

(一) 购买需求分析

1. 购买需求的概念

购买需求是个体对内外环境的客观需求在脑中的反映。它常以一种"缺乏感"体验着,以意向、愿望的形式表现出来,最终导致为推动人进行活动的动机。需要总是指向某种东西、条件或活动的结果等,具有周期性,并随着满足需要的具体内容和方式的改变而不断变化和发展。

2. 购买需求的分类

(1) 根据需要的起源分类,可分为自然性需要和社会性需要。

① 自然性需要

自然性需要是指人为了延续和发展它的生命所必需的客观条件的自然需要,是人们最原始、最基本的需要,如吃饭、穿衣、住宅、医疗、性等。因此,又称生理需要。自然性需要的特征如下:第一,产生于人的生理机制,是与生俱有的;第二,主要表现在以从外部获得一定的物质为满足；第三，多见于外表，易被察觉；第四，有限度，超过了反而有害；第五，有周期性。

② 社会性需要

社会性需要是指对各种社会性生活条件的需要。人是一种社会存在物，社会性是人的根本属性。所谓社会性，是指诸多个体在时空中的相关性存在，即人们之间的相互关系和交往活动。社会性需要是受社会制度、历史、时代、民族、阶级、习俗以及个人所属的群体的特点所制约的。每个人由于所处社会背景、所属的群体不同，因此，社会性需要有着显著的个体差异，即随着人的文化素养、兴趣、理想、信念乃至世界观的不同而具有不同的水平。

(2) 按照需要对象的性质分类，可分为物质需要和精神需要。

① 物质需要

物质的需要产生于人体的本能需要，更进一步讲产生于人体体细胞的需要。随着人类社会生产力水平的不断提高，在满足人的基本生存需要(即解决温饱问题)的基础上，充足的物质源源不断地出现，极大地提高了人类的生存质量和生活水平。人类从一开始对“物质需要”的选择就是有目的性的。随着人类的文明和进步，对物质的需要更加讲究，摄取对人体健康有利的物质，进一步剔除对人体有害的物质，如吃的方面更加注重营养成分的科学性，这无疑是人类进步的一大标志。

② 精神需要

这是指个体参与社会精神文化生活的需要，产生于人自身思维的需要，是人类特有的需要。精神的需要是一个极为复杂的问题，它是在满足了生存的基本物质生活需要的基础上产生的高级的心理追求，是人们在道德、审美等方面的发展，是一种对观念对象的需要。它对人生活质量和生命质量的提高，起着重大的导向作用。

小资料

人的精神需要是以物质需要为基础而又高于物质需要的更高层次的需要。一方面，必须摒弃抹煞人们的正当物质利益、一味用精神激励以图调动其积极性的脱离实际的做法；另一方面，又要反对那种只讲经济现实不讲政治理想、只讲物质利益不讲政治要求、只讲“钱”不讲“理”的错误倾向。

(3) 按照需要的层次，分为生理需要、安全需要、社交需要、尊重需要和自我实现需要。

美国人本主义心理学家马斯洛于 19 世纪提出了“需要层次论”，把人类的需要从低到高，分为五个层次：①生理需要：衣、食、住、行。②安全需要：人身的健康、安全，财产的安全，生活的安定，职业的保障。③社交需要：被他人或社会群体承认、接纳和重视，精神上有所归属。④受尊敬的需要：社会地位。⑤自我实现需要：充分发挥个人才能，实现人生目标。

(4) 按照需要实现的程度，又把消费者的需要分为现实需要和潜在需要。

现实需要是指目前具有明确消费意识和足够支付能力的需要，一般可以理解为消费者在进入商店之前就已计划购买的商品和愿意支付的货币。可见，现实需要是消费者不仅有明确的目标指向(具体商品)，而且有货币支付能力。这种需要也称为有效需要，它是企业制定当前市场营销策略的现实基础。

潜在需要是指未来即将出现的消费需要，它主要表现为两种形式：第一种是具有明确消费意识,但目前缺乏足够支付能力的那部分需要。比如,目前部分家庭有对宽敞住房的需要,但由于对自己预期收入的不确定,这部分需要就表现为潜在的消费需要。第二种是尽管消费者有足够的支付能力,但由于目前他们的消费意识不太明确或市场上还没有出现他们所期望的产品,因而还没有形成现实需要的那部分需要。比如,某些新产品投入市场时,消费者对该商品不熟悉,因为消费习惯的原因,没有形成现实需要。

小资料

一个人渴了想喝水,就会产生寻找饮料的行为,行为指向一定的目标,直到找到饮料为止。根据心理学原理,产生行为的直接原因是动机,渴了,是个体缺乏某种东西——水,想喝水是需要,需要产生找水的动机。动机是引起个体找水行为,并维护该行为,将行为导向直至找到饮料这一目标的过程。

(二)购买动机分析

1. 购买动机的概念

购买动机是指由特定需要引起的,是满足各种需要的特殊心理状态和意愿。从本质上讲,动机是一种内部心理过程,不能直接观察,但是可以通过任务选择、努力程度、活动的坚持性和言语表示等行为进行推断。动机是个体能动性的一个主要方面,它具有发动行为的作用,能推动个体产生某种活动,使个体从静止状态转向活动状态。

小资料

动机是基于需要而由各种刺激引起的心理冲动,它的形成必须具备三个条件并且缺一不可,分别是:第一,以需要为基础;第二,刺激条件;第三,满足需要的对象与条件。

2. 购买动机的分类

出于消费需求和外在影响因素的多样性,消费者动机的表现十分复杂细微,但是,在现实生活中,消费者动机有呈现出一定的共性和规律性。我们把动机分为一般购买动机和具体购买动机。

(1) 一般购买动机

从顾客购买商品的原因和驱动力而言,顾客的购买动机可分为生理性购买动机和心理性购买动机两大类。

① 生理性动机。这是指消费者为保持和延续生命有机体而引起的购买动机。这种购买动机都是建立在生理需要的基础之上的。具体可以分为四种类型:第一,维持生命的购买动机。消费饥饿时,对食物的购买动机就属于这一类;第二,保护生命的购买动机。购买建筑材料建造房子的购买动机就属于这一类;第三,延续生命的购买动机。繁衍后代哺育儿女的需要而产生的购买动机就属于这一类。第四,发展生命的购买动机。为了满足提高文化科学知识水平需要而产生的购买动机就属于这一类。

② 心理性动机。这是指由消费者的认识、情感、意志等心理过程引起的购买动机。具体包括情绪动机、情感动机、理智动机和惠顾动机。情绪动机是由人的喜、怒、哀、乐、欲、爱、

恶、惧等情绪引起的购买动机。情绪动机推动下的购买行为,一般具有冲动性、情景性和不稳定性的特点。情感动机是由人的道德感、理智感和审美感等人类高级情感引起的购买动机。这类动机推动下的购买行为一般具有稳定性和深刻性的特点。理智动机是建立在消费者对商品客观、全面认识的基础上,对所获得的商品信息经过分析、比较和深思熟虑以后产生的购买动机。理智动机推动下的购买行为具有客观性、周密性和控制性的特点。惠顾动机是建立在以往购买经验基础之上,对特定的商品、品牌、商店等产生特殊的信任和偏爱,使消费者重复地、习惯地前往购买的一种购买动机。消费者个人的购买活动体验对惠顾动机的形成有重要影响,惠顾动机推动下的购买行为,具有经验性、稳定性和重复性的特点。

(2) 具体购买动机

消费者在每次具体购买中通过具体的购买动机表现出来的动机。在具体实践中,常见的具体购买动机有:

① 求实购买动机。这是以注重商品和劳务的实际使用价值为主要特征的购买动机。具有这种动机的消费者在购买商品或劳务时,特别重视商品的实际效用和功能质量,讲求经济实惠、经久耐用,而不大追求商品外观、造型、色彩或者商标的名气和包装等。目前,随着人们消费水平的逐步提高,人们的消费习惯、消费方式有了变化,但求实购买动机仍然普遍存在。产生这种购买动机的原因主要有两方面:一是受经济条件的限制;二是受传统消费观念和消费习惯的影响,崇尚节俭、精打细算、讲求实用、鄙视奢华,从而也促成求实动机的产生。此外,求实购买动机还受人们所购商品的影响。一般来说,购买基本生活资料时,其实用性要求较高;而购买享受资料时,则对其实用性要求较低,求实动机表现得不突出。

② 求新购买动机。这是以注重商品和劳务的新颖、奇特、时尚为主要特征的购买动机,具有这种动机的消费者在购买商品时,特别重视商品的外观、造型、式样、色彩、包装等,追求新奇、时髦和与众不同;对陈旧、落后的商品不愿购买。具有这种动机的人,大都思想解放,富于幻想,接受新思想快,一般在城市消费者和青年当中较多。他们受广告宣传和社会环境的影响,是时装、新式家具及各种新式商品的主要购买者。

③ 求美购买动机。这是以注重商品的欣赏价值和艺术价值为主要特征的购买动机。具有这种动机的消费者在购买商品时,特别重视商品对人体的美化作用、对环境的装饰作用、对其身份的表现作用,以及对人的精神生活的陶冶作用,追求商品的美感带来的心理享受。因此,他们对商品的造型、色彩与款式、艺术欣赏价值格外重视,"美"是他们最重要的诉求,而对商品的实用性、价格不太看重。在青年人、知识分子阶层、文艺界人士中,具有这种动机的人比较多,他们往往是高级化妆品、首饰、工艺美术品和家庭高级陈设用品的主要购买者。

④ 求廉购买动机。这是以注重商品价格低廉,希望付出较少的货币而获得较多物质利益为主要特征的购买动机。这类消费者对价格特别重视,对价格的变化反应格外敏感,喜欢选购处理价、优惠价、特价、折价的商品。具有这种购买动机的人,以经济收入较低的人为多。这与消费者本身的经济条件有关,但也不是绝对的。

⑤ 求名购买动机。这是一种以追求名牌商品或仰慕某种传统商品的名望为主要特征的购买动机。这种消费者对商品的商标、品牌特别重视,喜欢选购名牌产品。此外,这种动

机在旅游、观光者中表现得比较突出。多数旅游观光者都喜欢在游览名胜古迹的同时选购反映当地风格特点的土特产和风味食品。对于外国游客来讲,具有中国民族特点的工艺品对他们有很强的吸引力,往往能激起他们强烈的购买欲望。

⑥ 储备购买动机。这是以占有一定量的紧俏商品或保值储备为主要目的购买动机。当市场上某种商品供不应求出现脱销或者限量购买时,他们便尽可能地多买多储以备将来消费需要;或为防止将来货币贬值而购买贵重产品为主要目的,如黄金、白银、不动产等。商品价格的变化,也会促使消费者产生这一动机。

⑦ 自我表现的购买动机。这是一种以显示地位、身份和财富为主要目的的购买动机。这类消费者在选购商品或从事其他消费活动时,不太重视消费支出的实际效用,而格外重视由此而表现出的社会象征意义。具有这类动机的人,在享有一定社会地位的政府和社会各界名流中比较多见。例如,曾经有一位日本朋友来我国旅游,在一家旅游商店看到一幅标价2000 元的画,上面画的是两头毛驴,就毫不犹豫地买了下来。原来,邓小平同志访日时,曾赠送给日本首相一幅画有毛驴的画。这幅画挂在首相家中倍受珍重。因此,日本的一些社会名流到中国旅游观光时也希望买到类似的画。这就是一种以提高自己的社会声誉、地位为主要目的的购买行为。

⑧ 好胜购买动机。这是一种以争强斗胜或为了与他人攀比并胜过他人为目的的购买动机。这类消费者购买商品往往不是由于迫切需要,而是出于不甘落后、胜过他人的心理。因此,由这种动机引起的消费行为具有冲动性、偶然性的特点,带有浓厚的感情色彩。

⑨ 好癖性购买动机。这是一种以满足个人特殊爱好为目的的购买动机。有些人特别偏爱某一类型的商品。例如,有些人喜欢养花、养鱼,有些人喜欢摄影、集邮以及收集一些古玩、字画等。因此,他们会经常购买与其嗜好、兴趣有关的商品。好癖性消费行为一般比较稳定与集中,具有指向性和连续性的特点。

⑩ 惠顾购买动机。这是一种以表示信任而购买商品为主要特征的购买动机。消费者从经验或印象出发,对某种商品、某个厂家、某家商店、某个售货员等产生特殊的好感,信任备至。具有这种动机的消费者,是企业最忠实的支持者,他们不仅经常光顾,而且会在其他消费者中起宣传、影响作用。企业应当在自己的经营中努力培养消费者的惠顾动机,不断争取更多的固定购买者。

⑪ 从众心理动机。这是以在购买某些商品方面要求与别人保持同一步调为主要特征的心理动机,其核心是"仿效"和"同步",购买商品时喜欢购进和使用别人已经拥有的商品,不能说这类消费者是非常理智成熟的。

⑫ 求速心理动机。这是以追求购买商品的交易活动迅速完成为主要目的的心理动机,其核心是"简便"和"迅速",购买商品时目的明确,看到购买目标马上就买,往往不经过仔细挑选和比较。

小资料

消费者仅由一种动机而采取行动的情况在现实生活中为数不多,要从总体上把握以下三个问题:

第一,消费者购买动机非常具体、复杂、多样,同一个消费者往往同时存在几种购买心理动机,构成购买动机系统。因此,要注意动机的系统性和相关性。

第二,同一个消费者购买商品时,虽然可能有几种心理动机同时存在,但其中必然有一个起主导作用的动机,因此要注意动机系统的主导性。

第三,消费者的具体购买心理动机受多种因素影响,有时真实动机处于内隐状态,或被假象所掩盖。因此,在研究时要注意动机的真实性。

(三) 购买行为分析

1. 顾客购买行为的概念

顾客购买行为就是指人们为了满足个人、家庭的生活需要或者企业为了满足生产的需要,购买产品或服务时所表现出来的各种行为。顾客购买行为由一系列环节组成,即顾客购买行为来源于系统的购买决策过程,并受到内外多种因素的影响。

2. 影响顾客购买行为的因素

顾客购买行为的复杂多变,对销售人员提出了更大的挑战。对于优秀的销售人员来说,掌握顾客购买决策过程及了解影响顾客做出购买决策的多方面因素至关重要。这些因素主要包括:

(1) 消费者自身因素

消费者购买行为首先受其自身因素的影响,这些因素主要包括:

一是消费者的经济状况,即消费者的收入、存款与资产、借贷能力等。消费者的经济状况会强烈影响消费者的消费水平和消费范围,并决定着消费者的需求层次和购买能力。消费者经济状况较好,就可能产生较高层次的需求,购买较高档次的商品,享受较为高级的消费。相反,消费者经济状况较差,通常只能优先满足衣食住行等基本生活需求。

二是消费者的职业和地位。不同职业的消费者,对于商品的需求与爱好往往不尽一致。一个从事教师职业的消费者,一般会较多地购买书报杂志等文化商品;而对于时装模特儿来说,漂亮的服饰和高雅的化妆品则更为需要。消费者的地位不同也影响着其对商品的购买。身在高位的消费者,将会购买能够显示其身份与地位的较高级的商品。

小资料

20 世纪 90 年代中期,我国自由市场得到了空前的发展和繁荣。一天,一位小伙子在自由市场上叫卖衬衫,标价 10 元一件。结果,从早到晚几乎无人问津,更没有人买一件。第二天,小伙子在衬衫的标价后面加了个零,没想到,刚过下午,所进的十几件衬衫被全部买光。收摊时,小伙子露出了得意的笑容。

三是消费者的年龄与性别。消费者对产品的需求会随着年龄的增长而变化，在生命周期的不同阶段，相应需要各种不同的商品。如在幼年期，需要婴儿食品、玩具等；而在老年期，则更多需要保健和延年益寿产品。不同性别的消费者，其购买行为也有很大差异。烟酒类产品较多为男性消费者购买，而女性消费者则喜欢购买时装、首饰和化妆品等。

四是消费者的性格与自我观念。性格是指一个人特有的心理素质，通常用刚强或懦弱、热情或孤僻、外向或内向、创意或保守等去描述。不同性格的消费者具有不同的购买行为。刚强的消费者在购买中表现出大胆自信，而懦弱的消费者在挑选商品中往往缩手缩脚。

(2) 社会因素

人是生活在社会之中的，因而消费者的购买行为将受到诸多社会因素的影响。

首先，社会文化因素对消费者购买行为的影响。任何文化还都包含着一些较小的群体或所谓的亚文化群。这种亚文化群有许多不同类型，其中影响购买行为最显著的因素主要有：一是民族亚文化群。如我国除了占人口多数的汉族外，还有几十个民族，他们在食品、服饰、娱乐等方面仍保留着各自民族的许多传统情趣和喜好。二是宗教亚文化群。以我国来说，就同时存在着伊斯兰教、佛教、天主教等。他们特有的信仰、偏好和禁忌在购买行为和购买种类上表现出许多特征。三是地理亚文化群。如我国华南地区与西北地区，或沿海地区与内地偏远地区，都有不同的生活方式和时尚，从而对商品的购买也有很大不同。

拓展阅读

伊斯兰饮食文化之禁食猪肉

伊斯兰教法学家一致认为，猪，无论类型、大小，其肉、油、骨头、皮毛等都属于禁食之物。之所以禁止，是因为《古兰经》说，猪肉是“不洁的”，这里的不洁，不单是指卫生，更重要的是指宗教意义上的不纯洁。从宗教意义上讲，伊斯兰教规定穆斯林不食猪肉主要是服从真主的命令。世界上不食猪肉，将猪看作不洁净的不仅仅是穆斯林，犹太教和基督教的安息日会教派仍然遵循古训，不食猪肉；另外，印度教、琐罗亚斯德教均有不食猪肉的教规。

除了遵循真主及其使者的命令外，穆斯林还认为猪肉是不干净的，猪形态丑陋，完全背离了“佳美”食物的基本原则。

穆斯林不但不吃猪肉，而且不饲养猪，不经营猪肉、猪脂之类的食品及猪革制品，甚至不能摸猪肉以及含有猪肉的食品，把禁食猪肉作为一大禁忌严格奉行与遵守。中国历史上有一些穆斯林被皇帝赐以“朱”姓者，也因“朱”与“猪”谐音而改为“黑”或“郝”。在我国有些穆斯林聚居区，穆斯林不用猪毛刷子及含有猪脂的肥皂、香皂，不穿猪皮鞋、猪皮夹克等，甚至在日常生活中，也不能用猪作比喻，也不允许其他民族以任何方式用猪来表述或者比喻事物。

资料来源：http://www.shcs365.com/minsu/201302/164552.html

小资料

一般来说,夫妻购买的参与程度大都因产品的不同而有所区别。家庭主妇通常是一家的采购者,特别是在食物、家常衣着和日用杂品方面的购买,传统上更主要由妻子承担。但随着知识女性事业心的增强,男子参与家庭和家务劳动风气的逐步兴起,现在生产基本生活消费品的企业如果仍然认为妇女是他们产品唯一的或主要的购买者,那将在市场营销决策中造成很大的失误。当然在家庭的购买活动中,其决策并不总是由丈夫或妻子单方面作出的,实际上有些价值昂贵或是不常购买的产品,往往是由夫妻双方包括已长大的孩子共同作出购买决定的。

亲戚、朋友、同学、同事、邻居等也是影响消费者购买行为的重要相关群体。这些相关群体是消费者经常接触,关系较为密切的一些人。由于经常在一起学习、工作、聊天等,使消费者在购买商品时,往往受到这些人对商品评价的影响,有时甚至是决定性的影响。

(3) 产品和服务因素

据有关调查显示,40%的人认为价格是他们是否购买产品的决定因素,同种产品或替代品中,价格是首要考虑因素。36%的人认为产品的质量才是决定因素,但是这仅限于对收入比较高的人来说。对于收入不高的人来说,产品的性价比才是消费活动的决定性影响因素。另外,产品的品牌知名度、时尚度、产品包装、广告宣传、产品配送方式以及替代品等都对消费者产生了深远的影响。

售后服务,是指生产企业、经销商把产品(或服务)销售给消费者之后,为消费者提供的一系列服务,包括产品介绍、送货、安装、调试、维修、技术培训、上门服务等。在市场激烈竞争的今天,随着消费者维权意识的提高和消费观念的变化,消费者在选购产品时,不仅注意到产品实体本身,在同类产品的质量和性能相似的情况下,更加重视产品的售后服务。因此,企业在提供价廉物美的产品的同时,向消费者提供完善的售后服务,已成为现代企业市场竞争的新焦点。

(4) 推销策略

一种合适的推销策略可以提高购买发生率,增加购买数量。人员推销是最古老、最直接、最有效的促销手段。对于那些专业性强、结构复杂的产业用品及价格昂贵的耐用消费品,人员推销有着其他促销方式不可替代的作用。人员推销可以针对不同消费者,运用不同的推销策略来激发消费者的购买需求,激发购买动机,进而导致购买行为的发生,人员推销比其它的推销方式有着更重要的意义,这是因为人员推销具有双向沟通、灵活机动、针对性强、培养感情等多种特点。

3. 消费者的购买决策过程

消费者的购买决策过程可以明显地分为五个阶段,它们是:认识需要、信息搜索、评估选择、购买决定与购后评估。

(1) 认识需要

首先要认识到自己需要某种商品的功能后,才会去选择和购买,因此,认识需要是消费者购买决策过程中的第一个阶段。在这个阶段里,消费者认识到自己的即时状态与理想状态的差距,所以就想消除这个差距。许多因素都可以使人们认识到自己的需要。当人们看到冰箱空了，就会去买蔬菜、水果、饮料等来补充它，甚至空了的酱油瓶和醋瓶也会引起人们认识到需要一瓶新的酱油和一瓶醋。正是因为许多因素都可以激发人们的认识需要，因此进行市场营销的企业可以通过广告来激发人们对新产品的需要，从而使他们放弃那些老的产品或者是在市场上已经没有竞争力的产品。

(2) 信息搜索

消费者认识到自己的需要以后，便会自动地进入购买决策过程中的另一个阶段——信息搜索。当然，对于反复购买的商品，消费者会越过信息搜索阶段，因为所需信息已被消费者通过过去的搜索而掌握，这是不言而喻的。另外对于一个消费者来说，越贵的商品越能使消费者重视信息搜索。

信息的外部来源有多种：

第一，个人来源。亲戚和朋友是典型的外部信息来源，在与亲朋好友的谈天中，人们会获得关于商品的知识和信息，并且有相当一部分的消费者喜欢接受别人的建议及购物指南，尽管介绍商品的人的认识或消息来源有时也不十分准确。

第二，公共来源。公共来源的范围较广，可以是政府或其它组织的评奖，也可以是报纸或杂志中关于产品的评论与介绍，还可以是广播电台或电视台组织的有关商品的节目。

第三，商品来源。商品来源包括产品广告、推销员的介绍、商店的陈列或产品包装上的说明等，不过这些途径的信息对消费者来讲有时会有先天性的偏差，消费者可以同意或相信，也可以提出问题或根据自己的经验作其它评论。

(3) 评估选择

消费者在获得全面的信息后，会根据这些信息和一定的评价方法进行对同类产品的不同品牌进行评价。评估选择一般涉及三个方面。第一，产品属性。指产品所具有的能够满足消费者需要的特性。而这些属性往往表现为属性的集合，如冰箱：制冷效率高、耗电少、噪音低、经久耐用。第二，品牌信念。指消费者对某品牌优劣程度的总的看法。每一品牌都有一些属性，消费者对每一属性实际达到了何种水准给予评价，然后将这些评价连贯起来，就构成他对该品牌优劣程度的总的看法。第三，效用要求。指消费者对该品牌每一属性的效用应当达到何种水准的要求，或者说，该品牌每一属性的效用必须达到何种水准他才会接受。明确以上三个问题之后，消费者会有意无意地运用一些评价方法，对不同品牌的产品进行评价和选择。

(4) 购买决定

消费者经过搜索信息对产品进行了评价与选择后就会作出购买决定。当然，消费者也可能因为评价与选择过程中的问题推迟或取消购买的决定，这时消费者购买的决策过程处于停滞状态。参与营销的企业不可能对消费者的购买决定做任何工作，因为消费者一旦做出购买决定，余下的只是在商店或其它什么地方完成交易，也就是付款、提货或安排交货地点等事宜。

(5) 购后评估

将商品买回家以后，消费者的购买决策过程还没有终止，因为在最初使用商品的过程中，消费者会以购前的期望为标准来检查与衡量自己买回来的商品，为的是看看有没有什么问题或不满意的地方。

消费者的期望与消费者所购产品间的差异被称为是双向差异。双向差异的校正主要由进行营销的企业方面来执行,例如检查产品说明有无给消费者予正确的指导,广告内容有无超现实的方面,产品制造方面是否仍然存在缺陷等等。另一方面,对技术要求较高的产品,企业对消费者进行专门指导和培训是十分重要的,这一作法已被许多计算机公司和软件公司所采用。

二、分析顾客购买过程的心理活动

顾客的购买过程是指顾客从产生某种购买欲望到最终完成购买行为的全部过程。在这个过程中,顾客的心理活动是逐渐展开的,其表现又是多样的。在消费的过程中,虽然顾客的购买动机不同,购买商品的种类、数量不同,所耗费的时间和精力不同,但顾客在购买过程中的心理状态一般都表现为注意、兴趣、联想、欲望、比较、信任、行动、满意这八个发展阶段。

(一) 注意

注意是心理活动对一定事物的指向和集中。例如:顾客经过商店门口,被橱窗中陈列的商品吸引,然后进入到商店里面,请营业员拿出自己中意的商品,然后反复观看。注意的产生有客观原因和主观原因。客观原因是由刺激物的属性引起的,如商店中鲜明突出的广告和装饰,新颖的商品包装,响亮的兜售吆喝,变化多端的商品功能展示等。主观原因是人对当前事物的态度、心境、兴趣、需要、经验、世界观等引起的。如:一般顾客的注意集中在物美价廉的商品上,高档豪华的商品和不想买的商品都不会成为注意中心。顾客对商品和购物环境的观察、感知、思考、记忆等的认识过程,都有一个注意或不注意的现象、即顾客是聚精会神地对于想购买的商品进行观察、聆听、分析、比较、认识,还是漫不经心地浏览商品、溜达闲逛,这就是注意状态不同的体现。要充分调动顾客的注意,激发顾客的购买欲,才能实现商品的销售。

(二) 兴趣

兴趣是人们力求认识某种事物或爱好某种活动的倾向。在购买活动中,注意和兴趣是两种密切相关的心理活动。顾客在注意某种商品的时候,会同时引发其他心理活动,如想象、比较、分析、判断等,并对某种商品做出如颜色、式样、味道、价格等方面的反馈,这就是引起了顾客的兴趣。这种兴趣进一步推动顾客积极地去了解该商品的有关知识,认识该商品的功能、实用价值及对自己、对社会的意义等。在了解的过程中,顾客若认为该商品的功能、价值能适合或满足自己在物质方面或精神方面的需要,这种兴趣就会进一步强化,并引起顾客愉快的情绪体验,情绪体验的深化则推动着顾客购买行为的发展。

(三) 联想

联想是由一事物想到另一事物的心理活动过程。联想包括由当前感知的事物想起另一个有关事物,如看到商店举办空调器展销,会想到夏天的到来。联想还包括由已经想起的一个事物想起另一个事物,如想到夏季来临,自然又会想到需要购置纳凉用品。在购买活动中，联想是在顾客对某种商品发生了兴趣并有了一定的认识之后，对该商品进一步关注时发生的心理活动。此时，顾客面对该商品会想到过去所购买的类似商品的使用情况，或者会想到购买此商品会引起什么样的后果，如购买空调器会使家人度过一个凉爽的夏季。通过联想，顾客往往会突破时空限制，获得更丰富的有关商品的知识，引发更强烈的情绪体验。联想可以看作是唤起和强化顾客购买欲望的媒介，营业员应善于运用各种手段激发顾客的联想，促成其购买行为。

小资料

一位吸尘器推销员对顾客说："请好好想一想，使用吸尘器，你可以从繁杂的家务劳动中解脱出来。这样，你就可以有更多的时间和精力关心你孩子的学习和进步，辅导他的作业，带他外出散步，和家人一同享受生活的乐趣。"这位推销人员就是在调动顾客的联想这一种基本心理活动。

（四）欲望

欲望是人想得到某种东西的要求，即渴望满足而未被满足的需求。在购买过程中，随着顾客联想的深化，顾客购买商品的欲望就会随着对该商品的认识及个人情绪的变化由潜伏状态转入活动状态，真正地起到推动顾客购买过程的作用。在这个时候，顾客购买欲望的现实性已十分明显，即想要购买。

（五）比较

比较就是辨别两种或两种以上的事物的异同或高低。判断就是运用概念或个体的知识经验对事物的存在或它的某些属性进行肯定或否定判断的思维过程。比较是判断的基础和条件，而判断则是表达比较的结果。面对琳琅满目的商品，当顾客产生购买某种商品的欲望之后，根据自己的观察或营业员的介绍，就开始在心里对商品的特征、功能、外观、质量、价格等方面做出比较、权衡，如这件家具的颜色、式样是否与自己家庭的整体装修风格相适应？还有没有比这款更适合的？顾客对商品的鉴别是通过比较这一过程去完成的。通过比较，顾客要对商品的质量、功能、价格等基本属性表示肯定或否定的倾向，即作出判断，为最终的购买抉择提供依据。比较和判断是顾客购买决策的前奏，对顾客购买与否起着决定性的作用。在比较判断阶段，顾客有可能会犹豫不决，此时就是营业员为顾客做出咨询建议的最佳时机。营业员应适时地提供一些意见给顾客，帮助他做参考。

（六）信任

信任即相信而敢于托付，是由人对某一事物的肯定性判断所伴随而来的一种情感体现。在购买过程中，顾客通过多方面比较，对商品的特性有了较好的把握，确定出自己对某种商品的选定程度，从而也就选定了自己所要购买的对象。如果顾客认定的选购对象正是自己想买的商品，或认定的选购对象能满足自己的消费欲望，体现出自己的喜好需求和价值观时，顾客就会对该商品产生信任，即愿意把自己的购买欲望的实现寄托在这种商品及售卖这一商品的商店身上。

小资料

由于顾客心理活动复杂，具体购买需求多种多样，顾客的购买决策的心理活动外人很难觉察，故称之为顾客购买心理暗箱。推销人员的任务就是要尽量弄清这个心理暗箱，然后采取相应的推销策略，实施诱导。

（七）行动

行动就是做出最终的选择。顾客确信经过比较，判断某一商品是自己所必需的，并对这一商品产生信任时，顾客就会果断地作出购买的决定，并迅速实施购买行为。对营业员来说就是“成交”，在此阶段应注意把握好顾客的购买时机。

小故事

楼下有两个卖烧饼的，一个卖的是山西手抓饼，另一个卖的是安徽皖南的鸡蛋灌饼。就口味来说，两家不相上下，都很不错，每天早上都有大量的顾客前来，我也是其中之一。两家是在差不多的时间在那条街道开起流动餐车的，开始的时候两家生意都很火爆，尤其是早上，可谓是门庭若市。但是时间一长，我发现两家摊点开始有了变化，卖山西手抓饼的摊点前只有一两个人，而卖皖南灌饼的摊点前总是排着一个长长的队。

为什么会有这样的变化？我细心观察了一下发现原来是两家的烧饼制作流程产生了变化。由于早上出来买早点的大多数是上班族，匆匆忙忙，没有多少时间等候，因此山西手抓饼老板为了减少顾客等候时间，事先备货，把饼做好了，顾客来到就取，为顾客的考虑可谓是细心周到。而皖南灌饼老板却没有这么做，依然坚持先有订单再现场制作的工艺流程。于是差别就出来了，皖南灌饼摊点前排队的顾客总是比山西手抓饼摊点前的顾客多。

对于我个人来说，早上最怕排队，两边口味相当的情况下我肯定不会选择去排队的，因此很长一段时间我都是山西手抓饼的顾客，心想那些排队的人实在是傻瓜。但是再过一段时间我发现皖南灌饼摊点前的队伍越来越长，山西手抓饼的摊点前顾客是越来越少。再后来，皖南灌饼老板从摊点上升到了门店，营业时间从早上的几个小时扩到了全天，生意异常火爆，而山西手抓饼的摊点却不见踪影了。

这是一个真实的案例，我也是尽量不带任何偏见地给大家呈现了一下。我一直在思考这两家此起彼落的主要原因是什么。思考了很长时间，我觉得最能站得住脚的还是一个顾客心理学的原因。具体地说就是一个排队的心理学。从顾客需求角度来说，山西手抓饼老板做的很好，在早上上班族需要减少排队时间的客观需求下，他做了工艺改进，满足了顾客的需求，但同时他丢掉了排队的队伍。皖南灌饼老板坚持先付钱再现场制作，无疑丢失了很多赶时间没耐心的顾客，但保持了排队的队伍，这个排队的队伍其实不只是一个有形的队伍，而是一个无形的队伍。为什么呢？对于一个赶时间没耐心排队的顾客来说，虽然他行动上加入了山西手抓饼的队伍，但看到对面皖南灌饼前长长的排队队伍，其实在他的心理已经产生了一个微妙的变化：那么多人排队，肯定很好吃，只是我没有时间排队,如果有时间我一定也要去排队。这个时候,其实这个顾客已经加入了皖南灌饼顾客的无形队伍之中。对于皖南灌饼老板来说,损失了短期的销售量,却换来了品牌在顾客心里的渗透和提升。如此一来,时间越长,皖南灌饼的顾客群体就越来越大,而山西手抓饼的顾客自然也就越来越少了。

（八）满意

满意是外在事物满足人的某种需要时,人所产生和表现出来的一种愉快的情绪体验。满意的程度是和需要得以满足的程度相联系的。在购买过程中,顾客买到了称心如意的商品,或是在购买过程中享受到了良好的服务,顾客就会产生高兴、愉悦的情绪体验,即产生满意感。满意虽然是顾客在结束购买活动之后才表现出来的情绪体验,但它是服务质量的标志,是顾客购买活动成功的体现。具有满意情绪体验的顾客,大多会成为这一商店或这一品牌的回头客。因此,商店的销售服务要努力为顾客创造满意的情绪体验,使顾客高兴而来,满意而归。

任务二 分析不同顾客心理下的推销说服策略

实施步骤

1. 分析不同顾客心理下的推销说服策略。
2. 设置情景,老师实物演示推销说服(如普通打火机和防护打火机)。
3. 学生模拟推销说服(如手机、电脑)。

思考案例

一斤棉花和一斤铁哪一个重?棉花重——这就是形重错觉。有这样一个销售员成功推销的案例。一位老太太领着孙子去买拖鞋,结果,买了一双“大”拖鞋回来。孩子穿着不合适,挂不住脚,老太太却兴奋地说:大拖鞋与小拖鞋价格一样,当然买大的了,划算——这就是形重错觉产生的销售效果。有些商家把大小(包括体积、重量、尺寸、厚薄等)不一但价格相等的商品放到一起销售,人们就会觉得买大的比买小的合适,这样,商家的“愚蠢”就使消费者“占了便宜”,从而也就促进了商品的销售。

资料来源:搜搜百科 http://baike.soso.com/h269282.htm?sp=l56458661

案例中,销售员根据老太太的消费特点,成功推销出一双“大”的拖鞋,为了能应对更多的顾客类型,我们需要全面分析不同顾客心理下的推销说服策略。

一、不同性别类型的推销策略

依据性别不同,可以将顾客划分为以下类型。

（一）女性顾客

1. 女性顾客消费心理特点

女性顾客消费群体消费大多主持家政，不光给自己买，还要给家庭其他成员购买日用品。同时，她们喜欢花钱，即使没有明确的购物目的，也喜欢经常上街、逛商店，如有中意或合适的，会毫不犹豫地花钱购买。大多情感细腻，喜欢触摸产品，比较选择，仔细认真，购物时间较长。大多精打细算，讲究实用，价格便宜，价廉物美。

2. 女性顾客推销策略

首先，服务人员接待女性购物时，要摸清其购买意图，服务周到耐心，全面详细介绍商品，尽可能多地给她们时间考虑。同时，也要针对她们的犹豫和疑虑，作些适当的解释，以帮助她们做出购买决定。其次，由于女性有较强的自我意识和敏感性，容易被现场购买气氛左右，对商店环境、营业员或商品的"第一印象"十分重视。再次，不能因女性顾客专业知识少而骗女性顾客，别令她们因受骗而发怒。可利用女性小不忍的性格，雇用眉清目秀、惹人喜爱的男性职员为女性顾客服务，退而求其次，好看的女职员也会为女性所接受。最后，多多赞美女性顾客也是非常重要的，因为爱美之心人皆有之，大多数女性耳根子都比较软，并且还最喜欢别人赞美自己。

拓展阅读

女性顾客销售法则之推销女包篇

通过了解我们发现即使是在男包专柜最有经验的导购，女包的销售过程中也总摸不着头脑。为此我总结了一些女性购物的特征并给出相应的销售建议。

一、女人是细腻的动物，要把握住商品的每一个细节

女人在购物中比男人观察细致的多。我们在对于众多女包专柜的销售过程中发现，一些小小的细节都会影响到最终的成交。例如：一个小小的线头、一滴小小的污垢、一个小小的漏针等等。所以我们建议导购在女包模特展示、给顾客试戴以及成交拿货的时候一定要事先仔细检查商品的细节，确保商品是"完美"的，这样我们才能把握住每一单的成交，不然一不小心销售就会从我们的指缝中溜走。

二、有男士陪伴的女人更有购买力

在对大量女包案例的分析中，我们发现一个非常有趣现象：当有一位男士陪伴一起购物时，女性在卖场停留的时间更长，更愿意试戴的服装，成交的几率更大，花的钱也更多；女性顾客也会尝试一些不同的风格，并听取同伴的评价，这与男包的销售截然不同。而导购要做的便是如何安排好男士同伴，在一位女士试戴的同时，让其男性同伴坐下来给他倒一杯咖啡或者绿茶，最后在顾客试戴完之后，顺带地问一下另一位："您的朋友戴这件包包效果不错吧？"在同伴的怂恿下，成交会变得相对容易很多。

三、耐心与良好的服务态度

我见过试衣时间最长的女性顾客连续试衣 2 个多小时后成交的，而就男性顾客来说，大量的案例说明男性顾客的试戴不会超过 15 分钟。女性顾客购物挑选的过程要远远长于男性，相比之下她们也更愿意与导购进行交流并且表现得非常敏感，女性的购物实质是在购物

的过程中获得莫大的愉悦感。在女包销售的过程中我们发现,顾客会因为导购一个小小的招待不周或者一个轻佻的眼神便头也不回地走出店铺,也会因为导购细致热心的服务而不好意思地买下可买可不买的商品。所以我们建议,导购在销售过程中需要时刻保持微笑,并表现出对顾客的关注,进行适当地交流,并始终如一地将良好的服务态度传递给女性消费者。

四、把握试戴关键

通过大量的调研,我们也发现女性顾客在试戴的耐心上远远大于男性顾客,她们会在第一次试戴之后依然尝试试戴导购推荐的另一个款式。因此,我们建议在顾客试戴完之后,不要急于快速提出成交,进行适当的赞美,再次对商品的卖点陈述以及帮助顾客遐想在什么场合下穿此服装的感觉非常重要。此外,当女性顾客试戴时要时刻关注可代替的款式或者其他顾客可能购买的款式,并在顾客试戴完有意识地主推,我们发现女包的连带成交和男包相比,并不单纯是围绕顾客已经决定购买的款式衍生的,有时候顾客在决定购买一件外套之后,很有可能对另一件外套也产生兴趣并一起购买。根据这种女性随机的购买特点,有意识大胆地推荐适合顾客的不同款式,将大大增加女性顾客的成交率和连带销售率。

五、宽敞、干净、良好的购物环境

女性顾客不像男性顾客那样凑合购物环境。例如:女性顾客对于试衣间的要求不仅仅是有个坐着可以试包包的地方,甚至细致到展厅的气味、灯光、感觉等等,这些因素都会影响到女性购物的心情,女性顾客感性的购物倾向决定了其心情好坏对于成交的影响。有时层板上不经意的灰尘都会让女性顾客望而却步,在一个环境优雅,氛围良好的环境中,仅凭商品的陈列就可以勾起女人极大的购买欲望,一个女人甚至会瞒着老公和父母花光钱包里所有的钱。所以,确保通道的宽敞、合理的灯光照明、卖场的清洁、商品陈列的价值感、展厅的舒适性、良好的气味以及销售时的细节感觉将极大地推动女包的销售。

六、附加的诱惑

之前提到了女性顾客不愿与陌生人拥挤在店铺中,除非一种情况,那就是价格上的诱惑。我们发现不少女性愿意和众多女性拥挤地争抢奢侈品牌特卖会的商品,即使狼狈不堪也会因为抢到一件“合算”的战利品津津乐道。一方面,我们发现价格变化的因素对于女性消费者更有诱惑力;另一方面,特卖中,那种与“竞争对手”争抢的过程也能极大地激发女性的购买能量。此外,赠品的效果对女性的作用也远远大于男性顾客,一些女生疯狂地购买杂志只为杂志附赠的小包包。基于这样的特点,我们建议在专柜销售的过程中,准备一些赠品,并且在大型的促销活动中做好价格文章,同时第一时间进行宣传推广,以保证活动的人气,确保出于意料的高额销售。

来源:中国服装网 http://china.bagsnet.com/article/html/2012/0302/614495.html

(二) 男性顾客

1. 男性顾客消费心理特点

男性顾客消费群体对大宗物品或贵重物品购买决策果断。男性顾客购物首选的就是品牌,只要进店就说明他在很大程度上是信任这个品牌的,对于不喜欢、不熟悉的品牌,他们一般是不理会的。同时,受传统的男主外观念影响,或具有一定的社会地位,不愿意表现得过于讲究或仔细，一旦认定后，对自己的选择充满自信。部分男性顾客怕麻烦，有“怕老婆”的特点，实际上就是怕唠叨，怕浪费时间。因此，在家庭日常生活用品的购买上，绝大多数是由老婆决定的。

小资料

我们经常在超市里看到这样的情景：同样是买青菜，男人一般从柜台随手拿起一把，然后看一眼就放进手推车；而女人不会，她们会拿起一把仔细检查一下，然后摇摇头放下，再拿起一把又一把，重复上面的检查过程，一直到找到自己检查满意的青菜为止，高兴地将其放进手推车，即使是叶子稍有发黄的青菜，她们也不会考虑。

2. 男性顾客推销策略

首先，做男性顾客的导购需要直击重点，要力求在最短的时间内了解男性顾客的购物需求，尽量用简单生动的语言打动顾客，而不是唠唠叨叨只说些“很好看”这种没有营养的话。其次，导购在介绍产品时，要表现出自己销售产品品牌的自信，在解说时要把这种自信的感觉传达给顾客。再次，有一半以上的情况是男性顾客身旁有女性陪伴，这个女性往往是他的妻子或者女朋友。在这种情况下导购必须要明白，女性才是最终拍板的，而男性只负责掏腰包。

二、不同年龄类型的推销策略

根据年龄，可以将顾客划分为以下类型。

（一）儿童顾客

1. 儿童顾客消费心理特点

儿童顾客购买商品多由父母事前确定，儿童本身的决策自主权十分有限，但由于好奇心强，往往表现出强烈的求知欲，往往喜欢问“为什么？”；其次，游戏在儿童成长、成熟过程中扮演着十分重要的角色，游戏既是儿童娱乐的一种需要，又是儿童社会交往的一个方面。再者，儿童一般都具有很强的模仿能力，他们喜欢模仿权威、明星以及心目中的英雄人物，这种模仿心理的存在也是儿童为摆脱弱势地位所作的一种反抗。

2. 儿童顾客推销策略

首先，儿童商品一般在造型上和外观美化上，商家都下了一定的功夫，导购要根据产品的造型和外观上下功夫来推销，勾起顾客的购买欲望。另外，要抓住家长和社会关心、爱护儿童的情感心理，做到以情感人，使推销活动更具人情味。再者，可采用文体竞赛、讲故事等健康有益的文化促销活动，在这种活动中推销，可以提高成功率。

（二）少年顾客

1. 少年顾客消费心理特点

首先是购买目标明确，购买迅速。少年儿童购买商品多出自父母事前确定，决策的自主权十分有限，因此，购买目标一般比较明确。另外，他们更容易参照群体的影响。少年儿童会产生相互的比较，如“谁的玩具更好玩”、“谁有什么款式的运动鞋”等，并由此产生购买需要，要求家长为其购买同类同一品牌同一款式的商品。再者，选购商品具有较强的好奇心。少年儿童的心理活动水平处于较低的阶段，虽然已能进行简单的逻辑思维，但仍以直观、具体的形象思维为主，对商品的注意和兴趣一般是由商品的外观刺激引起的。

2. 少年顾客推销策略

少年的一些产品，其购买决定权在于家庭，尤其是比较贵的物品，少年只是一个提议者，所以在推销时，要重视教育工作，做好对家长的说服推销工作，要让家长感到推销的产品对增进少年的智力或者体质是有所帮助的。另外在少年自主性消费增强的趋势下，可以增强与少年的亲自沟通，而不是仅针对家长沟通。如文化用品、音像制品、体育用品以及一些食品饮料和服装等。

（三）青年顾客

1. 青年顾客消费心理特点

青年顾客消费群体的消费习惯首先是追求时尚。青年人思想活跃，富于幻想，容易接受新事物，猎奇心强，追求新颖和时尚。他们购买商品时容易受社会潮流的影响，求新、求美动机较为突出，求实用性动机则相对淡薄。他们往往喜欢追逐乃至领导时尚潮流，他们往往是某些新产品（主要是青年人自己使用的各种消费品）的主要购买者。

再者，追求个性化。随着个性逐渐成熟，青年人自我意识、独立意识增强了，有了他们自己的社会地位、职业、性格、志向、兴趣等，他们在各类活动中会有意无意地表现自己的个性，因此，他们非常喜欢个性化的商品。他们喜欢在购买中体现自己的个性，喜欢标新立异，购买能反映自己个性的商品。例如，在服饰的选择和搭配上喜欢显示自己的独特眼光，喜欢选购和使用最新款的音像、通讯产品等。

最后，注重感情和直觉，冲动性购买较多。但在购买活动中还是比较容易感情用事，对内在品质或功能的实用性欠缺周密的考虑。

2. 青年顾客推销策略

对待这类顾客，在进行推销时，要激发他们的购买欲望，使他们知道这类商品很走俏，正符合时代潮流，抓住这一点，推销员就有必胜的把握。这类顾客比较开通，比较开放，易于接受新生事物。他们好奇心强，兴趣广泛。这些对于推销员来说是极有利的，因为你可抓住他的好奇心，动员其投资，也可以使他们佩服你，抓住时机，与他交个朋友。另外，由于这类顾客的抗拒心理很少，只是可能缺乏阅历而有些恐慌，只要对他们热心一些，多表现自己的专业知识，让他们多了解一些这方面的问题，他们就会放松下来，与你交谈了。

（四）中年顾客

1. 中年顾客消费心理特点

中年顾客消费群体的消费习惯首先是购买过程理智性强，冲动性小。中年人阅历广泛，生活经验丰富，情绪反应一般比较平稳，多以理智支配自己的行动，感情用事的情况相对较少。因此，在购买过程中即使遇到别人的推介、劝诱或其他外界因素的影响，也不易感情用事，而是比较冷静地比较、分析、判断、挑选，使自己的购买行为尽量合理可行。

其次，购买计划性强。中年人都是家庭经济的重要承担者，消费上比较理智、计划性强、讲究实际、极少冲动和感情用事，有较丰富的购买经验，在更多的购买行为中，不易受群体的影响。

最后，购买商品实用化。由于中年人上有老下有小，家庭生活担子较重，因此，他们一方面要顾及全家现实的消费需要，另一方面又要为将来打算，如子女教育、自己的养老等，因而他们有较高的储蓄倾向，有勤俭持家、精打细算、量入为出的消费习惯。在购买时求实心理较重，往往更注重物美价廉。他们在挑选商品时更注重商品内在的品质和价格，其次才考虑款式、色彩等。他们对新事物的热情往往不如青年人高。

2. 中年顾客推销策略

首先，在导购中要突出产品的使用功能，满足其追求实惠和实用的要求；其次，在导购中要强调产品的质量，强调产品所获得的奖项和认证；再次，不能向中年人推销时髦的产品，而是要向其推销美观大方、雅俗共赏的产品；还有，在推销过程中，要注重售后服务的质量和水平，并给以介绍。尤其是那些高价商品、耐用商品，如果没有必要的售后保障措施，他们一般不会购买。

（五）老年顾客

1. 老年顾客消费心理特点

该类消费群体的消费习惯首先是习惯性购买心理强。老年人积累了多年的购买经验，对某商品印象深刻，形成了反复购买使用的习惯，且不易改变。老年人易留恋过去的生活方式，对消费有一定的怀旧心理，对老商标和老企业比较偏爱。老年人一般对新商品的使用趋于保守，他们习惯于购买过去曾经使用过且认为不错的商品，习惯去老商店买东西。在购买时总是不假思索地按照习惯行事，很难被营业员所诱导。

再者，老年人消费理性强。对商品的经济实惠、使用方便、安全可靠及使用舒适十分看重。老年人听力、视力、平衡力、反应的敏捷性、智力、体力等都下降了，这些生理变化使得消费心理也发生了变化。他们一般不愿意购买复杂的产品，也不注重产品的漂亮和时尚，而更看重质量和价格因素，很少冲动地购买。

2. 老年顾客推销策略

首先，要抓住他们怀旧和重感情的需求，体现尊老、敬老、爱老的主题。既不夸大其辞，又能体现产品的实际特点，还要包含对老年人的不尽关怀。其次，要求服务周到方便。老年人行动不便，心理也脆弱，因而要求购买时能获得良好的协助和照顾。如他们希望购买场所交通方便、商品标价和说明清晰明了，服务热情周到。老年人挑选商品和询问有关商品的信息往往比较仔细，要求营业员耐心等候给予解答。

三、不同购买行为的推销策略

按照顾客不同购买行为，可把顾客分为以下几个类型。

（一）复杂的购买行为

1. 复杂的购买行为消费心理特点

消费者对价格昂贵、品牌差异大、功能复杂的产品，由于缺乏必要的产品知识，需要慎重选择，仔细对比，以求降低风险。消费者在购买此类产品过程中，经历了收集信息、产品评价、慎重决策、用后评价等阶段，其购买过程就是一个学习过程，在广泛了解产品功能和特点的基础上，才能做出购买决策。如购买计算机、汽车、商品房等。

2. 推销策略

首先，帮助消费者了解比较有名的产品，并让他们知道和确信此产品在比较重要的性能方面的特征及优势，使他们树立对本产品的信任感，帮助消费者及时全面了解本企业产品知识、产品优势及同类其它产品的状况，增强消费者对本企业产品的信心。再者，聘请训练有素、专业知识丰富的推销员推销产品，简化购买过程。再者，实行售后跟踪服务策略，加大企业与消费者之间的亲和力。

（二）减少失调感的购买行为

1. 减少失调感的购买行为消费心理特点

购买中消费者需要高度投入，但品牌之间差别不大，消费者只是稍加比较即决定购买。由于购买较为迅速，购买之后，消费者可能会感到不满意。比如，发现产品的某个缺陷，或者听到别人赞扬其他同类产品。这时，消费者会努力寻找新的信息，证明自己的决策是正确的，以寻求平衡或降低失调感。

2. 推销策略

营销者要提供完善的售后服务，通过各种途径经常提供有利于本企业和产品的信息，使顾客相信自己的购买决策是正确的。推销员应提供有关的信息，帮助购买者增强信念，求得平衡感。

（三）习惯性购买行为

1. 习惯性购买行为消费心理特点

消费者并未深入收集信息和评估品牌，只是习惯于购买自己熟悉的品牌，在购买后可能评价也可能不评价产品，一般来说，这类消费者对价格低廉、经常购买、品牌差异小的产品花最少的时间，采取就近购买。它是最简单的购买行为，如购买食盐、鸡精、牙膏之类的便利品。在低度介入和品牌差异小的情况下，消费者并不主动收集品牌信息，也不评估品牌，只是被动地接受包括广告在内的各种途径传播的信息，根据这些信息所造成的对不同品牌的熟悉程度来决定选择。

2. 推销策略

首先，可以利用价格与销售促进和吸引消费者试用。由于产品本身与同类其它品牌相比，难以找出独特优点以吸引顾客的兴趣，就只能依靠合理价格与优惠、展销、示范、赠送、有奖销售等手段吸引顾客试用。一旦顾客了解和熟悉了产品，就能经常购买以至形成习惯。另外，可以通过重复性广告加深消费者印象，企业可开展大量广告，使顾客经过被动地接受广告而产生对品牌的熟悉。为提高效果，广告信息应简短有力且不断重复，只强调几个重要论点，突出视觉符号与视觉形象。

（四）寻求多样化的购买行为

1. 寻求多样化的购买行为消费心理特点

消费者属于低参与并了解现有品牌和品种之间存在的显著差异，则会产生寻求多样化的购买行为。寻求多样化的购买行为指消费者购买产品有很大的随意性,并不深入收集信息和评估比较就决定购买某一品牌,在消费时才加以评估,但是在下次购买时又转换其他品牌。

该行为针对商品的特点是不同品牌商品间差异较大,但价格便宜,经济风险小,如食品、化妆品等商品。消费者愿意经常尝试一下未曾用过的商品或新产品,其购买行为表现出一种寻求多样化的特点。这里消费者对商品品牌选择的变化常起因于商品的多样性,而不是起因于对商品不满意。

2. 推销策略

首先,采取多品牌策略,突出各种品牌的优势。多品牌决策是指企业在相同产品类别中同时为一种产品设计两种或两种以上互相竞争的品牌决策。此策略为宝洁公司首创,今天宝洁公司的洗发用品品牌众多,如飘柔、海飞丝、潘婷等。飘柔的突出优势是柔顺头发,海飞丝的突出优势是去头屑,潘婷是护理、营养头发。宝洁公司凭借强大的企业实力,多方位的广告宣传,使其品牌深入到消费者心中,创造了骄人业绩。另外,可以通过较低的价格、折扣、赠券、免费赠送样品和强调试用新品牌的广告来鼓励消费者改变原本的习惯性购买行为。

四、不同顾客性格的推销策略

按照顾客的性格特征,我们把顾客分为以下几类。

(一) 老鹰型顾客

1. 性格特点

老鹰型的人属于做事爽快,决策果断,以事实和任务为中心,有些人对他们的印象会是他们不善于与人打交道。他们常常会被认为是强权派人物,喜欢支配人和下命令。他们的时间观念很强,讲求高效率,喜欢直入主题,不愿意花时间同你闲聊,讨厌自己的时间被浪费。他们往往是变革者,你若能让他们相信你可以帮助他们,他们行动的速度会很快。他们喜欢与人竞争,可能会在电话中刁难你,他们喜欢讲而不是听,他们讨厌浪费时间。

2. 推销策略

你讲话的速度应稍快些(同他差不多),以显示出你尊重他的时间,同时也表明你的时间也是宝贵的。如果你是主动打电话给对方的,最好做充分的准备,你要一针见血地指出对方所存在的问题,以击中要害。总体上来说,你应该是销售产品行业内的专家,这样可以更吸引他。举例来讲,他会提出些问题,甚至是质问你,如果你不能很好地回答,那么你对他的吸引力就大大降低;在与他们探讨需求的时候,尽可能地使用可以刺激他们需求的话语和词汇,如:高效、时间、领先、竞争优势、变革、权力、地位、威信、声望和掌握大局等。

(二) 孔雀型顾客

1. 性格特点

孔雀型顾客基本上也做事爽快,决策果断。但与老鹰型的人不同的是,他们与人沟通的能力特别强,通常以人为中心,而不是以任务为中心。如果一群人坐在一起,孔雀型的人很容易成为交谈的核心,他们很健谈,通常具有丰富的面部表情。他们喜欢在一种友好的环境下与人交流,社会关系对他们来讲很重要。同时他们也喜欢有新意的东西,那些习以为常、没有创意、重复枯燥的事情往往让他们倒胃口。孔雀型的人做决策时往往不关注细节,凭感觉做决策,做决策也很快。

2. 推销策略

由于他们看重关系,对人热情,所以,你在导购中,要向他传递一种你也很看重关系,也很热情,这样的信息对吸引他们来讲很重要。在导购中,建立良好的融洽关系对你来说是很重要的。要将你的注意力完全放在他们身上,并让他们注意到这一点,从而可以让他们感到你很看重他们,他们对你来讲很重要。在与他们探讨他们的需求的时候,尽可能地使用可以刺激他们需求的话语和词汇,如:上级认可、关系、影响力、容易、变化等。

(三) 鸽子型顾客

1. 性格特点

鸽子型顾客友好、镇静,做起事情来显得不急不躁,属于肯支持人的那种人。他们不喜欢冒险,喜欢按程序做事情。他们往往比较单纯,个人关系、感情、信任、合作对他们很重要。他们喜欢团体活动,希望能参与一些团体,而在这些团体中发挥作用将是他们的梦想。他们做决策一般较慢。他们也往往会多疑,害怕失去现有的东西,安全感不强,他们不希望与别人发生冲突,在冲突面前可能会退步,所以,在遇到压力时,会趋于附和。

2. 推销策略

在导购中,你要显得镇静,不可急躁,讲话速度要慢,音量不要太高,要控制你的声音,并尽可能地显示你的友好和平易近人。你要柔声细语地与对方沟通,即使你想发火,语气也要温柔得像个鸽子。由于他们平时行事速度较慢,建立关系也需要一定的时间,所以,不可以在导购中显得太过于热情,以免引起对方怀疑。你要尽可能地找到与对方共同的兴趣爱好,并通过这些与客户建立起一定的关系。与对方打交道时经常可以采用的词汇有:我保证、关系、合作、参与、相互信任、有效等。

(四) 猫头鹰型顾客

1. 性格特点

猫头鹰型顾客不太容易向对方表示友好,平时也不太爱讲话。他们工作认真,讨厌不细致、马虎的工作态度。做事动作也缓慢,做决策也很慢。由于他们不太喜欢与人打交道,所以,他们更喜欢通过大量的事实、数据来做判断,以确保他们做的是正确的事情。他们需要在一种他们可以控制的环境下工作,对于那些习以为常、毫无创新的做事方法感到很自在。对很多人来讲,猫头鹰型的人显得有些孤僻。

2. 推销策略

你对待他们要认真,不可马虎,凡事考虑得要仔细,注意一些平时不太注意的细节。在电话中,不可与他们谈论太多与目的无关的东西,不要显得太过热情,要直入主题。他们如果愿意与你在电话中交谈的话,你要提供更多的事实和数据,以供他们做判断,而且,提供的资料越细越好。

项目小结

顾客心理活动过程是由顾客对产品或服务的需求所引起的认识、情感和意志的转化过程。研究顾客心理,是推销准备的重要环节,为后续的一系列推销活动奠定良好的基础。

项目练习

一、进行顾客心理需求类型分析(表 2-1)

表 2-1 顾客购买动机类型分析

顾客购买动机	特征	推销要略	顾客购买动机	特征	推销要略
习俗心理动机			惠顾心理动机		
求实心理动机			偏爱心理动机		
便利心理动机			从众心理动机		
审美心理动机			求名心理动机		
好奇心理动机			特殊心理动机		

二、判断下列行为分别属于哪种消费心理并进行连线

(1) 老赵把工资的一大半用来收集陶瓷	A. 便利心理
(2) 小钱打算买一件今年普遍流行的红裙子	B. 求实心理
(3) 孙先生打算买一辆宝马小汽车	C. 偏爱心理
(4) 小李买鞋要求穿的时间长且耐用	D. 审美心理
(5) 周小姐喜欢买很多化妆品	E. 求名心理
(6) 吴阿姨经常在附近小商店购买日用品	F. 从众心理

三、顾客消费心理调查分析(表 2-2)

表 2-2 某品牌电动车市场调查分析

地区	年龄/岁	职业	收入/元	消费意向	消费特征
江苏	16~29				
	30~55				
	55 以上				

四、案例分析

开一家成功的门店方法有很多，如提升服务、优化绩效、改进产品质量、美化购物环境等都可以使门店经营顺心，但在搭配以上因素时，应该因人制宜，研究好门店业务所针对顾客消费的心理影响才能锦上添花，反之，可能使经营者下了力气却找不到门店业务盈利点的关键因素。

如霖饭店为了攻占青岛庞大的写字楼送餐市场，通过送餐市场调查对比，专门建立了8位厨师的配餐部，设置了5辆送餐车，从容器、卫生到配餐种类进行了分类，本着丰富产品线的原则将套餐品类设了近30种，按路段划分安排专人专车进行负责，在开展的当天组织了专门的宣传队伍一大早就逐个写字楼进行DM（直销广告）发放，经营者完全有信心将送餐业务发展成青岛外卖市场最大的份额。

然而事与愿违，第一天，宣传人员同时对香港中路13座写楼进行了DM发放，但总共接到定单不到80份，按每份套餐均价8元的价格，毛利润才200多元，远不能达到盈亏平衡点。经营者认为，因为第一天可能有的公司没来得及订餐，就期待第二天的业绩会转好，结果第二天的订餐量却下降到60份左右。经营者为了拉动人气促进订单，制定了一个为期三天的促销计划，订餐送礼品，订一套送水果一个，五套以上送大瓶可乐一桶，并印刷了DM，再次进写字楼进行宣传，当天订餐量上升到130份，但毛利率却下降了10%，依然是在赔本。三天活动结束后，订餐量一下子滑落到50份。

经营者感到无计可施时，向营销专家S寻求帮助。S随机在其写字楼进行了调研。一般在写字楼的上班族都能体会到，都希望自己订的餐在中午下班时能准时送到，所以他们一般在上午10点之前订餐。但送餐者的速度却是快慢不一，往往要等半天饭才能送来。更有甚者，11点半下班，但外卖却要等到快1点了才送到，导致写字楼上班族怨言颇大。

通过调研，S总结出送餐准时度是影响顾客消费的重要因素，于是S给经营者出了一个方案，在顾客电话订餐时，与顾客确认几点之前送达，如延迟到达，则每晚一分钟，倒扣餐费一元，上不封顶，以此类推，时间以CDMA（无线通讯技术）时段为准（因为CDMA是最精准的时刻表）。得到经营者认可后，S组织配餐部进行了详细的事项安排，优化了品类搭配，将原先宣传的三十多种套餐品种压缩到六种，并划分了人气产品与利润产品，将毛利率提到45%以上，再重新选择了三座写字楼作为试点，把路线划分明确，重新印制了DM，将套餐种类进行宣传，并在单页上显著地标上了送餐政策，从早上八点半开始安排3名员工对写字楼进行发放。

九点半开始，订餐电话陆续接入；

十点，订餐量已超到450份；

十点之后，电话依然不停进入，但为了不耽误第一天的时效，员工全部婉拒，并提醒顾客明日十点之前订餐；

十一点，送餐队伍陆续出发，公司特意安排了每个送餐员工选择五家公司晚点送达，晚点时间从5分钟到15分钟，并且由送餐人员当场将款项从餐费里扣除；

当日毛利润近1700元。

第二天，前一天客户全部返单，加上新客户，三座写字楼的的订餐量突破800份，依然安排送餐人员每天选择不同的客户特意晚点送到，只是不同的是，别的外卖单位送餐晚点听到的是抱怨声，而如霖送餐人员晚点到达得到的却是客户聚在一起看手机核对时间的欢快笑声。

随着写字楼的慢慢展开，招商银行、华夏银行等数家银行跟如霖达成了配餐协议，如霖扩大了配餐部规模，毛利迅速增长，送餐业务快速巩固了市场。

（资料来源：http://www.ceolearn.com/guanli）

根据该案例资料，撰写不少于1000字的案例分析报告。

提示：结合目标顾客的最核心兴趣点来进行考虑分析，才能真正迎合顾客心理，达到稳赢目的。

五、课堂讨论与实训

1. 猴子有没有社会性需求？

2. 小王为了满足强身健体的需要而产生了去买篮球的动机，该购买动机属于哪一类动机？

3. 女包推销。

实训条件：一款女包。（从女学生借或者从商店里准备都可）

实训要求：以一女学生为女性顾客，向其推销该款女包。

项目五　寻找顾客

职业能力目标与学习要求

1. 知识目标：理解寻找顾客的步骤和方法，了解预约顾客的基本内容，掌握接近顾客的方法，理解建立顾客档案的方法。

2. 技能目标：能够寻找与预约客户，并能够建立顾客档案。

3. 任务分解：

任务一：寻找顾客的技术分析；任务二：预约与接近；任务三：建立顾客档案。

任务一　寻找顾客的技术分析

实施步骤

1. 理解寻找顾客的必要性和意义。

2. 根据目标顾客的基本资料，选择寻找顾客的适用方法。

思考案例

乔·吉拉德是世界上销售汽车最多的一位超级汽车销售员，他平均每天要销售五辆汽车。他是怎么做到的呢？很简单，只要任何人介绍顾客向他买车，成交后，他会付给每个介绍人25美元。虽然25美元在当时不是一笔庞大的金额，但也足够吸引一些人，举手之劳即能赚到25美元。

哪些人能当介绍人呢？当然每一个人都能当介绍人，可是有些人的职位更容易介绍大量的顾客。乔·吉拉德指出，银行的贷款员、汽车厂的修理人员、处理汽车赔损的保险公司职员，这些人几乎天天都能接触到有意购买新车的顾客。

乔·吉拉德说："首先，我一定要严格规定自己'一定要守信'、'一定要迅速付钱'。例如，当买车的客人忘了提到介绍人时，只要有人提及'我介绍约翰向您买了部新车，怎么还没收到介绍费呢？'我一定告诉他'很抱歉，约翰没有告诉我，我立刻把钱送给您，您还有我的名片吗？麻烦您记得介绍顾客时，把您的名字写在我的名片上，这样我可立刻把钱寄给您。'有些介绍人，并无意赚取25美元的金额，坚决不收下这笔钱，因为他们认为收了钱心里会觉得不舒服，此时，我会送他们一份礼物或在好的饭店安排一餐免费的大餐。"

资料来源：阿里巴巴网站 http://info.1688.com/detail/5488803.html

乔·吉拉德采用了人托人的方法来寻找顾客，并且做到了诚信，除了这种方法，还有没有其他的方法呢？答案当然是肯定的，下面我们系统来学习寻找顾客的技术。

一、寻找顾客的技术内涵

在茫茫人海中寻找到对自己产品有需求的顾客并不是一件容易的事，而将有效沟通的信息传递到目标顾客面前也变得越来越困难。推销人员四处寻找顾客要有行之有效的方法，与消费者进行有效沟通就显得尤为重要。

（一）寻找顾客的概念

寻找顾客是指推销员寻找目标顾客的活动过程。这里所谓目标顾客也称准顾客，是指推销员认为有接近价值和有接近可能，可以作为接近目标的个人或组织。这些潜在顾客必须具备两个基本条件：一是愿意购买；二是有支付能力。如果只有一个条件满足，就不是潜在顾客。

（二）准顾客的类型

（1）新拓展的客户

推销人员之所以需要经常的陌生拜访，就是要寻找新的准顾客，从而提高推销战果，一般来说接触的顾客越多，拓展的准顾客数量就会越大。

（2）现有客户

推销人员和顾客做的不仅是一单生意，因为购买过产品的老顾客，还有可能发生第二次或第三次购买，他们也完全可以介绍自己的亲朋好友、同事、同学前来购买，因此多关注这些老客户，就会产生新的购买机会，即所谓"结识新朋友，别忘老朋友"。一般来说开发一个新的准客户所耗用的时间，至少可以联络5个以上的旧客户，现有客户是新产品最好的潜在客户。

(3) 中断购买的客户

客户购买后再没有继续购买过商品,但这类客户仍然还是推销人员努力寻找的潜在客户,推销人员要探析他们不再购买本公司产品的原因,并积极地采取对策,使这类中断的客户再次成为公司的客户。

(三) 寻找顾客的步骤

第一,根据商品的特性,提出可能成为目标顾客的基本条件,这个基本条件框定了推销品的顾客群体范围、类型和推销的重点区域。第二,根据目标顾客的基本条件,通过各种线索和渠道,运用适当的方法,寻找潜在顾客。第三,根据掌握的资料,拟定潜在顾客名单,为顾客评价做好准备。

小资料

美国推销人员搜集准顾客信息源的途径,见表2-3。

表2-3 寻找顾客来源

类别	目标客户探寻的技术
外部资源	• 推荐方法:向一个目标客户询问另一个目标客户的名称 • 社会关系:向朋友和熟人打听目标客户的名称 • 介绍方法:获得一位目标客户经由电话、信函或亲自对其他目标客户的介绍 • 社会机构:从服务俱乐部和商业会所寻找销售线索 • 无竞争关系的销售人员:从无竞争关系的销售人员处寻找销售线索 • 结交有影响力的客户:结交能够影响其他客户的受公众瞩目的和有影响力的客户
内部资源	• 检查记录:检查公司的数据库、人名地址目录、电话本、成员清单以及其他书面材料 • 广告询问:答复客户对公司所做广告提出的问题 • 电话或邮件提问:回答潜在目标客户通过电话或邮件提出的问题
个人接触	• 个人观察:看到或听到良好的目标客户的线索 • 游说:对潜在目标客户进行访问(通过电话或亲自拜访)
其他	• 网上浏览:通过名称和地址了解目标客户 • 主办参加贸易展览:组织或参加直接面向目标客户的贸易展览 • 猎狗:让下级销售人员确定上级销售人员将要联系的目标客户 • 销售研讨会:目标客户作为群体参加,来了解有关销售人员产品的一个主题

二、寻找顾客的技术方法

(一) 现有顾客挖潜法

现有顾客挖潜法就是充分挖潜正在使用或购买本企业产品的顾客的购买力,在企业经营范围内,争取其所需的产品优先从本企业选择,使之成为本企业新产品的目标顾客。

为此,推销员应经常与顾客保持联系,了解他们对企业产品的使用情况,了解他们现在及今后的需求动态,了解目前与他们有业务联系的本企业界的同行竞争者的产品营销情况,经常把企业产品生产经营情况向他们反馈。

（二）停购顾客启动法

停购顾客启动法就是对那些具有重新购买可能的原有客户，通过启动措施，使之重新成为本企业的目标顾客。停购顾客是推销员在寻找顾客中必须重视的重要方面。他们往往有相当的购买潜力，由于双方曾经有过业务交往，再与他们联系要容易得多。为此，一是要及时发现停购顾客；二是要主动上门，了解情况。

（三）营业机会利用法

营业机会利用法就是推销员充分利用顾客到营业场所来的机会，想方设法了解他们，与之建立联系，使之成为准顾客。

有很大部分到企业营业场所来的顾客是很好的潜在购买者，即使当时不能与他们成交，但今天的看客，可能就是明天的买主。有经验的推销员十分看重到营业场所来的每一个人。

为此，推销员要有热情与耐心，以礼相待，主动结识，细心观察，加深了解，努力建立联系，及时进行宣传引导。

（四）同类顾客推移法

同类顾客推移法就是推销员把对某一具体顾客的成功推销类推到与此顾客相类似的某一顾客群体展开推销。某一顾客购买企业的产品，而这个顾客往往代表着某类顾客，预示此类顾客可能会成为企业的推销对象，因而会形成一个市场面。运用此法的关键是推销员要能根据一定条件或因素把握住某一具体顾客的类型归属。

小故事

一年夏天，齐藤竹之助参加了公司组织的旅游活动，乘火车前往上山田温泉。上火车后，他发现对面座位上坐着一位三十几岁的妇女，带着两个小孩，大的有五六岁，小的约三岁。

由于职业习惯，齐藤竹之助判断这位妇女一定是位“欧巴桑”（家庭妇女），他自己想，今天太幸运了，从小孩到大人的保险都有希望。由于座位挨在一起，齐藤竹之助趁火车在熊谷站停靠之机，买了熊谷特产“五家宝”，很有礼貌地赠送给她。以此为突破，齐藤竹之助与“欧巴桑”聊起了家常，谈到小孩的学费和她先生的工作。“欧巴桑”对齐藤竹之助说：“我们打算在轻井车站住一晚，第二天再乘轻铁去草津。”齐藤竹之助知道她们要去的是避暑胜地，现在是盛夏，度假的人特别多，每家旅店肯定是人满为患。于是，齐藤竹之助说：“我比较熟悉轻井，如果你不介意的话，我可以帮助你找个旅馆。“欧巴桑”听后十分高兴，为了感谢齐藤竹之助，她把家里的地址和先生的姓名都告诉了齐藤竹之助。希望他有空到她家里来做客。

两周之后，齐藤竹之助果然登门拜访。“欧巴桑”的先生十分感谢齐藤竹之助的帮助，并且与齐藤竹之助成了好朋友。最后，他们全家都成了齐藤竹之助的客户。

（五）地毯式访问法

地毯式访问法俗称“扫街”，就是推销员在不太熟悉推销对象的情形下，直接访问某一特定区域、某一特定职业的所有个人或组织。

这种方法的特点是：接触的顾客面广，可以扩大推销影响；便于市场行情调查，可以积累推销经验；往往与接近顾客相结合，成为地毯式访问法；具有较大的盲目性，耗费时间与精力较多，受传统购买观念影响，推销阻力较大——所谓“好货不上门”；要与其他方法结合，灵活运用。

运用此法，关键要选好或划定访问范围，确定一个比较可行的推销地区或推销对象范围，即选好“地毯”。

（六）连锁介绍法

连锁介绍法就是请现有顾客介绍未来可能的准顾客的方法。如请现有顾客代为介绍、代转有关推销资料，通过现有顾客以书信、名片、电话等途径联系潜在顾客，也可以直接进入现有顾客的交际圈内寻找。

运用这种方法寻找顾客有一定的依据，可以避免盲目性。由于有现有顾客的帮助，易获得目标顾客的信任，成功率高。这是寻找顾客的最基本的方法。这个方法的不足则表现在推销员常常处于被动地位，易受现有顾客的牵制。

运用此法，关键是推销员要取信于现有顾客，即培养最基本的顾客。推销员要把自己的推销人格和自己的推销品成功地推销给现有顾客。

（七）中心开花法

中心开花法也称有力人士利用法，就是推销员在某一特定的推销范围内发展一些具有影响力的中心人物或组织，以使该范围内的个人或组织成为目标顾客。这些中心人物了解其周围环境能对周围的人或组织产生一定的影响。中心人物可以是一个人，也可以是一个组织。

运用此法，推销员可以集中精力去做个别人的说服引导工作，利于节约时间与精力，借助中心人物的地位与影响力，利于扩大与增强推销影响，但中心人物往往难以接近。

采用此法，关键在于取得中心人物的合作。推销员要设法让他们能了解自己的工作，相信自己的推销人格与推销品。

（八）关系介绍法

关系介绍法即借助人际关系、事务关系来寻找目标顾客。这些关系，有的属于推销员的关系（如同学、朋友、亲戚、同事、老乡、故交等），有的属于企业的关系（业务关系、协作关系、社区关系、同行关系等）。

这种方法，推销的目标明确，往往是“不看僧面看佛面”的效果。不足是：关系深浅不一，易使人形成“卖人情货”的印象，而有损推销员与企业的形象。运用此法的关键在于关系的深浅程度。

（九）广告开拓法

广告开拓法就是推销员利用广告媒体寻找目标顾客的方法。推销员可以直接邮寄企业产品广告宣传资料，可以利用广告媒体传播企业与产品信息。这种方法的好处是：推销信息传播快，影响面宽；节约推销费用，减轻推销员的劳动。此法适用于目标顾客多而广的商品推销。但不足是信息反馈不及时、不直接。利用此法，关键是正确选择广告媒体。

（十）个人观察法

个人观察法就是推销员根据自己对周围环境的直接观察和判断，以寻找潜在的目标顾客。这种方法的好处是：推销员直接面对市场，获取信息直接迅速，较为准确；直接凭借自己的观察力寻找顾客，利于锻炼推销员素质。但不足在于受推销员个人经验的局限。运用此法，关键在于推销员自身的职业素质，推销员是否能通过察言观色判断顾客的需求动向。

拓展阅读

史上最经典最有效找客户资料的方法

1. 黄页。一般公司都有很多黄页，如《深圳黄页》等。我们可以按照上面的分类找到我们的原始目标客户。现在深圳也有好多专业类的行业黄页，如家电黄页、玩具黄页等，业务员最好找到这样的黄页来收集第一手资料。这些黄页一般在大的图书馆都有，可以拿个本子去那里抄就可以了。

2. 浏览招聘广告。就像在深圳，《深圳特区报》每天都有大量的招聘广告，还有《南方都市报》每个星期一都有招聘广告，我们可以通过阅览的招聘广告来获得我们想要的客户。我们也可以去附近的招聘市场看看，一般的招聘市场会在门口贴出每天的招聘单位的名称和招聘工种，我们也可以通过他招聘的工种来分析他是做什么的，这样就可以找到我们要的客户了。还有我们可以去一些大的工业区附近转转，现在几乎所有的厂都招工，也可以通过他们门口的招工广告找到我们要的信息。另外，我们也可以上网看招聘网站，如卓博招聘网等。

从招聘广告中找客户的好处是可以找到很多新的客户，因为有很多新的厂，或者刚开，或者刚搬过来，如果我们第一个先找到他，那就是捷足先登了。还有，一般有能力大量招工的厂家生意都比较好，对以后业务做成功后的货款回收也相对容易产生信心。

3. 网络搜索。我们可以通过关键字去搜索，如在百度输入我们要找的客户的生产产品的名字，我们可以找到大把的客户。我们也可以通过专业的网站来找客户，如阿里巴巴、慧聪等。这样我们可以找到很多客户的名单，而且还可以找到老板的手机号码和老板的姓名等。

4. 我们也要经常上街找客户。我们去逛商场，商品都有包装，上面有品牌和公司的名称，我们可以记录下来，回去上网找就可以了。我们还可以通过商场的产品的销售来判断一个客户的经营情况，这从侧面也反映了他的经济实力。

5. 我个人认为最好的找客户的方法是通过交际网络的相互介绍来发展客户。未来做业务是讲究资源共享的。例如你是做电线的,我是做插头的,他是做电阻的,我们同时做一个音响的客户。如果我们都可以资源共享,把好的客户都互相介绍,这样做进去一个客户就非常容易和省心。而且我们的客户因为大家互相看着,客户一有什么风吹草动,大家可以提防,风险就会低很多。

6. 还有个好的办法是客户介绍客户,这是成功率最高的。厉害的业务员在有了几个原始客户以后,就会认真服务好这几个客户,和他们做朋友。等到熟悉了,就开口让他们介绍同行或者朋友给你。这时候不要让他们给你名单就好了,名单哪里都可以找到,最主要是要让他帮你打个电话。他帮你打了个推荐电话,好过你打 100 个电话。你以后就服务好他介绍的客户,然后也依次类推地让这个新客户介绍其他客户,那样你就可以很轻松编织你的客户网络啦。

来源:慧聪网 http://info. biz. hc360. com/2014/02/141545236937. shtml

(十一) 市场咨询法

市场咨询法就是推销员利用社会上的信息咨询服务机构提供的信息来寻找目标顾客。这种方法,节约推销时间和费用。不足的是咨询机构提供的信息具有间接性,信息的时效性制约信息的有效性。利用此法,关键要根据商品的特征与推销方向,正确选择信息咨询单位。

(十二) 资料查询法

资料查询法就是推销员通过查阅各种情报资料来寻找目标顾客。可供查询的情报资料大致有:企业名录、产品目录、统计资料、专业团体名册、信息杂志、电话号码簿等。这种方法,利于减少推销的盲目性,利于在接近目标顾客前初步了解其基本情况。不足的是资料繁杂、筛选难度大,资料的时效性影响寻找目标顾客的准确性。

任务二　预约与接近顾客

实施步骤

1. 根据顾客的具体信息,选择合适的预约方法进行预约。
2. 根据目标顾客的基本条件,选择寻找顾客的适用方法。

思考案例

为有效解决异地用户的就医需求,中国移动 12580 开通了跨省预约挂号服务。可预约范围包括北京、上海、广东、江苏、山西、安徽、湖南、湖北、天津、山东、江西、广西等 14 个省份的 450 家医院,首都医科大学附属北京天坛医院、武警总医院、复旦大学附属华山医院、江苏省中医院等在列。

"您已预约 2014 年 1 月 20 日下午复旦大学附属华山医院呼吸内科专家门诊……"记者

拨通 12580，在提供了姓名、身份证号等基础信息后，成功预约到了位于上海一家医院的专家门诊号源，前后操作不到一分钟，使用很方便。预约挂号只收取通话费和挂号费。预约成功后，用户会收到相应的短信提醒，就诊当日，凭有效证件至医院指定的挂号窗口或自动挂号机上取号即可。

来源：荆楚网　http://news.cnhubei.com/xw/jk/201402/t2836398.shtml

以上案例中，病人可以借助中国移动，通过开通 12580 电话预约挂号服务实现就医的预约挂号。电话预约需要注意哪些事项，正是我们要注意的，下面我们就系统讲述预约和接近顾客的技巧。

一、预约顾客

（一）预约内容

1. 访问对象

访问准备中，推销员应明确访问对象。访问对象一般是具有决策权或对决策产生重大影响的人。这里有一个问题，一般情况下，级别较高的访问对象会配备秘书、接待员等工作人员。这时，我们的一个重要任务就是要想尽办法，突破秘书、接待员这一关。

2. 访问事由

必须要有充分、明确的访问理由。否则，访问对象会认为你会浪费他的时间，拒绝与你会谈。以下内容可作为访问事由来预约顾客。

第一，推销商品。通常会以此为理由。推销员在约见时，着重说明推销品的特性、用途及能给顾客带来的利益。第二，市场调查。以市场调查为访问事由，比较容易为对方接受。第三，提供服务。利用提供服务为事由，往往比较受顾客的欢迎。第四，收取货款。收取货款作为约见事由，对方一般不好推托。第五，走访客户。这样，即使推销员处于积极主动的有利地位，又易使对方产生好感，如果时机得当，还可以使一般性走访转化为正式的推销。第六，赠送样品。向顾客送样品，显示对顾客的尊重，重视顾客对产品的意见。

3. 访问时间

选择一个对推销人员和准顾客都合适的访问时间，直接关系到整个推销的成败。因此，推销人员在确定访问时间时，应注意如下事项：

第一，根据访问顾客的特点来选择最佳访问时间，尽量考虑顾客的作息时间和活动规律，设身处地为顾客着想，尊重对方意愿，共同商定约会时间。第二，根据访问目的来选择最佳访问时间，尽量使访问时间有利于达到访问目的。如访问目的是推销产品，就应选择顾客对推销产品有需求时进行约见；如果访问目的是市场调查，则应选择市场行情变动较大时约见顾客。第三，根据访问地点和路线来选择最佳访问时间。推销人员在约见顾客时，应该使访问时间与访问地点和访问路线保持一致，要充分考虑访问地点、路线以及交通工具、气候等因素的影响，保证约见时间准确可靠，尽量使双方都方便满意。

4. 访问地点

推销人员在选择访问地点时，可考虑以下几个方面。

(1) 工作地点。若目标顾客是企业,则最佳访问地点一般是目标顾客的工作地点。因此,在约见顾客之前,推销人员必须彻底调查和了解顾客所在的工作地点和工作环境。在选择访问地点时,既要方便顾客,又要营造推销气氛。

(2) 居住地点。若推销对象为个体顾客,则最佳的访问地点是居住地点。在此处面谈,可缩短双方的距离,显得亲切和自然。在实际推销工作中,以居住点为约会地点,一般应由顾客主动提出邀请,或者在顾客乐于接受的情况下,由推销人员提出请求。如果顾客不同意或不乐意,则应更改约见地点,绝对不可强求。

(3) 社交场合。推销人员不仅是一个推销员,还必须成为一个社交活动家,要和顾客交朋友,做顾客的知心人。在实际推销活动中,许多交易是在社交场合中谈成的。8 小时之内是推销时间,8 小时之外也是推销时间。在国外,许多生意不是在办公室而是在高尔夫球场上成交的。推销人员可以利用许多社交场合谈生意或借机约见顾客。

(4) 公共场所。对于有些顾客来说,工作地点和居住地点都不便于会见推销人员,推销人员可以利用许多社交场合谈生意或借机约见顾客,如环境比较优雅的咖啡厅或者茶吧等。

(二) 预约方法

1. 当面约见法

这是推销人员对顾客进行当面联系拜访的方法。这种约见简便易行,极为常见,是一种较为理想的约见方式。推销人员通过这一约见方式不仅对顾客有所了解,而且便于双向沟通,缩短彼此的距离,易达成有关约见的时间、地点等事宜。

推销人员在具体使用这一方式时,需察言观色,随机应变,灵活运用一些技巧,以保证约见工作的完成。例如,在途中不期而遇时,在见面握手问候时,在起身告辞时,推销人员都应该借机面约。

当面约见法的优点是让人印象深刻,利于双方感情交流。缺点是推销人员不是每次都有这样的机会,可能会被当面拒绝,使推销员陷入被动。

2. 电话约见法

即通过电话来约见顾客,这是现代推销活动中常用的约见方法,它的优势在于经济便捷,能在短时间内接触更多的潜在顾客,是一种效率极高的约见方式。电话约见,由于顾客是不见其人,只闻其声,所以,推销员的重点应放在“话”上。首先,要精心设计开场白,激起对方足够的好奇心,使他们有继续交谈的愿望;其次,约见事由要充分,用词简明精炼,长话短说;第三,态度要诚恳,口齿清楚、语调亲切。该约见方式的优点:预约迅速,成本低。缺点:遭拒绝的可能较大。

小资料

下面举出的两种有关约定时间的问话，由于表达方式和用语的差异，其效果反应完全不同。

问话一："王先生，我现在可以来看您吗？"

问话二："王先生，我是下星期三下午四点来拜访您呢？还是下星期四上午九点来呢？"十分明显，问话一的约见使推销人员完全处于被动的地位，易遭顾客的拒绝。问话二则相反，推销人员对于会面时间已主动排定，顾客对推销人员提出的"选择题"若是一时反应不过来，便只好随推销人员的意志，做"二选其一"的抉择，而没法推托了。

还需注意的是，电话推销应避开电话高峰和对方忙碌的时间，一般上午10时以后和下午较为合适。在大家共享一个办公室或共享一部电话时，应取得大家的相互配合，保持必要的安静。

小故事

"是乔治先生吗？乔治，你好！我是托尼·高登，希望我没有打扰到您。"

"没关系。"对方这样说。

"亲爱的，"托尼·高登说，"真不好意思，您是不是认识约翰先生？"

乔治说："认识。"

"是这样的，前段时间，约翰先生成了我的客户。前几天我们在闲聊时，他对我提到了您的名字，并且赞誉有加。他似乎认为我为他提供的一些服务，对您也一定有用。我不知道我为约翰所做的是否对您也有一些价值，不过他对我倒是相当地认同和肯定。不知道我下次从您门口路过时，能不能进去坐坐？大概花10分钟时间，我向您介绍一下我自己和我们的产品，您也可以把您的兴趣告诉我。我星期一上午或者星期三下午两点会路过您那里，不知道您认为哪个时间更方便？"

乔治问："你准备谈什么？"

"哦，当然。约翰一定还没有跟您谈过我的事，我做的是金融服务业，我们向客户提供有关资金运用方面的建议，例如如何保存资产与节税。就像刚才说的，我们的业务，可能不见得对您有用，但因为约翰极力推荐，所以我很想花上10分钟时间与您聊一聊，看看您是否会对我们的一些业务感兴趣。您下星期一上午会不会在呢？或者是下星期三下午会更好一些？"

"您恐怕是在浪费时间哟。"乔治说。

"很有可能，"托尼说，"所以，我们的第一次见面我只准备用10分钟的时间。"

"那好吧，你星期三下午过来吧。"

一般人对于一个陌生电话通常都有戒心，他的第一个疑虑必然是："你是谁？"所以我们必须表明自己的身份，否则，一些人为避免不必要的干扰，可能敷衍你两句就挂了。可是，也有人会说："如果我告诉他.他会更容易拒绝我。"

事实上的确如此，所以我们尽可能表明：我是你的好朋友M介绍来的。有这样一个熟人做中介,对方自然就会比较放心。有些人又会说:"其实我是从一些资料上得到顾客的电话的,那又该怎么办呢?"这时,可以这样讲:"我是你们经理(领导)的朋友,是他特别推荐你,要我跟你打电话的。"这时,你也许会想如果以后人家发现我不是领导的朋友,那岂不是让我难堪。其实你大可不必紧张,我们打电话的目的就是为了获得一次面谈的机会。如果你和对方见面后,相谈甚欢,那对方也就不会追究你曾经说过的话了。

大多数推销员都有个毛病,即一到客户那里就说个没完,高谈阔论,舍不得走。因此,在电话约访中要主动告诉客户:"我们都受过专业训练,只要占用您10分钟时间,就能将我们的业务做一个完整的说明。您放心,我不会耽误您太多时间的,只要10分钟就够了。"

解决了上面两个疑惑,预约一般都能成功。只有得到客户的同意,有了和客户面对面的机会,才为成功推销迈出了关键一步。

3. 信函约见法

信函约见法是指推销人员通过信函或电子邮件来约见顾客。信函约见是比电话更为有效的媒体。随着时代的进步,出现了许多新的传播媒体,但多数人认为信函比电话更显得尊重他人一些。常见的约见顾客的信函方式主要有:个人信件、单位公函、会议通知、请帖、便条、电子邮件等。另外,使用信函约见还可将广告、商品目录、广告小册子等一起寄上,以增加对顾客的关心。

信函约见既简便、快捷、易于掌握、费用低廉,又可免受当面约见顾客时的层层人为阻碍,可以畅通无阻地传递给目标顾客。但这种方式也有一定的局限,如:信函约见的时间较长,不适于快速约见;许多顾客对推销约见信函不感兴趣,甚至不去拆阅,推销人员花费较多的时间和精力撰写的约见信函往往如泥牛入海。

4. 委托约见法

委托约见法是指推销人员委托第三者约见顾客的方式,也称托约。所委托的第三者,可以是推销员的同学、老师、同事、亲戚、朋友、上司、同行、秘书、邻居等,也可以是各种中介机构。委托约见可以借助第三者与推销对象的特殊关系,克服目标顾客对陌生推销人员的戒备心理,取得目标顾客的信任与合作,有利于进一步的推销接近与洽谈。但是,委托约见也有一定的限制:一是推销员不可能拥有众多的亲朋、熟人;二是自己的好友未必与目标顾客有交情;三是要搭人情,而且环节较多,如果所托之人与自己的关系或与目标顾客的关系较一般,导致顾客对约见的重视程度不够。因此,运用此方法特别要注意真正去了解第三者与推销对象的关系。

5. 广告约见法

广告约见法是指推销员利用各种广告媒体约见顾客的方式。常见的广告媒体有广播、电视、报纸、杂志、邮寄、路牌等。利用广告进行约见可以把约见的目的、对象、内容、要求、时间、地点等准确地告诉广告受众。在约见对象不具体、不明确或者约见顾客太多的情况下,采用这一方式来广泛地约见顾客比较有效。也可在约见对象十分明确的情况下,进行集体约见。广告约见有约见对象多、覆盖面大、节省推销时间、提高约见效率等优点,但也有针对性较差、费用较高却未必能引起目标顾客的注意等不足。

二、接近顾客

约见顾客之后，推销工作就进入了下一个阶段——推销人员直接接近顾客的阶段。所谓推销接近就是指推销人员按照约定的时间、地点会见访问对象。通过接近，推销人员与顾客就能在空间上缩短距离、在感情上消除戒备。

小资料

一般地说，业务接洽包括正式接近与面谈两个阶段。正式接近是业务接洽的初始阶段，是在正式面谈之前与目标顾客的正式接触，是推销面谈的前奏。通过接触主要达到如下目标：

(1) 引起顾客对推销员、推销员的企业、推销品的注意。

(2) 引发和维持顾客对访问的兴趣。

(3) 引导顾客进入面谈，努力促成交易。

(一) 接近顾客的准备

1. 心理准备

推销人员在接近客户前，最容易出现的问题就是信心不足，其实这也是一种心理素质的问题，为此必须作好心理准备。缺乏经验的推销人员经常会有各种各样的顾虑，例如：是否会搅乱被访者的正常生活？客户是否会接受推销访问？客户拒绝成交怎么办？这种无形的恐惧如果表现在推销过程的言行举止中，会使客户丧失对你个人和你所推销产品的信心。因此，推销人员要时刻牢记一句话："推销是信心的传递，要想使你的客户相信你，你必须对你自己和你所推销的产品表现出十足的信心。同时，推销人员必须克服畏难情绪和逃避心理，敢于正视客户的拒绝，要沉着冷静地排除接近过程中遇到的种种障碍。此外，推销人员还要培养良好的心理素质和优秀的推销业务能力，可以通过模拟推销情景的方法来训练，让同行们作为假想的目标客户帮助练习，最终一定会克服心理障碍。

2. 客户资料的准备

推销人员对客户资料掌握得越多，就越容易接近客户。但是客户的类型不同，信息的要求也不完全相同。按照客户类型的不同，接近客户前需要准备的客户资料也不一样。

(1) 个体客户的资料

一般来说，接近个体客户之前需要了解以下的内容：

第一，一般内容。一般内容包括姓名、年龄、性别、民族、籍贯、出生地、相貌特征、职业状况、文化程度、工作经历、兴趣爱好、办公地点、居住地址、联系方式等。在接近准备阶段，一定要不厌其烦地核对清楚上述各种基本资料，必须全面搞清楚，以免出现不该出现的差错，特别是姓名、性别、兴趣爱好、办公地点和联系方式更要详细记清。例如，邮政编码、区名、街道名、楼字名、门牌号码，以及其周围环境的特征都要事先熟悉。联系电话、传真机号码等都要搞清楚，以便顺利到达约见地点，并节省拜访的时间。第二，家庭及成员情况。了解客户的家庭情况，可以为接近客户提供一些话题。要想方设法了解清楚客户家庭成员组成情况、家庭财产收入水平、家庭住址、家庭成员的特殊偏好、购买与消费的参照群体、家中消费的最终决策人等个性化资料。第三,需求内容。这是客户资格审查的重要内容之一,同时也是接近客户前准备工作的重要方面。推销人员应尽量了解个人客户需求的具体情况,如购买需求的特点、动机、购买决策权限和购买行为在时间、地点、方式上的规律,以便有针对性地做好推销工作。

(2) 团体客户的资料

团体客户是指除个体客户以外的其他客户,包括企事业单位、政府机关和其他社会团体组织。除个体准客户的接近准备内容之外,团体准客户的接近准备还包括以下内容:

第一,基本情况。团体准客户的基本情况包括机构名称、品牌商标、营业地点、所有制性质、注册资本、职工人数等。除此之外,还要掌握团体准客户总部所在地和各分支机构所在地详细地址、邮政编码、传真号码、公司网址、具体人员的电话、手机号码,以及前往约见与接近时可以利用的交通路线和交通工具,进入的条件和手续等情况。

第二,生产经营情况。团体客户的生产经营情况对其购买行为有着较为直接的影响。因此,在接近团体客户之前,推销人员应尽可能全面地了解其生产经营情况,包括产品品种、生产规模、销售范围、资信与财务状况、管理风格与水平、设备技术水平和技术改造方向、竞争与定价策略、企业发展方向等方面的内容。如果准客户属于商业机构,应该了解其营业面积、商品规模、商品等级、客流数量、商品特点、资信情况等内容。

第三,采购习惯。不同准客户有各自不同的采购习惯,像采购对象的选择、购买途径、购买周期、购买批量、结算方式等方面都可能有差异。在准备的过程中,推销人员要对团体准客户的采购习惯进行认真、全面、细致的分析,再结合推销产品的特征和性能,确定能否向准客户提供新的利益和团体准客户对推销产品采购的可能性。不同性质的法人机构,其采购习惯和在购买决策时考虑的主要因素会有很大区别。例如,政府购买主要考虑领导人的意图、组织的级别、财政会计制度等,而企业较多考虑的是产品的质量、价格、规格、内在构成和适用性等。在购买行为决策程序与方法上,不同团体之间也存在着较大的差别。推销人员要充分了解。

(二) 接近顾客的方法

完成约见工作后,推销人员便可以按照预先约定的时间和地点会见访问对象。推销人员正式接触访问对象的第一个步骤,在推销学中称为接近,它是推销面谈的前奏,和面谈紧密相连。

从现代推销学理论上讲,接近准顾客的目的主要在于引起准顾客的注意和兴趣,使买卖双方顺利转入面谈阶段,促成交易的实现。购买对象的注意和兴趣是推销成功的必要条件,高度的注意和浓厚的兴趣有利于形成良好的会谈气氛。即使在转入面谈之后,推销人员仍要设法保持准顾客的注意力和兴趣,一旦其注意力分散,兴趣减退或消失,便会导致推销面谈失败。

小资料

我们让顾客自由地挑选商品并不是意味着对顾客不理不睬、不管不问，关键是你需要与顾客保持恰当的距离，用目光跟随顾客，观察顾客。一旦发现时机，立马出击。这个最佳时机是：

一、当顾客看着某件商品（表示有兴趣）

二、当顾客突然停下脚步（表示看到了一见钟情的“她”）

三、当顾客仔细地打量某件商品（表示有需求，欲购买）

四、当顾客找洗水唛、标签和价格（表示已产生兴趣，想知道品牌、价格、产品成分）

五、当顾客看着产品又四处张望（表示欲寻求导购的帮助）

六、当顾客主动提问（表示顾客需要帮助或介绍）

要达到接近的特定目的，必须有很好的接近方法。下面就几种常用的接近方法介绍如下。

1. 介绍接近法

介绍接近法是推销人员通过自我介绍或他人介绍来接近访问对象。自我介绍，主要是通过自我口头介绍以及身份证件与名片来达到接近准顾客的目的。他人介绍，是借助与访问对象关系密切的第三者的介绍来达到接近的目的。其形式有信函介绍、电话介绍或当面介绍。

介绍接近法的作用主要在于推销人员向准顾客介绍自己的身份，以求得对方的了解和信任，消除其戒心，为推销面谈创造宽松的气氛。尽管该方法不能使准顾客对推销品产生兴趣，但与对方初次相见时却是不可缺少的。

2. 产品接近法

产品接近法是推销人员直接利用推销品引起准顾客的注意和兴趣，进而转入面谈的一种接近方法。这种方法的最大特点就是让产品做自我推销，让顾客接触产品，通过产品的自身吸引力，引起顾客的注意和兴趣。“嗯，这东西真好，什么价？”只要顾客如此一问，推销便成功了一半。

该方法适用于一些轻巧的、便于携带的产品（包括无形的技术产品），而且这些产品应具备一定的特色，否则难以吸引顾客。对于一些体积庞大而又笨重的商品，一般不适宜采用该方法。因为这些商品推销人员不便携带，如机电设备等。

小故事

对那些看上去有一些腼腆的人，乔·吉拉德往往会主动对他们说：“我有一项特殊的本领，我能看出一个人所从事的职业。”

这时候，对方往往会感兴趣，但是并不一定会开口说话。乔·吉拉德就会接着说：“哦，我敢打赌，您是一位医生。”

在美国，医生是收入比较高而且令人尊敬的职业。当然，美国并没有那么多医生。这人并不可能恰好就是医生，但这么说就算是错了，对方也不会生气，因为他觉得，在吉拉德眼里,他是受人尊敬的人物。

"不,不是。"

"那么,您在哪里高就呢?"

"你不会相信的,我在史丹肉类公司做事,我的工作是宰牛。"

"哇,太棒了!"乔·吉拉德热切地说,整个人看起来相当兴奋,"我一直都在想,我们吃的牛肉到底是怎么来的。什么时候,我能去您那里看看?"

乔·吉拉德说这话的时候,是真的想去,并不是敷衍客户。客户能感受到他的那种诚意。

于是他们热烈地讨论起参观杀牛的事情,20 分钟后,看车人完全被乔·吉拉德说服,痛快地买下了车子。

乔·吉拉德挑了一个不忙的时间,去参观宰牛工厂。在那里,他见到了那位客户的许多同事,那位客户不断地向他的同事热情地介绍:"这就是卖给我车子的人。"于是,乔·吉拉德又认识了许许多多可能买车的人。

当乔·吉拉德下一次碰见肉类公司的人时,他就会说,我有一个朋友在史丹肉类公司,这样他们就找到了共同话题。吉拉德又有了潜在的客户。

没话找话来接近客户,最有效的方式就是与对方谈论他的工作,因为即使对方再不健谈,对自己的工作也能说出一二,吉拉德正是用这种方法激发了客户说话的兴趣,拉近了与客户的距离,进而推销成功。

3. 表演接近法

表演接近法是利用各种戏剧性表演技法来展示产品的特点,从而接近准顾客,亦称马戏接近法,是一种古老的推销术。在现代推销环境里,此方法仍有重要的利用价值。

比如,一位消防用品推销员见到准顾客后,并不急于开口说话,而是从提包里拿出一件防火衣,将其装入一个大纸袋,旋即用火点燃纸袋,等纸袋烧完后,里面的衣服仍然完好如初。这一戏剧性的表演,使准顾客产生了极大兴趣,没费多少口舌,这位推销人员便拿到了订单。

表演接近法实际上是把产品示范过程戏剧化,以增加对顾客的吸引力,使之产生兴趣,为推销面谈铺平道路。

4. 利益接近法

利益接近法是推销人员首先强调推销品给顾客带来的利益,从而引起顾客的兴趣,达到接近的目的。例如,一位锅炉推销员对准顾客说:"使用我们制造的高效节能锅炉,你们厂的能耗将比现在下降30%。"

利益接近法符合顾客购买商品时的求利心理,直接告诉顾客购买推销品所能获得的实际利益或经济效益,诱发顾客的兴趣,使推销洽谈顺利进行。但是,使用这种方法时,必须实事求是,讲推销信用,不可浮夸,更不能无中生有。

5. 调查接近法

调查接近法是推销人员借调查之机接近准顾客。从现代推销学的观点来看,推销洽谈的过程,也就是调查的过程,即了解和发现准顾客存在着哪些问题,有什么愿望和要求,然后向其提供解决问题、满足愿望和要求的最佳方案。因此,这种方法一般容易被对方接受。

6. 赞美接近法

赞美接近法是指推销人员利用人们的求荣心理而夸奖、恭维顾客,满足顾客心理需要而达到接近顾客的目的。推销人员应注意顾客在某方面的优点,真诚地赞美,既满足顾客心理,又达到接近顾客的目的,并形成良好的气氛。但赞美必须注意分寸,要诚心诚意地赞美,态度要诚恳,语气要真挚。赞美要尽量切合实际,赞美顾客内在品质和修养更容易被接受,转述别人的赞美会起到双重作用,产生不一样的效果。切忌不要过分吹捧或迎合某些顾客的低级情趣。

小故事

有人说:"赞美是畅销全球的通行证。"中国也有句古话"千穿万穿,马屁不穿",话虽俗,但理不俗。每一个人,包括我们的准客户,谁不希望听到别人的一两句赞美呢?可以说赞美是拉近与客户距离的"金钥匙"。

因此,懂得赞美的人,肯定是会推销自己的人。保险业销售之神原一平就是一个这样的人。有一次原一平去拜访一家商店的老板。

"先生,你好!"

"你是谁呀?"

"我是明治保险公司的原一平,有几件事情想请教您这位远近闻名的老板。"

"什么?远近闻名?"

"是啊,我问了好多人,大家都说这个问题最好请教你。"

"哦,大家都在说我啊!真不敢当,到底什么问题呢?"

"实不相瞒,是……"

"站着谈不方便,请进来说吧!"

众所周知,推销员尤其是保险推销员是最易遭受拒绝的,往往还没有真正的开始谈,一介绍身份就被拒绝了,而原一平就这样轻而易举地过了第一关,也取得了准客户的信任和好感。他认为,这种以赞美对方开始访谈的方法尤其适用于商店铺面。赞美几乎是百试不爽,没有人会因此而拒绝你的。但在赞美时,要注意因人而异、情真意切、合乎事宜。

资料来源:文义明. 世界上最伟大的推销大师实战秘诀. 北京:中国经济出版社, 2011.1.1

7. 馈赠接近法

馈赠接近法是指推销人员在不违反有关规定的基础上,利用馈赠礼品的方式,吸引顾客注意和兴趣的方法。但馈赠之前应了解顾客,不可盲目送礼,要做到投顾客所好。如果礼品与产品有关或相同,那么礼品既是有效的接近手段,又是有力的促销手段,就更为理想。

8. 问题接近法

问题接近法是推销人员直接向准顾客提问,利用所提的问题来引起其注意和兴趣。提问时,可先提出一个问题,根据顾客的反应再继续提问,步步紧逼,接近对方。例如"张厂长,你认为贵厂目前的产品质量问题是由于什么原因造成的?"产品质量自然是厂长最关心的问题,推销人员这一提问,无疑将引导对方逐步进入面谈。

9. 好奇接近法

好奇接近法是利用准顾客的好奇心理达到接近目的的方法。在与准顾客见面之初，推销人员可以通过各种巧妙的方法来唤起顾客的好奇心，引起顾客的注意和兴趣，然后把话题转向推销品。

某推销员一见准顾客便说："听说贵公司的经营近来出现了问题，我这里有份资料，能够帮助贵公司摆脱困境。"这使愁眉不展的公司经理产生了好奇心，因而对这份资料极感兴趣。国外一位科普书籍推销员见到顾客时说："这本书可以告诉你，丈夫的寿命与妻子有关。"顾客立即好奇地拿起来翻阅，从而达到接近的目的。现代心理学表明，好奇是人类行为的基本动机之一，人们的许多行为都是好奇心驱使的结果。好奇接近法正是利用了人们的好奇心理，引起买方对推销品的关注和兴趣，促使推销面谈顺利进行。

10. 求教接近法

求教接近法是利用向准顾客请教问题的机会来接近顾客的方法。从心理学角度讲，人们一般都有好为人师的心理，总希望自己的见地比别人高明，以显示出我比你强，尤其是高傲自大的人更是如此。对于这样的人，采取虚心请教的方法，以满足其高人一等的自我表现心理，十分有效。

任务三　建立顾客档案

实施步骤

1. 通过社会调查，建立顾客资料卡。
2. 建立顾客档案。

思考案例

刚开始工作时，乔·吉拉德把搜集到的顾客资料写在纸上，塞进抽屉里。后来，有几次因为缺乏整理而忘记追踪某一位准顾客，他开始意识到自己动手建立顾客档案的重要性。他去文具店买了日记本和一个小小的卡片档案夹，把原来写在纸片上的资料全部做成记录，建立起了他的顾客档案。

乔说："在建立自己的卡片档案时，你要记下有关顾客和潜在顾客的所有资料，他们的孩子、嗜好、学历、职务、成就、旅行过的地方、年龄、文化背景及其它任何与他们有关的事情，这些都是有用的推销情报。所有这些资料都可以帮助你接近顾客，使你能够有效地跟顾客讨论问题，谈论他们自己感兴趣的话题，有了这些材料，你就会知道他们喜欢什么，不喜欢什么，你可以让他们高谈阔论，兴高采烈，手舞足蹈，只要你有办法使顾客心情舒畅，他们就不会让你大失所望。

资料来源：阿里巴巴社区　http://club.1688.com/threadview/28401977.html

以上案例中乔·吉拉德通过建立顾客档案来开展业务。可以说通过建立顾客档案，某种程度上成就了乔·吉拉德的销售神话，我们下面就来系统地阐述如何建立顾客档案。

一、建立顾客档案的含义

进行顾客管理，首先必须建立顾客档案资料，即“建档管理”。建档管理就是将顾客的各项资料加以科学化记录、保存，并分析、整理、应用，借以增进与顾客的联系和沟通、巩固双方的关系、培育和挖掘大顾客、防止顾客及业务流失，从而提升推销业绩的管理方法。

二、建立顾客档案的作用

建立顾客档案，对推销人员来说是非常重要的，它关系到推销人员的推销成功率和推销业绩。

（一）有助于推销员牢牢抓住顾客

推销人员寻找目标顾客的途径、方法多种多样，有许多顾客是在不经意中得到信息后找到的。如果没有将随时得到的信息资料记录下来，并建立起相应的顾客档案，有时候会造成失去顾客的严重后果。例如，推销员答应顾客会某一时间去拜访，但是却忘记了，虽然事后可以弥补，但在顾客心目中，已经对推销员产生了不信任感。不信任的后果最终导致推销员失去这位顾客。如果推销人员将随时获得的有关顾客的信息资料及时记录下来，并建立起顾客档案，就不会错过拜访顾客的时间与机会。因此，有经验的推销员经常把目标顾客的名字按拜访的先后顺序排列，制成一份名单。这样做可以有效地防止遗忘。

（二）有助于推销员制订严密的访谈计划，提高推销成功率

一个优秀的推销员，在与顾客进行推销洽谈之前，需要制订一份严密的推销洽谈计划。在制订计划时一般要考虑这样一些问题：“关于洽谈的主题，我能够说些什么？”“必须说些什么？”“我应该采取怎样的洽谈策略？”“我以什么样的方式、方法来接近目标顾客？”等等。然后把这些问题的答案从顾客档案里找出来。有了答案，就可以制订较为严密的推销洽谈计划，从而能提高推销工作的成功率。

（三）有助于推销员安排好拜访日程，提高推销工作效率

对推销人员来说，目标顾客都是重要的。然而，在众多的目标顾客中，还是可以区分出很重要、比较重要和不太重要的目标顾客。具有创造性的推销员，对于目标顾客是经常进行评估的。在拜访顾客之前，根据预先寻找顾客时得到的信息资料所建立起的顾客档案，就可以对目标顾客进行大体的评估，使得推销员工作的先后次序比较清晰。在对目标顾客进行第一次拜访之后，推销员会把在洽谈中获得的信息补充到顾客档案中，并再次对顾客进行评估，分出他们的重要性次序。这样做可以大大提高推销工作的效率。

（四）能促使顾客重复购买，增加购买次数

推销工作并不是一帆风顺的，可能会遇到许多的困难与挫折，尤其在与顾客的接触过程中，遇到的困难更多。因为顾客并不是那么容易接近的人，人的性格本来就是互不相同的。

有的顾客对产品没有兴趣,因而表现得相当冷淡;有的顾客虽然对产品感兴趣,但态度却相当粗暴。因此,推销员要谈成一笔业务,必须克服许多困难。正因为如此,推销人员应该给已购买产品的顾客适时寄一些小礼物,如贺卡或感谢信,以感谢顾客对自己工作的支持。这样做,可以使推销员在以往的顾客心目中留下美好的印象,促使他们重复购买,增加购买次数,而这一切都离不开顾客档案。

小资料

在西餐店,经常会听到这样一些话:"我们麦当劳会邀请过生日的小朋友到我们这里来过生日,并赠送精美的生日礼物。请留下你孩子的生日和你的联系方式,好吗?""我们有特别折扣的时候,一定第一个通知你。""我们每年都会送给顾客一份神秘礼物,到时候好给你寄去。"

说来说去,只要你填了顾客资料卡,你就"好处多多",不填你就等于蒙受了"一定的损失"。那么,这些开店的商家何以如此"多情"呢?原因很简单,开店的收入绝对和顾客的人数成正比,顾客资料卡正是帮他们统计顾客人数的最佳利器。

三、顾客档案的建立

(一)顾客资料的收集

1. 企业用户

企业用户资料卡包括以下内容:第一,基本情况。包括用户名称、地址、电话、顾客等级;第二,经营情况。包括用户性质、企业历史、企业规模、所属行业、经济实力、竞争能力、对市场的依赖程度、所有制形式、社会集团性质、区域分布、企业与用户的分布密度;第三,其他情况。包括需要类型(实用型、外观型、通用型、尖端型)、财务状况、信用状况、采购状况、对外关系状况;第四,购买决策人、业务联系人。

2. 个人或家庭消费者

个人或家庭消费者资料卡包括以下内容:第一,一般内容。包括姓名、年龄、性别、民族、宗教信仰、受教育程度、居住地点、联系方式等。第二,家庭情况。包括工作单位、职业、职务、收入、价值观念、消费习惯、兴趣爱好等。第三,需求内容。包括购买动机,需求的指向和特点,需求的排列顺序,购买能力,购买决策,购买行为在时间、地点、方式上的规律等。

(二)顾客档案的建立

顾客档案应包括如下基本内容。

1. 顾客的基本资料档案

该部分包括:顾客的近照、姓名及昵称、会员编号、出生日期、联系方式、家庭住址、工作单位、职业与职位史、入会时间等。可别小看这些貌似平常的信息,它们对于以后的细节服务不可或缺。例如,联系方式不仅要准确,还至少要有两种以上,应包括宅电号码、单位电话、手机号码、QQ号、电子邮箱、个人主页或博客地址等,据此可以建立高容量多渠道的信息传递平台,如手机短信咨询平台、邮政信函问候平台等,以牢牢把握顾客。

2. 顾客的专业档案

在记录顾客专业档案的时候,除了普通的书面文字版,有条件的还应有电子版本。电子版本记录在电脑里,可以通过企业的管理软件和外接的多媒体设备来实现。专业档案一般包括顾客的"产品购买记录表"、"维修退换记录表"、"产品使用情况记录表"、"购买竞争产品情况"等资料档案。

3. 顾客的消费档案

顾客的消费档案包括:顾客的消费级别、顾客消费记录表、顾客账款记录表等。通过详细记录和分析顾客的消费情况,能了解每个客户的消费能力和习惯,准确区分有价值顾客、有潜力顾客、有影响力顾客以及顾客的资信等级,以针对性的调整销售策略,有目标地进行推销,降低经营成本。

4. 顾客的信息反馈档案

顾客的信息反馈档案,它包括顾客的"服务满意度调查表"、"消费意见调查表"、"质量跟踪调查表"、"顾客意见征询书"、"顾客需求征询书"、"电话回访追踪表"、"新产品新项目测试反馈表"、"顾客投诉处理表"等一系列表格资料。需要顾客定期和不定期予以配合填写,并在分析完后整理归档以便以后调用。

小故事

有一次,汤姆·霍普金斯打电话给一个叫布朗的会计师:"您好,布朗先生,我是汤姆·霍普金斯。我有一份关于您购房的特别好的建议给您……"

布朗说:"我没时间。"

汤姆·霍普金斯:"请问什么时候打给您比较方便呢?布朗先生。"

布朗:"我这一两个月肯定是没有时间的,你半年之后再打给我好了。"

汤姆·霍普金斯听后微笑着说:"好的,布朗先生,看得出您是一位很忙的会计师,我想我半年之后会按照和您约定的时间再准时打电话给您的,我已经做了详细的记录,谢谢您。再次谢谢您接听我的电话。"

随后,汤姆·霍普金斯把半年后打电话这件事详细、准确地记录在了备忘录上。

半年后的一天早上,汤姆·霍普金斯拿起电话:"布朗先生,我是汤姆·霍普金斯,就是半年前和您约好要给您提供购房建议的汤姆·霍普金斯。"

布朗一听感到很惊奇,自己很随意的一句拒绝的话对方竟然记住了。本来布朗先生想把电话挂掉,但转瞬一想:随口讲的一句话对方都能认真地记住,认真地对待,他真的是一个很敬业的人。这个人不管销售什么,他的品质和信誉都是令我非常欣赏的,所以,我绝对相信这个人,我也相信他推销的产品。

于是,这位会计师购买了汤姆·霍普金斯的房子,并还介绍了许多朋友从汤姆·霍普金斯那里购买房子。

因此,作为一名推销员,一定要记得诚信为本的为人处世之道,在你的事业中,养成守信的习惯是非常重要的。只有做守信的人,才会有客户信任你。只有做到了一诺千金,你的事业才有望发展、壮大并蒸蒸日上。

来源:文义明. 世界上最伟大的推销大师实战秘诀. 北京:中国经济出版社,2011.1.1

项目小结

“众里寻他千百度，蓦然回首，那人却在、灯火阑珊处。”由此可见，寻找顾客，推销员既要做好充分准备，又要掌握一定的技术和方法，还要建立相应的顾客档案。有效地寻找顾客，是成功推销的前提。

项目练习

一、推销员专业水平测试

1. 您进行推销时，是否畏惧直接去见客户的高阶层关键人士（指有钱、有权决定、有需要的人）。 是□ 否□

2. 您是否经常发生还没有来得及说任何推销话语就被客户请出门了。 是□ 否□

3. 当您与准客户初次面对面的那一刻，您是否能迅速地推倒彼此间的一道墙而迅速引起准客户的兴趣？ 是□ 否□

4. 您是否对不同类型的客户做初次拜访时都能选择出适当的接触话语。 是□ 否□

5. 您面对初见客户，是否能迅速引起客户的兴趣，并能主导会谈的过程。 是□ 否□

6. 您对于解读客户的举止、话语，判断客户的需求、性质及态度，是否让自己觉得满意？ 是□ 否□

7. 您是否能技巧地引导客户说出他的需求，而不让客户感到被质询而产生不悦的压力？ 是□ 否□

8. 您介绍产品时是否能依循产品或服务所具有的特性、优点及特殊利益的方式？ 是□ 否□

9. 您是否能运用询问的技巧找出客户的隐藏问题及未满足的需求？ 是□ 否□

10. 您是否很容易区别真的拒绝和假的拒绝？ 是□ 否□

11. 当客户提出异议时，您是否能很高兴地将客户的异议当成是探求客户需求的大好机会？ 是□ 否□

12. 当客户提出您产品真正缺点的异议时，您是否有时候会觉得处理起来有些困难？ 是□ 否□

13. 当客户提出“不需要”、“没有钱”、“没有决定”时，是否仍让您感到处理起来很困难？ 是□ 否□

14. 您是否善于利用建议书以达到成交的目的？ 是□ 否□

15. 您是否能充分利用试探性成交及中途成交以达成最后的成交？ 是□ 否□

16. 当客户不愿立刻接受成交而有意延迟时，您是否有时因此而终止了洽谈，而无法立刻从另一方向引导生意成交？ 是□ 否□

17. 您对不同性格的客户（理智型、情感型、疑虑型、随意型）是否都能有效地进行推销？ 是□ 否□

18. 您是否随时注意不要让客户感到有被强迫推销的感觉？ 是□ 否□

19. 您是否能被客户看成是能替客户解决问题的销售人员？ 是□ 否□

20. 您过去所接受的推销业务，是否能有效地协助您处理每日推销时所面临的问题与压力？ 是□否□

二、实训

1. 结合周边环境，选择某一具体产品或服务，制订月度推销工作计划。

2. 为花卉公司提供5个寻找顾客的渠道。

3. 撰写拜访顾客预约函文本。

4. 由学生分若干小组自主确定某具体产品和具体地区，运用任一类目标客户的探寻技术，通过有关寻找顾客的方法，撰写寻找顾客报告书。

5. 进行手机市场调查

手机市场调查表

1. 性别

男□　女□

2. 学历

初中及以下□　高中□　大专□　本科□　硕士□　博士及以上□

3. 单位性质

合资企业□　独资企业□　民营企业□　国营企业□　行政机关□　其他事业单位□

4. 职业

艺术设计类□　电子类□　建筑类□　医疗类□　财会类□　保险业□　媒体类□　化工类□　商业类□　公务员□　法律□　学生□　退休□　其他□

5. 年龄层次

18岁以下□　18岁~25岁□　25~30岁□　30~40岁□　40岁以上□

6. 现拥有的手机数目

0部□　1部□　2部□　3部□　4部及以上□

7. 手机更换的时间

一年及以下□　1~2年□　2~3年□　3年以上□

8. 手机的购买地点

超市□　商场□　品牌手机专卖店□　电子商城□　通信营业厅□　其他□

9. 获得手机信息的渠道

报纸□　广播□　杂志□　电视□　朋友□　户外广告牌□　汽车车身广告□　宣传单或宣传手册□　网络□　其他□

10. 近期是否有购机打算

是□　否□

11. 购买会选择的国外品牌

诺基亚□　三星□　摩托罗拉□　西门子□　阿尔卡特□　飞利浦□　松下□　三菱□　三洋□　东芝□　LG□　其他□

12. 购买会选择的国内品牌

TCL□　海尔□　海信□　华为□　东信□　厦华□　中兴□　酷派□　首信□　厦信□　迪比特□　熊猫□　联想□　京瓷□　夏新□　南方高科□　其他□

13. 选购手机的花费

1000元以下□　1000～1500元□　1500～2000元□　2000～2500元□　2500～3000元□　3000～3500元□　3500元以上□

14. 中外手机的选择

国外产品□　国内产品□　无所谓□

15. 国内外手机差距

品质□　款式□　功能□　售后服务□　其他□

16. 购买手机所注重的方面

性能□　价格□　品牌□　重量□　外观□　售后服务□　其他□

17. 对手机具有拍照功能的看法

喜欢□　无所谓□　不喜欢□

18. 希望手机附加的功能

游戏□　摄像□　广播调频□　MP3□　上网□　在线电影□　图片编辑□　拍照□　英文词典□　拍大头贴□　其他□

19. 购买时所希望得到的优惠或赠品

电池□　耳机□　外壳□　手机袋□　手机绳□　上网卡□　免费上网时间□　价格优惠□

6. 制作顾客资料卡。

单元三

推销洽谈

导入案例

几年前，山东省有一个电信计费的项目，A公司志在必得，该公司的系统集成商、代理商组织了一个十几个人的小组，住在当地的宾馆里，天天跟客户在一起，还帮客户做标书，做测试，关系处得非常好，大家都认为拿下这个订单是十拿九稳的，但是一投标，却输得干干净净。

中标方的代表是一个其貌不扬的女子，姓刘。事后，A公司的代表问她："你们是靠什么赢了那么大的订单呢？要知道，我们的代理商很努力呀！"刘女士反问道："你猜我在签这个合同前见了几次客户？"A公司的代表就说："我们的代理商在那边待了整整一个月，少说也去了20多次吧。"刘女士说："我只去3次。"只去了3次就拿下2000万元的订单，肯定有特别好的关系吧？但刘女士说在做这个项目之前，一个客户都不认识。

那到底是怎么回事儿呢？

她第一次来山东，谁也不认识，就分别拜访局里的每一个部门，拜访到局长的时候，发现局长不在。到办公室一问，办公室的人告诉她局长出差了。她就又问局长去哪儿了，住在哪个宾馆。马上就给那个宾馆打了个电话说：我有一个非常重要的客户住在你们宾馆里，请帮我订一个果篮，再订一个花篮，写上我的名字，送到房间里去。

然后又打一个电话给自己公司的老总，说这个局长非常重要，已经去北京出差了，无论如何你要在北京把他的工作做通。接着她马上订了机票，中断拜访行程，赶了最早的一班飞机飞回北京，下了飞机直接就去那个宾馆找局长。等她到宾馆的时候，发现她们公司的老总已经在跟局长喝咖啡了。

他们在聊天中得知局长会有两天的休息时间，老总就请局长到公司参观，局长对公司的印象非常好。参观完之后大家一起吃晚饭，吃完晚饭她请局长看话剧，当时北京在演《茶馆》。为什么请局长看《茶馆》呢？因为她在济南的时候问过办公室的工作人员，得知局长很喜欢看话剧。

局长当然很高兴，第二天她又找了一辆车把局长送到飞机场，然后对局长说："我们谈得非常愉快，一周之后我们能不能到您那儿做技术交流？"局长很痛快就答应了这个要求。一周之后，她的公司老总带队到山东做了个技术交流，她当时因为有事没去。

老总后来对她说，局长很给面子，亲自将相关部门的所有人员都请来，一起参加了技术交流，在交流的过程中，大家都感到了局长的倾向性，所以这个订单很顺利地定了下来。后来又去了两次，第三次就签下来了。

A公司的代表听后说："你可真幸运，刚好局长到北京开会。"刘女士掏出了一个小本子，说："不是什么幸运，我所有的客户的行程都记在上面。"打开一看，本子上密密麻麻地记了很多名字、时间和航班，还包括他的爱好是什么，他的家乡是哪里，这一周在哪里，下一周去哪儿出差。

资料来源：赵欣然、王霖琳. 推销原理与技巧. 北京：北京大学出版社，2011.1

以上案例中，小刘通过充分的准备掌握了详细的客户信息，从而一举拿下了订单。为了系统地学习洽谈，本单元将从面谈准备和模拟谈判两方面阐述。

项目六　面谈准备

职业能力目标与学习要求

1. 知识目标：了解推销洽谈的基本内容；了解推销洽谈的步骤和原则。

2. 能力目标：能够掌握和运用相关的谈判技巧；能够对谈判对手的基本情况进行评判分析。

3. 任务分解：

任务一：感悟利益推销；任务二：熟悉洽谈流程。

任务一　感悟利益推销

实施步骤

1. 收集现实生活中的利益推销的案例。
2. 课堂情景交流。
3. 通过案例分析比较某种产品不同顾客的不同利益点。

思考案例

情景一：

在一家照相器材专卖店里，一位客户正在和推销员交谈。

推销员：这台数码相机具有非常特别的功能，1400万像素，背照式传感器，720P投影功能，拥有28—392毫米14倍光学变焦镜头，还配备有USB插口和4寸的LCD取景器。

客户：这些我不是很有兴趣，麻烦你直接告折我，这台相机到底能不能拍出清楚的照片，好吗？

情景二：

在一家照相器材专卖店里，一位客户正在和推销员交谈。

推销员：这款数码相机非常适合记者使用，抓拍速度是其他相机的3倍，而又能非常清晰地拍摄动态图像，正好符合您工作的需要。您看（手拿一根数码相机USB连线插入笔记本电脑），它配备独特的U型插口，能够立即与电脑相连接，能更快速地将资料下载到电脑中……

客户：非常好，这正是我想要的相机。

资料来源：岳贤平. 推销洽谈. 北京：北京出版社，2012.9

推销洽谈也称交易谈判，是指推销人员运用各种方式、方法和手段，向顾客传递推销信息，并设法说服顾客购买商品和服务的协商过程。

在古代，推销人员主要依靠一双“铁腿”和一张“巧嘴”，行万里路，登万户门，说万次话，讨万回价，当面商议，各得其所。因此，古人所称的推销洽谈基本上属于当面洽谈。在现代推销环境里，新的推销方法、推销技术和推销手段的不断出现，使得推销洽谈的方式和方法也在不断变化。现代推销洽谈可以利用人类所能利用的一切信息沟通工具，除面对面的直接洽谈外，还有电话、书信、电报、电子邮件等推销洽谈方式。因此，作为现代推销学中的一个科学概念，推销洽谈具有特定的含义，它是一个既丰富又复杂的活动。

二、推销洽谈的目标

从现代推销学理论上讲，洽谈的目标既取决于顾客购买活动的一般心理过程，又取决于推销活动的发展过程。因此，现代推销洽谈的目标在于向顾客传递推销信息，诱发顾客的购买动机，激发顾客的购买欲望，说服顾客，达成交易。

为了实现推销洽谈的目的，推销人员需要完成以下几方面的任务。

（一）向顾客传递信息、介绍情况

为了说服顾客达成交易，必须向顾客全面介绍推销品的情况以及生产企业的情况，包括品牌、商标、功能、质量、价格、服务、销售量、市场地位以及生产企业的情况。只有在顾客对各相关信息了解的情况下，才能做出购买决策。在洽谈之初，推销员要将自己所掌握的有关信息迅速传递给顾客，以帮助客户尽快认识和了解推销品的特性及其所能带来的利益，增强顾客对推销品以及生产企业的好感，诱发顾客的购买兴趣，为顾客进行购买决策提供信息依据。同时，推销员在向顾客传递信息时必须客观、恰当、实事求是。

（二）准确把握顾客需求、展示推销品的功能

从营销学的角度讲，只要能够发现人们的购买需求和动机，就可以预测和引导人们的购买行为。购买行为是受购买动机支配的，而动机又源于人的基本需要。为此，推销员在洽谈之初就必须把握此时此刻的顾客心理需要，并投其所好地开展推销洽谈。同时，在推销洽谈

中针对顾客的需求展示推销品的功能,满足顾客的需求,只有当顾客真正认识到推销品的功能和利益,感受其所带来的满足感,才能产生购买动机。一种推销品往往有多种功能和利益,但不同的顾客对该产品有不同的需求。例如,手机是一种通讯工具,但不同的顾客,由于性格、职业、经济情况、年龄、性别等方面的不同,决定了顾客对手机的需求不同。推销员要善于发现顾客的需求,并紧紧围绕着这个需求来展示推销品的功能和利益。否则,即使推销员向顾客传递的信息面面俱到,而顾客想要了解的功能却一带而过,也不能起到诱发顾客的购买动机,刺激顾客的购买需求的作用。因此,只有针对顾客的需求传递推销品的信息,展示推销品为顾客带来的利益,才能真正地激发顾客的购买欲望,最终达成交易。

(三)恰当处理顾客的异议

在推销洽谈中,顾客接受到推销人员传递的有关推销品的信息后,经过分析会提出一系列的看法和意见,这就是我们常说的顾客异议。顾客异议处理不好或不排除,就很难说服顾客达成交易。所以,处理顾客异议是推销洽谈的关键任务。产生顾客异议的根源有两方面:一是推销人员所发出的信息本身不全面,顾客因信息不全面而提出异议;二是顾客对推销品知识的不了解或欠缺。因此,一个优秀的推销员必须掌握尽可能多的与推销品相关的知识。例如,电脑推销人员必须是一位熟悉基本电脑制造技术和使用技术的技术人员,化妆品推销人员最好是一位业余化妆师。只有这样,才能圆满地解答顾客提出的各种问题,妥善处理顾客异议,帮助顾客加深对推销品的认识,取得顾客的信任,顺利达成交易。

(四)促使顾客做出购买决定

推销人员寻找、接近并说服顾客的最终目的是要顾客购买推销品。顾客购买活动的心理过程,历经认识阶段之后,还要经过情绪变化和意志决定这两个发展阶段。在认识明确,动机诱发之后,顾客会产生相应的情绪反应和意志行为,甚至会产生错综复杂的心理冲突。经过一番激烈的心理斗争之后,顾客就会做出购买或不购买的决策。在洽谈过程中,推销人员必须准确把握顾客购买决策前的心理冲突,利用各种理智的和情感的手段去刺激顾客的购买欲望,引导顾客做出购买决定,促成交易。所以,推销人员可以采用各种方式说服顾客,强调顾客购买推销品所能得到的利益,满足顾客的特殊要求,给予顾客一些优惠,提供优质的服务,强化顾客的购买欲望,为顾客最终做出购买决定而努力。

总之,推销洽谈的目标在于沟通推销信息,诱发顾客的购买动机,刺激顾客的购买欲望,催促顾客采取购买行为,最终目的还在于达成交易,推销产品。销售活动是以成败论英雄,结果最重要。

二、推销洽谈的原则

推销洽谈的原则是指推销人员具体从事推销洽谈的准则。为了达到推销目的,实现洽谈的目标,推销人员可采用灵活多样的方法和技巧说服顾客。但无论推销人员采取何种方法,在推销洽谈中都必须遵循以下原则。

（一）针对性原则

针对性原则是指推销人员的推销洽谈必须体现推销目的，具有明确的针对性。也就是说，推销人员的推销洽谈必须针对推销环境、顾客的购买目的和购买动机、顾客的个性心理、产品的特点等，灵活地运用各种推销方式、方法进行有的放矢的产品推销。不同的顾客，由于其性格、能力、兴趣、受教育程度、职业、经济条件以及人生观、价值观的不同，形成不同的需求。因此，推销人员在洽谈中应把握好顾客的思想，弄清顾客需求的实质，根据推销品的特点设计洽谈方案，恰到好处地宣传、说服，以引起顾客的关注。

（二）诚实性原则

诚实性原则是指推销人员在推销洽谈过程中切实对顾客负责，真心诚意与顾客进行推销洽谈。这是推销人员最基本的行为准则。推销人员在推销中失去诚实，就意味着失去顾客，甚至会永远地失去顾客。诚实性原则包括以下三方面内容：

讲真话，实事求是地向顾客传递推销品信息，力争取得顾客的信任。

出示真实可靠的身份证明和推销品证明，打消顾客的疑虑，坚定顾客的购买决心。

货真价实，树立良好的推销信誉。

（三）鼓动性原则

鼓动性原则是指推销人员在推销洽谈中用自己的信心、热心和诚心，以自己的丰富知识有效地感染顾客，说服和鼓动顾客采取购买行动。坚持鼓动性原则，要求推销人员必须以自己的信心鼓励顾客，以自己的推销热情感染顾客，以自己丰富的知识说服顾客。为此，推销人员应以自己对本职工作、对顾客、对推销品的信心和热爱，以自己丰富的知识，使顾客确认自己的需求，相信推销品及推销人员，相信购买推销品会获得满意，最终实施购买行为。

（四）倾听性原则

倾听性原则是指推销人员在推销洽谈过程中，不要只向顾客传递推销品信息，而是要注意倾听顾客的意见与要求。倾听会使顾客感到推销人员对自己的尊重，没有给他施加压力；倾听会使顾客感到推销人员在尽心了解自己的各种问题，以便为自己提供真正有效的服务。这样会增强顾客对推销人员的信任，有助于针对性地进行推销洽谈，这种方法才是上策。

（五）参与性原则

参与性原则是指推销人员在推销洽谈过程中，积极地设法引导顾客参与推销洽谈，促进信息双向沟通。坚持参与性原则，有助于顾客进一步了解推销品的功能、特点，熟悉推销品的使用方法，有利于顾客加深对推销品的印象，诱发顾客的购买动机。因此，它要求推销人员必须掌握推销洽谈的主动权，在控制推销洽谈的局势和发展进程的前提下，充分调动顾客的积极性，引导顾客发表意见，请顾客回答问题或试用推销品等有效地使顾客参与洽谈，促使顾客做出购买决策。

推销最大的秘诀就是：推销员推销的不是产品，而是产品给顾客带来的利益，即产品能够满足顾客什么样的需要,具体有哪些好处,或能减少哪些麻烦。

销售的唯一规则就是:只有当顾客相信他的想法和需要能够得到满足时,他才会购买你的产品。

三、推销洽谈的内容

推销洽谈涉及面很广,内容丰富。不同商品的推销有其不同的洽谈内容,但基本内容是大致相同的,主要有以下几个方面:

(一) 商品品质

商品品质是商品内在质量和外观形态的综合,是顾客购买商品的主要依据之一,也是影响价格的主要因素。所以,商品品质是推销洽谈的主要内容之一,推销人员必须全面地向顾客介绍推销品的质量、功能和外观特点,让顾客对推销品有一个全面的了解,也可以把商品获得的品质标准(如国际标准、国家标准、部颁标准,通过了ISO9001、ISO9002、ISO14000国际认证等)介绍给顾客。

(二) 商品数量

商品的数量是指按照一定的度量衡来表示商品的质量、个数、长度、面积、容积等的量。成交商品数量的多少直接关系到交易规模以及交易价格。在推销洽谈中,买卖双方应采用协商一致的计量单位、计量方法,通常情况下是将数量与价格挂钩的。成交数量大时,通常商品的价格都会有一定的优惠。

(三) 商品价格

成交价格的高低直接影响交易双方的经济利益,所以价格是推销洽谈中最重要的内容,也是洽谈中极为敏感的问题。买卖双方能否成交,关键在于价格是否合适。在洽谈中,买卖双方要考虑与价格相关的成本、付款条件、通货膨胀状况、彼此信任与合作程度等有关因素,商定一个双方都满意的价格。在商品交易中,货款的支付也是一个关系到双方利益的重要内容。在洽谈中,双方应确定货款结算方式及结算使用的货币、结算的时间等具体事项。

(四) 销售服务

销售服务是顾客极为关心的内容之一,所涉及的服务项目有以下几项:

(1) 按时交货是顾客的基本要求。推销人员能否按时交货,则受生产和经营能力、运输能力、供应能力等因素制约,顾客提出一定交货时间后,推销人员要汇集各种综合因素,加以考虑。

(2) 送货、运输方式、地点等方面的服务。

(3) 推销人员应该提供售后维修、养护、保管等方面的服务。

(4) 推销人员应提供在技术指导、操作使用、消费需求等方面的服务。

(5) 提供零配件、工具、供应等方面的服务。

在洽谈过程中，推销人员和企业应尽量满足顾客的正当要求，以解除顾客的后顾之忧。

（五）保证条款

保证性条款的主要内容是担保。在商品交易活动中，卖主对售出的商品要承担某种义务，以保证买方的利益，这种卖方的义务和责任称为担保。一项日期较长，数量、金额较大，风险较大的商品交易，权利方都要求义务方提供担保。为限制卖方售货后不执行担保行为，有必要洽谈保证条款。

为了预防意外情况和随机因素对合同执行的影响，应就合同的取消条件以及履约和违约等有关权利、义务进行洽谈，并对合同纠纷中引起的诉讼及处理办法进行协商，以免引起不必要的麻烦。

四、利益推销方式

我们在购物时也许有过这样的感受，推销员对我们做了一番讲解之后，我们却一点也不明白自己从所要购买的产品中究竟能得到什么利益。这是推销讲解中最常见、最突出的问题，即推销员只从自己的角度，陈述自己感兴趣的部分，而没有从客户的角度，强调客户通过购买产品可以获得的实实在在的利益。一个优秀的推销员在推销讲解时，一定要想到客户的需求，从客户的角度出发，强调客户能实际得到的各种利益，这样才能打动客户的心，引发客户的购买兴趣。

（一）概述利益

概述利益即用最简单、最亲切的语言概述所推销的产品会给客户带来什么样的利益，让客户理解他们将得到的益处。概述利益可以调动客户的兴趣，抓住客户的注意力。同时，概述利益也是从建立联系过渡到产品推销对话的一个过渡点。这是一条时时刻刻都有可能要运用的艺术手段——在客户失去兴趣的时候概述诸如“我们的产品正在打五折”、“我们的产品现在保修可以达到两年”之类的可带给客户的利益，往往能抓住客户的注意力，所以一个推销员应该尽量使概述利益成为习惯甚至口头语。

（二）FAB

F即产品的特性（Feature），是指产品设计上给予的特性及功能。在推销时把它理解成一种特点或属性，即一种产品能看得到、摸得着的东西，这也是一个产品最容易让客户相信的一点。你可从各种角度发现产品的特性，例如，从材料着手，如衣服的材料是棉、麻、丝、混纺；从功能着手，如录像机具有定时录影的功能；从式样着手，如流线形的设计。每一样产品都有它独有的特性，不管你知不知道它是什么，或会不会使用，它已存在于产品之上。

A即产品特性中的优势（Advantage）。例如，棉的衣服能吸汗，毛的温暖，丝的较轻；传真机有记忆装置，能自动传递到设定的多数对象等。

B即产品优势会给客户带来的利益（Benefit）。例如，你每天都要和国外各分公司联络，因此使用传真机的速度较快，能节省大量的国际电话费；牙膏有草莓的香味，闻起来很香，这让家里的小朋友每天都喜欢刷牙,从而可避免小朋友生蛀牙;这双鞋是设计在正式场合穿的,但鞋底非常柔软并富有弹性,很适合喜欢步行上下班的人来穿,等等。

上述产品的特性和优点是从厂商设计、生产产品的角度,赋予产品能满足目标市场客户喜好的特性及优点。但是,在现实生活中,每位客户都有不同的购买动机,真正影响客户决定购买的因素,并不一定是产品的特性和优点。客户不是因为产品的优点和特性加起来最多而购买该产品,而是因为某种产品最适合其需要而购买。产品本身有再多的特性与优点,若不能让客户知道或不被客户认可,对客户而言,都不能称为有价值。

任务二 熟悉洽谈流程

实施步骤

1. 了解推销洽谈的主要步骤。
2. 掌握洽谈对象的基本现状。
3. 制订面谈计划。

思考案例

有一位顾客想要购买燃油锅炉。一些销售人员得知这个消息之后,都纷纷跑来向顾客介绍自己的产品。这让顾客感到非常为难,因为他之前与这些公司从来没有合作过,也不知道哪一家的产品更加可靠,所以一时半会拿不定注意。

这时候,有一位销售人员摸清了客户的心思,在产品的介绍材料里夹了一份客户联系的单子,而且其中有一个客户就是这个顾客的邻居。于是这个顾客就给邻居打了个电话。

从邻居嘴里得知该公司的产品质量还不错,而且销售人员也值得别人信赖,于是顾客就选择了这家公司的锅炉。

资料来源:郑锐洪. 推销学. 北京:中国人民大学出版社,2011.9

一、洽谈前的准备

当前,很多企业较普遍的一种做法是在招聘推销新手后进行简单的两三天培训,就匆匆忙忙把推销员派出去,并企图靠他们为企业占领市场,其效果显然不理想。这导致推销员们以为推销工作很简单,殊不知在实际工作中都一头雾水,无所适从或遭当头一棒。企业界和新老推销员们应将以往的“猎人式”的推销改为“农夫式”的推销,改以往“举枪、瞄准、射击”式的操作为“精耕细作”,在推销之前做好详细、充分的准备工作。

人员推销是一种双向沟通与交流,要求推销人员对潜在客户的需求和问题预先有一个基本的了解,才能在接触客户时与客户沟通并确定其需求和问题。访前准备工作能使推销员真正做到换位思考,设身处地地为客户着想,理解客户的需求,使推销员在介绍、演示、说明等具体工作中有针对性地解决问题,提高沟通效果和工作效率。同时,充足的访前准备,有利于推销人员树立更可靠的形象，赢得客户的信任与好感。

为确保洽谈能取得预期的效果，必须做好充分的准备。洽谈前的准备工作主要包括以下几方面：

（一）了解洽谈对手

了解洽谈对手是为了更好地与之合作。在开始洽谈之前，必须了解潜在客户以下的信息：姓名、年龄、职务、性格特点、工作作风、经济状况以及客户本人及其所在部门和公司的问题、愿望和要求等。从而大致判断洽谈对手是怎样一个人、他在公司起什么作用、是否有决定权等，据此制定相应的推销对策。

（二）了解推销产品

推销员必须掌握推销产品的性能、品质、用途、使用方法等，明确该产品能够为客户带来什么好处。这样便于进行准确、全面的推销介绍，一旦客户提出问题，能够对答如流，从而增强客户对产品信息的了解。

（三）确定洽谈要点

洽谈要点，是指在推销洽谈中用来重点说服的、对促成交易具有决定性影响的产品特性及其他因素。在推销洽谈中，推销要点并不是多多益善，而应该是能够切中对方的“要害”。洽谈中的推销要点由产品因素和非产品因素两方面组成。产品因素主要是指产品的特性。一项产品（或劳务）通常具备多方面的特性，究竟选择哪些特性作为推销的洽谈要点，主要应考虑以下几方面：(1)洽谈对象是什么样的人？(2)推销的产品是干什么用的？(3)推销的产品能够为客户解决哪些问题、满足哪些要求？在推销要点中，非产品因素主要包括产品价格、付款方式、服务项目等。这些因素在现代推销过程中常常起着决定性的作用。例如，在几家厂商同时向一位客户推销某项产品，而且产品质量相差不大时，产品价格及服务项目就成为达成交易的关键因素。又如，当客户资金紧张时，付款方式便成为推销成败的关键因素。

（四）准备洽谈资料

洽谈资料是洽谈中不可缺少的商品推销媒介，适时使用洽谈资料，可以有效地引起客户的潜在需求，刺激其购买欲望，改善洽谈条件，活跃洽谈气氛，促进洽谈深入，增强洽谈的说服力。

推销过程中的洽谈资料主要包括；

1. 推销手册和产品说明书

以文字为基本内容的推销手册，包括公司简介、产品种类、产品价目表等资料；产品说明书主要是突出产品的功能、特性，从技术参数、质量保证和售后服务措施上宣传产品的可靠性。

2. 推销证明资料

可以作为推销证明资料的有生产部门的生产许可证、经销部门的专营证书、技术检测中心的检测证书、专利证书、产品的质量检查卡、鉴定书、销售联系单等。出示推销证明文件，是现代推销工作中必不可少的辅助手段，其优点是可以从各个不同侧面保证产品的可靠性。

3. 产品样品、模型

“百闻不如一见。”从推销心理学上讲，产品本身就是最正确、最可靠的推销信息源，在产品难于携带的情况下，利用产品的模型来代替，其作用也不会比产品本身差多少。让客户亲眼看一看，摸一摸，可诱发客户的新奇感和购买兴趣，同时，通过真实可信的推销实物刺激，能增强客户的购买信心。

4. 图片和照片

与产品实物模型相比较，图片和照片不仅制作费用低廉，而且携带方便。生动、形象的图像能产生良好的说服力和感染力，使客户通过视觉加深印象，引发客户的购买欲望。

5. 幻灯片、录音和录像等资料

采用录音、录像等音响、影视资料，可以最大限度地调动客户各种感觉，特别是调动视觉、听觉的有效办法。推销员利用这些辅助手段进行推销介绍，可以生动、真实地塑造产品形象，使推销具有强烈的感染力。采用这类资料，必须准备相应的设备，如笔记本电脑、投影仪等。同时，还要事先对这些设备进行检查和试用。

三、制定洽谈计划

推销人员在实际推销活动中，总是要面对各种各样、形形色色的顾客。为了推销的成功，推销人员使用的推销方法、方式也要因人而异，不能千篇一律。这就要求推销人员在推销洽谈前，必须针对不同顾客，拟订具体的推销洽谈计划，制定解决顾客异议的方案。只有这样，推销人员才能将不同的推销洽谈的内容分清主次、突出重点，采用不同的方式、方法，有的放矢地进行洽谈。

（一）洽谈的预期评价

在推销洽谈之前，推销人员必须对预期值有一个清楚的认识，并科学地确定。具体来说，就是对洽谈要取得的成绩作一个预期评价，对洽谈将要出现的结果进行预先安排。洽谈可能取得的成绩，可分为以下两个层次：

第一层次是本次洽谈的最低界限。例如，让顾客确认自己对推销品有需求，顾客能认同推销品给其带来的利益等。

第二层次是本次洽谈要取得的成绩。例如，有效处理顾客异议等。

（二）确定推销洽谈的时间、地点

推销洽谈时间、地点的确定是影响推销洽谈的一个不可忽视的因素。确定在什么时间、什么地点与顾客进行推销洽谈，是制订推销洽谈计划的主要内容之一。通常，推销洽谈时间、地点的确定，既要方便自己又要方便顾客，既要考虑自身的利益，更要考虑到顾客的利益。

（三）进一步核实顾客的基本情况

顾客的基本情况包括姓名、年龄、职务、性格、偏好、工作作风、顾客本人及其所在部门和公司的状况、愿望、要求等，以及顾客是否有权购买，是否有支付能力，其购买动机、态度、阻力、需求变化是什么等等。只有掌握了这些基本情况，才能制订相应的策略和方法，才能在推销洽谈中灵活且有针对性地进行推销。

（四）提供产品和服务

制定洽谈计划时，对产品的性质、类别、功能、特色以及它能为顾客带来什么好处等都要明确。这样才能把顾客的需要与所推销的产品联系起来，促使顾客接受。随着市场经济的发展，各种产品彼此间的差异越来越小，众多的产品和服务相互竞争。当人们由于选择太多而感到困惑时，能够帮助顾客解决问题，协助他们得到其想要的产品和服务的推销人员，才能赢得顾客的信赖，才能顺利达成交易。

（五）选择推销洽谈的策略和方法

推销洽谈的方法是一门技术，更是一门艺术。它需要推销人员在推销洽谈中针对不同的推销品、不同的顾客，灵活地采用不同的策略和方法。因此，推销洽谈之前，推销人员必须准备好洽谈的策略与方法。

（六）做好洽谈的心理准备

推销人员做好推销洽谈的心理准备，主要指推销人员要充满自信、要诚恳、要有锲而不舍的意志。

1. 自信。顾客是不会向一个没有主见，态度冷淡，对失败抱有恐惧心理的推销人员购买产品的。推销人员必须具备两方面的自信：首先是对自己的推销品有信心，确信该产品质量优良，能使顾客得到真正的利益，能满足顾客的需求；其次是对自己的推销能力有信心。

2. 诚恳。作为推销人员，若能与顾客坦诚相见，有帮助其解决问题和困难的一片诚意，顾客会了解和愿意接受的，同时也会对推销人员表示积极的态度。

3. 坚强的意志。推销人员在推销过程中往往会遇到很多困难，但不要灰心，不要放弃，要有坚强的意志和锲而不舍的精神，只有这样才能做好推销工作，最终实现推销目标。

三、推销洽谈的程序

正式的推销洽谈，购销双方一般在事前已通过不同渠道有所接触，双方均有交易的动机和意愿，在经过一定的准备之后，双方在约定的时间、地点进行正式洽谈。一般来说，正式的洽谈活动从开始到结束，可划分为导入阶段、摸底阶段、报价阶段、实质磋商阶段和达成交易阶段。

（一）导入阶段

在进行上门推销之前，推销员应该检查自己的着装，比如，如果不够整齐，就要整理一下，客户会注意到这种尊重的举动，对你更加热情。作为洽谈活动刚开始的导入阶段，主要是让参与洽谈的人通过介绍与对方相互认识，并让他了解在洽谈中必须利用的有关洽谈者的背景情况，如姓名、单位、职称、职务等。无论是正式或非正式洽谈，都应通过他人或自我介绍的形式让双方相互认识。在导入阶段，建立一种轻松、友好、愉快的洽谈气氛是非常重要的。要建立这种相互合作的洽谈气氛，使双方对所谈问题形成共识、达到一致，需要一定的时间。不可能在洽谈刚开始，双方就直接进入实质性洽谈阶段。因此，洽谈开始的话题最好是轻松的、非业务性的。双方可以从以下内容入手。

1. 聊天

会谈之前，各自的经历、曾经到过的地方、结交过的人物等都是不错的话题选择。业务外的话题还有社会新闻、文艺演出、足球比赛、子女情况甚至当天的新闻报道等。

2. 私人问候

表现出真正关心他人的情况，不带任何胁迫的语调。如开始可以说："您好！"然后谈一些私人间的话题，如："这个周末我去打羽毛球了"，"我很喜欢运动"等这些话题有利于让气氛很快活跃起来。

3. 赞美顾客

喜欢听赞美的话是人的本性。自然得体的赞美会消除彼此的陌生感，但是如果矫揉造作或者言过其实，则会让客户感到别扭反感。

良好的开局可以使双方找到共同语言，为彼此心灵沟通做好准备。实际上，闲聊中双方已经开始传递信息了，它同样具有很强的感染力。

（二）摸底阶段

双方洽谈人员从见面入座到洽谈实质内容之前的阶段为摸底阶段。这个阶段旨在建立推销洽谈气氛、交换意见、开场陈述。

1. 营造气氛

要努力建立合作、诚挚、轻松、愉快的洽谈气氛。为此，要把洽谈场地布置得赏心悦目，要使推销洽谈者的言行举止给人留下热情、诚挚、轻松、美好的印象。

2. 交换意见

要及时交换意见和看法，就推销目的、计划、人员情况等方面取得一致意见。即使双方早已联系，也应在正式洽谈中重新明确一下。

3. 提出倡议

为了进一步摸清对方的原则、态度，可以从主要问题、期望目标、主要原则、变通措施等开始陈述或提出倡议。

（三）报价阶段

报价是洽谈过程中十分重要的阶段。洽谈的核心和实质问题是报价，要开门见山，直接报价。

1. 报价

报价亦称发盘。在推销洽谈中，不论谁先报价，都需要综合考虑价值和风险这两个因素。价格条件的洽谈是推销洽谈的中心内容,它涉及买卖双方利益,是买卖双方最为关心的敏感问题。推销人员可按企业所定的上下限价幅度,适当报价。报价时力求报价果断、明确、清楚、无保留、不犹豫。不解释也不说明,便于对方还价。

2. 议价

经过双方一轮或多轮的讨价还价,寻求彼此都能接受的达成交易的可能性。议价阶段重点要分析三种情况。

(1) 销售条件顾客接受。买卖分歧很小即可跨越磋商阶段,直接转入签字成交阶段,以减少不必要的讨价还价,缩短洽谈时间,提高推销洽谈的效率。推销人员不应过分表现得急于求成,以免顾客采取拖延战术。

(2) 销售条件顾客可能接受,但是还需要磋商。这时推销人员应该对洽谈涉及的问题及其自身的经济效益进行全面分析,做出坚持还是让步的决策。在推销洽谈中,推销人员应对买方分歧最大的部分认真分析,并对此确定三个目标:最理想的接受目标、可接受的一般目标、可接受的最低限度目标。如果分歧意见在可接受的一般目标上下,则应努力达成协议。

(3) 无法预见销售交易的可能性。即买卖双方分歧意见很大、差距悬殊,在买方表示困难时,推销人员则很难按原定计划成交。此时可有三种选择。

第一,终止推销洽谈。这是推销人员最不愿采取的对策,如果采取这个对策,也必须慎重。只有达到以退为进这个目标时,才终止洽谈。具体地说,市场对推销人员有利,推销人员处于强有力地位,退出反而会刺激买方要求重新洽谈;或者说,推销人员已充分肯定终止或退出推销洽谈会使买方改变原来的想法和条件。

第二,继续洽谈。在按原计划无法达到销售交易时,推销人员可以继续与顾客就一些次要的问题进行磋商,并与上级主管部门联系,修改既定交易条件,力求局部突破。

第三,请求顾客相应地改变其原定的洽谈计划。

(四) 实质磋商阶段

实质磋商,是指对可能达成的交易,在不断调整意见的过程中,从分歧较大到协调一致,最终成交的过程。实质磋商是交易成败的关键时刻,只有善于运用磋商诀窍,才能获得成效。

1. 分析分歧的原因,弄清楚原委

推销洽谈难免会有分歧,这是正常现象。总结起来不外乎有以下几个原因:一是想象的分歧,是因为没有很好理解对方意图所致,或者是因缺乏沟通而发生的误解;二是人为的分歧,是洽谈人员故意制造障碍所致。以上两种分歧,通过洽谈、沟通、解释,可以消除;三是真正的分歧,即由双方经济利益得失而引起的分歧。

2. 正确施加压力,善于抵御压力

在磋商中,推销人员会对顾客施加压力,如保持对交易的竞争优势,制造顾客之间竞争的事实和气氛,逐步削弱其期望水平,暂时中断推销洽谈等。但是在实施过程中务必注意分寸,适可而止,防止感情冲动和心理外露。同时,在抵御顾客压力时,可以采取先发制人策略,主动提出对方可能提出的问题,减弱其锋芒;采取以逸待劳、耐心等待策略,寻找对方的漏洞，抓住时机进攻；避重就轻，把问题引入自己设想的境地，拖延或请第三者干预。

3. 提出要求和适当让步

推销人员提出要求的目的在于让对方愿意听下去，并为自己提出更高的目标铺平道路。作出某些让步的目的在于吸引对方。但是，让步是有原则的，不是无限的，不能轻易地让步，只有认为需要让步时才让步；不能单方面让步，要以自己的让步换取对方的让步；不能大于对方的让步幅度，一次让步幅度要适中；让步速度不能太快，要注意让步的次数和程度；要注意在较小的问题上先让步，在重要的问题上不先让步。

4. 打破僵局

当双方分歧较大、双方互不相让，可能会出现僵持局面时，可以采取对事不对人的办法，把人与问题分开，尊重对方，避开矛盾，另找出路。例如，可以提出一些运输、交货、付款、其它服务等优惠条件，以最大限度地争取达成交易，同时也让对方感受到足够的诚意。实在无法打破僵局时可暂停洽谈。

（五）达成交易阶段

这是推销洽谈的最后阶段。经过上述几个阶段的洽谈，情况逐渐明朗，洽谈已经接近尾声。这时推销人员务必善始善终，正确处理有关问题。

1. 要向对方发出正确成交信号

推销人员要阐明立场，就对方所提条件表明肯定态度；或以特定的方式表明成交意愿，或告诉对方洽谈时间已到，可以结束了。

2. 要及时进行总结

明确交易内容是否谈妥、是否有遗留问题，如有遗留问题要提出处理意见。明确推销洽谈结果是否达到原先期望的交易目标，明确最后让步项目及让步幅度，着手安排交易记录事宜。

3. 确定最后报价

在交易达成阶段，双方都要做最后一次报价。推销人员应该选择好时机，既不要过于匆忙，也不要过晚。最后报价应分两步走，不要一步到位，否则会使自己陷入被动局面。让步幅度应因人而宜，并成为最后成交的标志。让步应与向对方提出成交要求同时进行。

4. 整理洽谈记录，起草书面协议

在最后阶段，应将整理出的洽谈记录，从头到尾检查一遍，双方确定记录无误后，所记内容便是起草书面协议的主要依据。起草书面协议应谨慎和全面。推销洽谈双方必须对所同意的条款，认识一致，使协议名副其实。对敏感性问题，应特别细致，诸如价格、合同完成、规格要求、索赔处理等方面协议条款要力求明确，不能含糊。

项目小结

谈判的目的不是为了战胜对手，而是为了取得“双赢”。谈判的策略和技巧要因时、因地、因人而宜，通过不断的实践探索灵活应用，从而达到通往推销谈判的艺术宫殿。

项目练习

一、判断题

1. 推销洽谈中推销人员可以不彻底回答顾客的提问。 (　　)
2. 推销员应尊重顾客异议,永不争辩。 (　　)
3. 当产品不便随身携带时,推销员可以利用模型、样品、图片和照片作示范。 (　　)
4. 推销的任务是把商品卖出去,因此不需要与顾客进行感情交流。 (　　)
5. 达成交易签订合同就意味着推销活动的终结。 (　　)

二、选择题

1. (　　)是推销洽谈过程中的关键环节。

A. 摸底阶段　B. 报价阶段　C. 实质磋商阶段　D. 达成交易阶段

2. 推销人员在推销洽谈过程中切实对顾客负责,真心诚意与顾客进行推销洽谈,这是洽谈的(　　)原则。

A. 针对性　B. 诚实性　C. 鼓动性　D. 参与性

3. (　　)往往是一个推销员洽谈活动的开端。

A. 制定洽谈计划　B. 约见顾客　C. 报价　D. 处理顾客异议

4. 为了最大限度地调动客户各种感觉,在洽谈准备时应该准备(　　)资料。

A. 说明书　B. 样品　C. 图片　D. 幻灯、录音和录像

5. 在推销洽谈中最重要的内容是(　　)。

A. 商品品质　B. 价格　C. 运输方式　D. 销售服务

6. 顾客异议是成交的障碍,但它也表达了这样一种信号,即顾客对推销品(　　)。

A. 愿意购买　B. 不满意　C. 产生兴趣　D. 没有兴趣

7. 你认为推销员成交失败的原因主要是(　　)。

A. 害怕失败　B. 顾客难缠　C. 没有主动提出成交　D. 思想顾虑

E. 对推销品缺乏信心

三、简答题

1. 推销洽谈内容有哪些?
2. 推销洽谈的流程是什么?
3. 推销洽谈应准备的材料有哪些?
4. 推销洽谈应遵循哪些原则?

四、案例分析题

1. 某跨国公司总裁访问一家中国著名的制造企业,商讨合作发展事宜。中方总经理很自豪地向客人介绍说:“我公司是中国二级企业……”此时,翻译人员在翻译这句话时很自然地用“Second-class Enterprise”来表述。不料,该跨国公司总裁闻此,原本很高的兴致突然冷淡下来,敷衍了几句立即起身告辞。在归途中,他抱怨道:“我怎么能同一个中国的二流企业合作?”。在我国,企业档案工作目标管理考评分为“省(部)级”、“国家二级”、“国家一级”三个等级。“省(部)级”是国家对企业档案工作的基本要求。“国家一级”为最高等级。可见,一个小小的沟通障碍,会直接影响到合作的可能与否。

问题

（1）试分析案例中的总裁为什么突然冷淡下来，起身告辞？除了此原因，还会因为什么原因而导致谈判出现僵局？

（2）一旦出现谈判僵局，该怎样去处理？

2. 欧洲A公司的代理B工程公司到中国与中国C公司谈判出口工程设备的交易。中方根据其报价提出了批评，建议对方考虑中国市场的竞争性和该公司第一次进入市场，认真考虑改善价格。该代理商做了一番解释后仍不降价并说其委托人的价格是如何合理。中方对其条件又做了分析，代理人又做解释，一上午下来毫无结果。中方认为其过于傲慢固执，代理人认为中方毫无购买诚意且没有理解力，双方相互埋怨之后，谈判不欢而散。

问题

（1）欧洲代理人进行的是哪类谈判？

（2）构成其谈判要素有哪些？

（3）谈判有否可能不散？若可能不散，欧洲代理人应如何谈判？

3. 日商举办的农业加工机械展销会上，展出的正是国内几家工厂急需的关键性设备。于是中方某公司代表与日方代表开始谈判。

按惯例，日方首先报价1000万日元，中方马上判断出其价格的“水分”并且表现出对这类产品的性能、成本及在国际市场上销售行情了如指掌，暗示生产厂家并非独此一家。最终中方主动提出休会，给对方一个台阶。当双方重又坐在谈判桌旁时，日方主动削价10%，中方据该产品近期在其他国家行情，认为750万日元较合适，日商不同意，最后中方根据掌握的信息及准备的一些资料，让对方清楚，除他外还有其他一些合作伙伴，在中方坦诚、有理有据的说服下，双方最终握手成交。

问题　我方取得谈判成功的秘密是什么？

五、实训

网球拍推销纠错练习

某顾客在一次体育用品赞助会上观看某厂家的网球拍，推销员走了过来。

推销员：“这种球拍不错，是我们这最好的。”

顾客：“可是价格太贵，要200元！”

推销员：“实际上这种价格是很实惠的了，因为这种产品的确是好货。”

顾客：“球拍是全碳素的吗？还是用碳素做些装饰？”

推销员：“不大清楚，得过会儿问我们经理。”

顾客：“算了吧，我想这只是一种图案装饰。”

推销员：“我很乐意为您包装这支球拍。”

顾客：“我可从没买过这么贵的球拍。”

推销员：“可能是吧？为什么不买一次呢？”

顾客：“你能告诉我为什么这么贵吗？”

推销员：“因为网球运动越来越时髦，所以网球拍也越来越贵。”

顾客：“是这样吗？”

问题

(1) 该推销员做好推销前的准备了吗？他在哪些方面需要改进？

(2) 如果你就是这位推销员，你准备怎样展开这次销售谈话？找同学配合完成销售情景的演练。

项目七 模拟谈判

职业能力目标与学习要求

1. 知识目标：了解模拟谈判的必要性。
2. 能力目标：能够拟定正确的条件假设；能够组织进行模拟谈判。
3. 任务分解：

任务一：组织进行模拟谈判。

任务 组织进行模拟谈判

实施步骤

1. 根据背景资料组成两个谈判小组。
2. 确定各小组负责人。
3. 对对方资料的收集进行假设。
4. 进行模拟谈判。

思考案例

中方某公司向韩国某公司出口丁苯橡胶已一年，第二年中方又向韩方报价，以继续供货。中方公司根据国际市场行情，将价格从前一年的成交价每吨下调了 120 美元(前一年 1200 美元/吨)，韩方感到可以接受，建议中方到韩国签约。

中方人员一行二人到了汉城该公司总部，双方谈了不到 20 分钟，韩方说："贵方价格仍太高，请贵方看看韩国市场的价格，三天以后再正式开谈。"

中方人员回到饭店感到被戏弄，很生气，但人已来汉城，谈判必须进行。中方人员通过有关协会收集到韩国海关丁苯橡胶进口统计，发现从哥伦比亚、比利时、南非等国进口量较大，中国进口也不少，中方公司是占份额较大的一家。价格水平南非最低，但高于中国产品价。哥伦比亚、比利时价格均高于南非。在韩国市场的调查中，批发和零售价均高出中方公司的现报价 30%—40%，市场价虽呈降势，但中方公司的报价仍是目前世界市场最低的价格。

为什么韩国人员还这么说呢?

中方人员分析,对手以为中方人员既然来了汉城,肯定急于拿合同回国,可以借此机会再压中方一手。那么韩方会不会不急于订货而找理由呢?

中方人员分析,若不急于订货,为什么邀请中方人员来汉城?再说韩方人员过去与中方人员打过交道,有过合同,且执行顺利,对中方工作很满意,这些人会突然变得不信任中方人员了吗?从态度看不像,他们来机场接中方人员,且晚上一起喝酒,保持着良好的合作气氛。

从上述情况分析,中方人员一致认为,韩方意在利用中方人员出国心理再压价。经过商量,中方人员决定在价格条件上做文章。总的来讲,态度应强硬(因为来之前对方已表示同意中方报价),不怕空手而归。其次,价格条件还要涨回市场水平(即1000美元/吨左右)。再者不必用两天给韩方通知,仅一天半就将新的价格条件通知韩方。

在一天半后的中午前,中方人员通过电话告诉韩方人员:“调查已结束,得到的结论是,我方来汉城前的报价低了,应涨回去年成交的价位,但为了老朋友的交情,可以下调20美元,而不再是120美元。请贵方研究,有结果请通知我们,若我们不在饭店,则请留言。”

韩方人员接到电话后一个小时,即回电话约中方人员到其公司会谈。韩方认为,中方不应把过去的价格再往上调。

中方认为,这是韩方给的权利。我们按韩方要求进行了市场调查,结果应该涨价。

韩方希望中方多少降些价,中方认为原报价已降到底。经过几回合的讨论,双方同意按中方来汉城前的报价成交。

这样,中方成功地使韩国放弃了压价的要求,按计划拿回了合同。

资料来源:杨雪青.商务谈判与推销.北京:北京交通大学出版社,2010.8

模拟谈判是在谈判正式开始前提出各种设想和臆测,进行谈判的想象练习和实际演习。人的深层心理或神经系统,根本无法区分实际行动所获得的经验和想象中获得的经验有何差异,只要正确地进行思想练习和实际演习,就能获得功效,提高谈判能力。

一、模拟谈判的必要性

1. 通过模拟谈判发现问题

模拟谈判可以帮助己方谈判人员从中发现问题,通过扮演自己甚至扮演对手,从而熟悉实际谈判中的各个环节,对初次参加谈判的人来说,在心理准备、心理承受、临场发挥等方面都有好处。

2. 检验谈判方案是否缜密

模拟谈判不用担心失败的后果,从检验既定谈判方案可能产生的效果出发,看其是否切实可行,及时修正和调整谈判方案,可以使己方在谈判策略设计方面更加机智和具有针对性。

3. 训练和提高谈判能力

模拟谈判是对实际正式谈判的模拟,与正式谈判相近。模拟谈判能使谈判人员获得实际谈判经验,提高应对各种困难的能力,提高独立分析问题和解决问题的能力,从而提高谈判能力。

二、模拟谈判的步骤

模拟谈判主要有以下四个步骤。

(一) 模拟谈判的条件假设

1. 对客观存在的条件假设

主要包括时间假设,空间假设和对经济、技术、政治、社会等环境的假设。

2. 对对方的条件假设

主要针对对方在商务谈判中可能发生的各种变化、个人冒险程度等加以假设。

3. 对己方的条件假设

主要是对己方谈判人员心理素质、谈判能力的自测和评估,对己方的经济实力、谈判的准备和策略运用等进行评估。

(二) 过程想象

进行正确的想象练习,还要在拟定假设基础上想象整个谈判过程。有效的想象练习不只是想象事情的结果,还要想象事物的全过程,想象自己可能做出的一切行动。否则,想象练习是不完全的。

谈判前的想象练习应该按照谈判顺序想象下去,演习自己和对方进行面对面谈判的一切情形,包括谈判时的现场气氛,对方的面部表情,谈判中可能涉及到的问题,对方会提出的各种反对意见,己方的各种答复及各种谈判方案的选择,各种谈判技巧运用及谈判中涉及到的各种要素。

(三) 模拟演练

进行正确的想象练习,不仅是个人的苦思冥想,而是整个谈判队伍的团队模拟。团队模拟可采用小组谈判形式和一对一的谈判形式。

1. 小组谈判形式

可以将自己的谈判人员分成两组,一组作为己方的谈判代表,一组作为对方的谈判代表。两个小组应不断地互换角色,使谈判人员对每个环节和问题都有一个事先的了解。

2. 一对一谈判形式

推销洽谈往往许多场合都是一对一的形式,销售经理应安排一位熟悉业务的人员来扮演对手,对本企业的交易条件进行磋商、盘问,从而使推销人员提前认识到谈判中可能出现的问题。

(四) 完善方案

模拟谈判完成之后,必须进行评估与校正,对已定计划与方案作出评估与校正,从而达到完善方案的目的。

完善方案的程序为对照、检查、评估、校正。对照,即以模拟谈判与既定计划相互参照,根据模拟谈判中发现与提示的问题，找出既定计划的漏洞与缺陷。模拟谈判记录完整与否是对照质量高低的前提。检查，即寻求导致谈判计划出现漏洞或缺陷的原因，并注意其为何种性质的原因导致。评估，即对既定计划的漏洞与缺陷的性质作出判断，分析原因是否可以克服。以此为基础，对谈判方案及其修订程度作出判断：既定方案总体上可行与否？有无必要进行大的调整甚至重新设计？一般而言，方案如果没有根本性缺陷是无需作出根本性调整或重新设计的。校正，即采取针对性的措施，对谈判计划作出相应的调整、补充与修订，从而使方案更加科学完善。

项目小结

模拟谈判作为单独的一个项目，模拟仿真是核心，实践训练是重点，资料收集是关键，教师组织是保证。通过情景模拟，提高学生的独立思考能力和分析问题能力。

项目练习

一、实训

某市食品学院为教育需要及提高对外服务能力，打算向青岛啤酒厂购买一套啤酒生产线。派往青岛的谈判小组有以下几名核心成员：该院院长、分管教育副院长、该院办公室主任、省教育厅某处长。

问 题

(1) 你认为如此安排谈判人员是否妥当？理由何在？

(2) 如果不妥则如何调整谈判人员？

(3) 针对谈判对象进行模拟谈判的条件假设(上网收集资料)。

二、模拟练习

模拟资料：

通过调查了解到，××职业学校是全额投款的事业单位，有十多年的办学历史，为当地经济建设培养了大批的技术人才，在职教界取得了不菲的成绩和众多的荣誉。学校现有近3000名在校生，6间多媒体教室，65间普通教室。为了加快校园信息化建设，提高现代化教学水平，学校准备在3年内分期分批地改造大部分教室为多媒体教室。通过学校有关人员得知，此次将采购10套投影仪及相关设备，每套价格10000元左右。有最终决策权的主管领导是负责后勤的副校长，40多岁，头脑灵活，具有开拓精神且务实肯干；另外两个是负责具体采购事务的后勤部主任和电教中心主任，对采购都富有经验。学校以前的电教设备是向A仪器设备公司采购的，但该公司产品并不是以针对学校教学为主，且价位较高，与之相比，B教学设备公司是有竞争优势的。

B教学设备公司销售人员根据前期搜集到的信息制定了洽谈的方案，包括确定洽谈的不同目标，以便根据洽谈进展情况随时调整；确定洽谈内容，如介绍哪种型号的投影仪，确定报价方式，有多大的让步空间，确定结算方式以及安装、调试、维修等售后服务事项；选择谈判人员，由哪些人员组成，谁来主谈，谁来辅谈等。

要求：分组进行抽签，确定角色。根据角色进行谈判资料准备，并进行小组间的谈判演练。

单元四

顾客异议处理

导入案例

在销售汽车之前，乔·吉拉德曾经是一家报社的职员。他刚进入报社做销售员卖广告时，便对自己非常有信心。他大胆地向经理提出不要薪水，只按广告收入抽取佣金的要求。经理看着这个年少轻狂的家伙，答应了他的请求。当这个协议订立之时，报社办公室里的每一个人都认为乔·吉拉德一定会失败。

然而，乔·吉拉德却按照计划拟出了一份名单，名单上列出了他打算前去拜访的12位客户的类别，在每次去拜访之前，他都会取出这12位客户的名单，把它念上一百遍，然后说："在本月底之前，你们将向我购买广告版面。"

通过乔·吉拉德的努力，到了月底已经有11个名单上的客户跟他达成了交易，唯独一位客户还没有买他的广告版面。有此收获之后，在接下来的第二个月里，乔·吉拉德竟然没有卖出一则广告版面，因为他除了去继续拜访这位坚决不登广告的客户之外，就没有去拜访任何新的客户。

第一天的早晨，当这位客户说"不"时，乔·吉拉德假装没有听见。进而在第二天继续前去拜访。到了这个月的最后一天，已经对这位坚持不懈的年轻人连续说了几天"不"的这位客户，终于说出了自己的疑问："年轻人，你已经浪费了整整一个月的时间来请求我买你的广告版面，我非常想知道这到底是为什么？"

乔·吉拉德平静地回答说："我并没有浪费我的时间，我现在等于是在上学，而你就是教我的那位老师。因为我一直在训练自己的自信心。

最后，这位客户说："年轻人，我也要向你承认，我也等于是在上学，你教会了我做事要坚持到底，这比金钱更有价值，为了表示对你的感谢，我要向你订购一个广告版面，就当作是我付给你的学费吧！"

资料来源：思恩. 乔·吉拉德经典推销思想和案例. 北京：中国纺织出版社，2012.7

推销员乔·吉拉德面对顾客拒绝时所持有的心态是与众不同的，可以说正是这种心态成就了其传奇的一生。为了更好地把握和处理顾客的异议，本单元将系统阐述顾客异议的分析处理。

项目八　异议分析处理

职业能力目标与学习要求

1. 知识目标：了解顾客异议的类型；了解处理顾客异议的相关方法；了解处理顾客异议的流程。

2. 技能目标：能够对顾客异议成因进行分析；能够运用相关技巧正确处理顾客异议；能够撰写顾客异议处理意见书。

3. 任务分解：

任务一：异议成因分析；任务二：顾客异议处理基本技巧。

任务一　异议成因分析

实施步骤

1. 收集推销中产生异议的相关资料。
2. 整理归纳各种异议的类型。
3. 分析异议产生的成因。
4. 撰写顾客异议处理意见书。

思考案例

小张是某品牌空调的推销人员，她积极主动，富有激情，销售业绩一直都保持非常好的增长。一次她接待了一个三十多岁的中年男子。“有变频空调吗？”中年男子问。小张赶紧主动介绍了几款变频空调及其优点。没等小张介绍完，那人便反问道：“听说现在变频空调都是假的，而且变频空调不省电，性能也不稳定……”

小张对客户的这种说法绝对不能认可，她迅速打断了客户的话，准备告诉客户正确的情况。这时小张的师傅推销人员老李走了过来，用眼神将小张支走，然后跟客户交流起来。老李并没有指出客户的错误，而是继续提示那名客户将他知道的情况说出来。等客户说完了，老李委婉地告诉客户：“这种情况在两年前确实存在，我也听说过，不过现在技术进步、产品成熟，变频空调的优点大大提高了，而且这是名牌产品，在质量和性能上都是有充分保证的。现在公司正在搞促销活动，不仅价格优惠，还有赠品，现在买机会正好。”

就这样，这名客户逐步改变了对变频空调的错误认识，还在老李的解说下购买了变频空调。

资料来源：孙金霞. 推销与谈判实务. 武汉：华中科技大学出版社，2009. 8

一、顾客异议的类型与成因

（一）对顾客异议的认识

在商务洽谈中，顾客往往会提出各种各样的购买异议，推销员必须正确认识和把握顾客异议，并针对不同的顾客异议，采取不同的方法、技巧、策略，予以处理、转化，以说服顾客，促成交易。

1. 顾客接待推销员的方式

（1）欢迎。这种情形很少见。现代社会是产品供大于求的社会，产品竞争非常激烈，我们整天被产品信息所包围，所以我们习惯于拒绝推销，以保护我们自己的权益。

（2）拒绝。拒绝有两种方式：一种是直接拒绝。如有些告示上写着："推销员请勿入内！""谢绝推销。"有些表现方式很粗暴："出去！"另一种是委婉拒绝。例如："你讲得不错，你的产品不错。这样，你把产品说明书留下来，我们研究后再跟你联系。"但却没有下文。

美国一本杂志曾刊登过这样一副漫画：一个顾客接推销员的电话，这样说："不行，今天没空。星期二也没空。永远没空。我们可以永远不见面吗？"

（3）冷淡。例如，推销员去拜访客户，客户正在打电话。推销员向客户递了一张名片，客户连接都不接，示意推销员把名片放在桌子上，然后继续打电话。打完电话后，埋头自顾自看文件，不理推销员，把推销员晾在一旁。推销员很尴尬，只好起身离去。

（4）怀疑。表现为顾客怀疑你的产品，怀疑你的公司，甚至怀疑推销员可能就是一个骗子。

小资料

戈德曼博士说：推销是从顾客拒绝开始的。推销的过程其实就是处理顾客异议的过程。对于顾客的拒绝，推销员应有心理准备，应把顾客的拒绝看作是最正常不过的事情。

美国对推销《百科全书》的调查：推销员中得到顾客允许访问和被顾客拒绝的比例是1:10；得到顾客允许后，能顺利完成推销介绍的可能性是2/3；每6次完整的介绍，只能做成1笔生意。结论是，推销员平均每做成一笔生意，要受到179次拒绝。

2. 顾客异议

（1）顾客异议的概念。顾客异议是指顾客对推销品、推销人员及推销方式和交易条件发出的怀疑、抱怨，提出否定或反面意见。

（2）顾客提出异议是正常现象。推销员对顾客进行产品介绍、利益推销等推销说服活动，寻找、发现并唤起消费者需求，促使顾客采取购买行动。在整个推销过程中，推销人员与顾客是两个利益不同的主体，信息交流是双向的，利益冲突碰撞，顾客异议就产生了。

（3）顾客异议既是成交的障碍，也是成交的信号。推销员应持积极主动的心态：希望顾客提出异议，再去处理、解决顾客异议，而不是回避顾客异议。

顾客提出异议，是推销员面谈所要达到的目的和追求的效果。只有产品介绍、洽谈等推销活动引起了顾客注意，激起了顾客的兴趣，顾客才会提出异议，这样才表明推销活动取得了效果。并且,顾客开口说话,提出自己的看法或反对意见,推销员才能知悉推销重点和方向所在,才能开展进一步的有针对性的说服工作。

推销员妥善处理一个顾客异议,就克服了成交路上的一个障碍,离成交目标就更近了一步。另据有关数据显示,有异议时的达成交易概率是64%,无异议时达成交易的概率只有54%。顾客异议是成交的信号。俗话说:“嫌货人是买货人”、“褒贬是买主,喝彩是闲人”,讲的就是这个道理。推销员应持积极主动的心态:希望顾客提出异议,再去处理、解决顾客异议,而不是回避顾客异议。

(二) 顾客异议的类型

1. 主体上的划分

(1) 借口。借口即虚假顾客异议,这种异议占顾客异议的比例比较多。日本有关推销专家曾对387名推销对象作了如下调查:“当你受到推销人员访问时,你是如何拒绝的?”结果发现:有明确拒绝理由的只有71名,占18.8%;没有明确理由,随便找个理由拒绝的有64名,占16.9%;因为忙碌而拒绝的有26名,占6.9%;不记得是什么理由,好像是凭直觉而拒绝的有178名,占47.1%;其他类型的有39名,占10.3%。这也就是说,在实际推销活动中,有近七成的推销对象并没有什么明确的理由,只是随便找个借口来应付推销人员,把推销人员打发走。

对借口这种虚假异议,通常不要像真实异议那样去处理,重要的是分辨这种异议的真假,要判断和弄清隐藏在借口后面的真实原因,有时可以采取不予理睬或一带而过的方法进行处理。如果没有弄清虚假异议的真实原因,推销人员即使积极处理了异议,也不会促进顾客的购买行为。这种情况下推销员应弄清楚隐藏在借口背后的真实原因(表4-1)。

表4-1　顾客异议中的借口分析

序号	借口	真实原因
1	考虑一下	没钱;目前不需要;价格太贵;对产品、公司、推销员不信任
2	没钱	有钱,但不舍得买
3	我要和领导或妻子商量、商量	自己拿不定主意
4	给我一点时间想想	没有其他人的同意,无权擅自购买
5	我还没有准备要买	认为别处可以买到更合算的
6	我们已经有了	不想更换供货厂家
7	价格太贵了	想到处比价
8	没打算要买	此时忙着处理其他事情,没时间

(2) 真实的意见。对于顾客真实的意见,这种从维护自身利益出发,提出对产品功能、质量、价格、售后服务等方面的质疑,推销人员要认真对待,正确理解,详细分析,正面回答,为顾客解决困难,消除疑虑。这种异议的消除,能有效地促进顾客的购买行为。

(3) 偏见或成见。有些顾客会从主观经验出发作出自己的判断,当推销活动与顾客的购买经验不符时,顾客就会提出购买异议。这种情况下,推销人员只有在转变顾客的认识与态度后，才有可能对产品进行有效的推销。推销员不应该与顾客争辩，而应委婉表达自己的意见。对于这类异议，不需要非弄出一个是非输赢的结果不可。

2. 客体上的划分

(1) 价格异议。商品的价格是顾客最关心的问题，顾客最为敏感，因为价格关系到顾客的切实利益。推销人员在产品介绍之前，最好不要将具体价格告诉顾客。"太贵了"，这是顾客常挂在嘴边的话。顾客抱怨价格高的动机，很多时候是出于心理满足的需要。顾客购买商品，都爱砍价，不还价心理不舒服；即使你事先声明"不二价"，他也会向你提出降价要求，以探究你们公司的价格管理机制，以及销售员对具体商品价格的看法。

(2) 需求异议。顾客提出，不需要所推销的商品。"我们已经有了"，"我们库存还很多"，"这个东西有什么用"等。推销员要正确区分顾客现实需要和潜在需要。现实需要是顾客已经认识到并表现出来的对产品的需要；潜在需要是顾客还没有表现出来的需要。

据统计，潜在需要占的比重达30%。我们在向顾客推销产品时，听到最多的一句话就是"我不需要你的产品"。推销工作一个重要的任务，就是唤起顾客的需要，然后再去满足顾客的需求。如果顾客对产品确实没有需求，没有必要强力推销。

(3) 货源异议。货源异议是顾客对推销品来自哪个地区、哪个厂家、是何品牌等提出的异议。例如："我们一直用的是某某品牌的产品，从来没有买过你们的产品"、"没有听说过你们公司"、"这个牌子产品质量不好，我们想用其他企业生产的产品"。

(4) 产品异议。顾客对推销品的功能、质量、式样、设计、结构、规格、品牌、包装等方面提出的异议。这是推销过程中最为常见的一种异议。

(5) 企业异议。企业异议是顾客对推销员代表的企业不信任、不满意而产生的异议。顾客的这种异议往往和产品异议有一定的联系，有时由于对产品的偏见也会影响到对企业的看法。例如，"没有听说过你们公司"、"温州的假货多，我们不想用温州企业生产的产品"等。有些顾客对知名度和美誉度不高、厂址过于偏僻、规模不大的企业会有不信任感，从而拒绝推销人员的推销。其实有企业异议的顾客，对推销员推销的产品是需要的，也愿意购买，只是对推销品的生产企业有时有疑虑。

针对这种顾客异议，企业应加强广告宣传，加强售后服务；推销员要增加访问次数，在与顾客的接触中，要注意推销行为代表的是企业行为，推销员形象代表的是企业形象和产品形象。

(6) 推销员异议。推销员异议是指推销员自身原因造成顾客的质疑和不满情绪。比如，推销员在推销时不注意个人形象、推销礼仪不到位、说话浮夸、推销技巧不熟等。也有可能是由于顾客对推销员不熟悉，关系还不融洽，没有建立信任关系，顾客不愿意从自己不太了解、不太熟悉的人那里购买产品。推销员应从自身找原因，改进推销工作。推销员要增加访问次数，在与顾客的接触中，要认识到推销员的形象，代表的是企业形象和产品形象。

(7) 购买时间异议。购买时间异议指顾客有意拖延购买时间，迟迟不作购买决定。一般这种情况是因为顾客认为现在还不是购买的最佳时机，但对产品的需求还是存在的，以后可能会购买。购买时间异议具体可以细分为三种情况：①顾客对产品已经认可，但存在资金紧缺问题。②顾客对产品认识不够，还需要进一步了解。③顾客根本不想购买产品，提出时间异议是借口。前两种情况，可以针对性地开展说服工作。对第三种情况，要尽量弄清楚顾客不想购买的真实原因,有针对性地开展说服工作,可以特别强调时间的价值。

(8) 服务异议。服务异议是指顾客对售前、售中、售后服务提出的异议。对于顾客提出的服务异议,推销员要诚恳接受、耐心解释,并立即采取行动,将承诺的各项服务兑现,以树立良好的企业形象。

(三) 顾客异议的成因

1. 从顾客方面看(从对方身上找原因)

(1) 价格异议成因

价格异议一般有两种表现形式:一是顾客认为推销品价格过高,这是价格异议常见的、最主要的形式,常常成为顾客讨价还价、争得更多交易利益的托辞,或者是顾客拒绝购买的一种借口。对此,推销人员要进行适当的解释与说服,让顾客感到物有所值,并在必要的时候作出适当的让步。二是顾客认为推销品价格过低,怀疑其存在质量或者其他方面的问题,或认为其缺乏购买或收藏等方面的价值。对此,推销人员要给顾客一个明确的解释,以消除顾客心中的疑虑。否则,极易引起误解,形成推销障碍。

(2) 需求异议成因

需求异议成因主要在于顾客没有真正认识自己的需求,没有意识到在固守旧有的消费方式,对于购买对象、购买内容和购买方式墨守成规,缺乏对新产品、新服务项目、新供应商的需求和购买动机。推销人员对于这类缺乏认识而产生需求异议的顾客,应通过深入全面的调查了解,从关心与服务顾客的角度出发,利用各种提示和演示技术,帮助顾客了解自己的需要和问题,刺激顾客的购买欲望,提供更多的推销信息,使之接受新的生活方式和消费方式。

(3) 财力异议成因

财力异议也称支付能力异议,即顾客自认为无钱购买。财力异议也分为真实异议和虚假异议两种情况。如果是真实的财力异议,推销员应该暂时停止推销;而财力异议是虚假的,是借口,那就说明顾客对产品价值没有认识,或已经决定购买其他品牌的产品,推销员要采用利益推销等推销法则,开展有说服力的推销工作。

(4) 权力异议成因

权力异议是顾客表达的自己没有权力对购买作出决策的异议。通常的说法是“订货的事我无权决定”、“我做不了主,等领导回来再说吧”等。权力异议有两种具体情况:第一,顾客的陈述可能是事实,他没有购买决策权。第二,可能是顾客的推脱或借口。如果是第一种情况,说明推销员对顾客资格审查出了差错,应纠正,重新接近有关销售对象;对于第二种情况,要根据具体情况,灵活化解。

(5) 偏见与成见

有的顾客在购买活动中积累了一定的经验,其中既有成功购买的经验,也有失败的购买教训。顾客的经验不会总是合理和正确的,当推销活动与顾客的购买经验不符时,顾客就会提出购买异议。还有的顾客从主观意愿出发,提出缺乏事实根据或不合理的意见。推销人员只有在转变顾客的认识与态度后,才有可能对产品进行有效的推销。

不管是由于无知还是偏见形成的异议,推销员都不要与顾客争辩,而应委婉表达自己的意见。特别是对于偏见、成见异议,不需要非弄出一个是非输赢的结果不可。

(6) 其他偶然因素

在推销过程中也会遇到来自顾客的无法预知的偶然因素导致的异议,如顾客一时心绪不良、工作不顺利等,都会导致异议。

2. 从推销本身看(从自己身上找原因)

(1) 服务异议

服务异议是顾客对购买产品过程中的售前、售中质量提出的异议,以及购买产品后能否在运输、安装、调试、零配件供应、技术培训等方面得到完善的售后服务的担心。对于顾客提出的服务异议,推销员要诚恳接受、耐心解释,并立即采取行动,将承诺的各项服务兑现,以树立良好的企业形象。

(2) 货源异议

顾客一般都有比较固定的购销合作关系,双方相互了解和信任。如果断掉原来的供货关系,接受推销人员的产品,就要产生转换成本,并且会冒一定供货不稳的风险,由此而产生的异议叫货源异议,即对推销品来自哪个地区、哪个厂家提出的异议。"很抱歉,这种产品我们有固定的供货渠道"、"我们一直用的是某某品牌的产品,从来没有买过你们的产品",这些都是典型的货源异议。货源异议的产生,也有不少是由于顾客对推销员或对推销产品不信任造成的,如怀疑推销人员的信用、怀疑推销企业的信誉与实力、怀疑推销品的功能等。也有些顾客是利用货源异议来与推销人员讨价还价,甚至利用货源异议来拒绝推销人员的接近。因此,推销人员应认真分析货源异议的真正原因,利用恰当的方法来处理货源异议。

(3) 推销员异议

推销员异议是指推销员自身原因造成顾客的质疑和不满情绪。比如,推销员在推销时不注意个人形象、推销礼仪不到位、说话浮夸、推销技巧不熟等。也有可能是由于顾客对推销员不熟悉,关系还不融洽,没有建立信任关系,顾客不愿意从自己不太了解、不太熟悉的人那里购买产品。推销员应从自身找原因,改进推销工作。推销员要增加访问次数,在与顾客的接触中,要认识到推销员的形象代表的是企业形象和产品形象。

二、顾客异议的处理流程及意见

(一) 顾客异议处理的一般流程

这里介绍一种 LSCPA 法来处理客户的异议。

1. 倾听(Listen)

回答顾客异议的前提是应弄清顾客有什么问题。当推销员在不清楚顾客异议的情况下,顾客有异议时本来心里就有一种莫名的不快,此时应认真听取顾客的意见,让顾客把话讲完,不要随意打断,这也是推销员应掌握的基本要求。

通过倾听,你可以弄明白客户异议的真实意思,从而有的放矢地处理它。当客户发出异议的时候,你最好对客户说:"请您等一下,我要对您的问题做个记录。"这样做首先可以显示对客户异议的重视,试想大部分人都没有享受过自己说而别人记录的领导待遇,你如此尊敬他,他如果有怨气可以化解,他如果还想要点赖皮也不好意思了,人家如此重视他,他不能不把自己当人。其次,当你要认真记录的时候,客户就会对自己说话重视起来,重新考虑自己所说的,这样可以排除杂七杂八的无效表述,让你可以更清晰地了解他的异议。第三,记录也为你赢得思考和处理异议的时间。

2. 分担(Share)

在处理客户异议前,对客户表示尊重和同情是个十分必要的技巧。顾客对企业或产品提出异议一般是带着某种主观感情的,在客户讲述完异议的时候,他预料到你会解释甚至反驳他的异议,此时,他感觉你是和他对立的,他为了面子不想被你说服,一个不想被说服的人是难以被说服的。因此,推销员在回答问题时应表现出你对顾客的一种同情心理,让其觉得你是理解他的心情和要求的,这样顾客就会保持一种和气、友善的心境,也有助于问题的顺利解决。

推销员可以通过:"我也有同样的感受"、"我知道您的想法,您是担心"、"有很多客户都这么说过,所以我不会感觉您讲得奇怪"等句子来开始你的表达。

3. 澄清(Clarify)

当倾听完顾客的意见后,要用你的话将顾客提出的问题再复述一遍,这样做的好处是:其一,通过归纳和复述帮助客户理清自己的思路,剪除那些无效、枝蔓的异议,让你的解释和处理更加有的放矢;其二,通过归纳复述客户异议,也是暗示客户,你的这些异议得到解决后,就应该成交了。

你可以用"如果我没理解错的话,您的担心是"、"我是否可以理解为,您的问题是"、"你的问题归纳起来,是以下几个,对吗?"等问题,将客户异议重新梳理一遍。

4. 陈述(Present)

在向顾客作出必要的澄清以后,就要作进一步的陈述。推销员在不超越自己权限的基础上,对顾客异议回答要清楚,语言要简练,这样才能使推销工作进入下一步。比如:"我有一个建议,不知您觉得是否可行?""前面我们已经确认了您的需要,您对……还有疑问是吗?""您看我们是否可以尝试……""另外一种可能性就是……""关于这个问题,您看我们是否可以……""既然我们双方都很有诚意,您看是否可以各退一步呢?"

5. 征求(Ask)

在处理顾客异议的过程中,推销员应尽可能给客户更多的咨询,让他逐步接纳你的意见,最终向顾客提出征求意见:"您看,事实上我们的价格并不高,我看您还是接受我们的这个价格吧?"、"您更愿意选择哪种方式呢。"这样做可以让客户有受到重视的主人公的感觉。下一步你可以采用一些策略性的技巧让对方购买或签协议。

LSCPA 客户处理方法,是很好的处理客户异议的技巧,这是因为它采用了非常细致、细腻的推销的语言程序来界定和把握客户异议,这让销售人员做到了有的放矢。

小资料

以下为运用 LSCPA 法处理客户异议的一个实例。

客户：我很忙，没有时间去听课。

L：不要插嘴，要等客户说完，且不要反问客户。

S：当然了，以张总的位置，每天都要处理那么多的事情，忙是自然的！

C：除了时间外，还有没有其它的原因让张总不能来？

P：其实张总，以前我们的很多客户都是因为太忙而未能来学习，但当他们了解了我们公司的培训之后，都觉得很有兴趣，而且对他们了解市场有很大的帮助，现在他们当中的很多人都经常打电话给我，让我早点通知他们最新的培训时间表。

A：这样吧，张总，我们下个月还有一期课程，而且还有位置，分别是…… 您现在留下一些资料给我，等我先帮你预订位置，到时打电话联系您，那么您的手机号是……

（二）顾客异议处理意见

顾客异议处理意见表通常是在销售人员处理整个顾客异议过程结束以后，所作出的记录及说明，对每一项较为重要的顾客异议都要及时记录并提出处理意见，经上报批准后由客户服务中心整理归档，为企业提高产品、经营及服务质量提供决策依据，为推销工作的进一步开展提供参考解决方案。如表 4-2，某百货 SM 店顾客异议处理记录表。

表 4-2　某百货 SM 店顾客异议处理记录表

<table>
<tr><td colspan="2">时 间</td><td colspan="2">年　月　日</td><td colspan="2">星期</td><td colspan="2"></td><td colspan="2">异议单位</td><td colspan="2"></td></tr>
<tr><td colspan="2">姓 名</td><td colspan="2"></td><td colspan="2">性 别</td><td colspan="2"></td><td colspan="2">电 话</td><td colspan="2"></td></tr>
<tr><td colspan="2">异议店柜</td><td colspan="2"></td><td colspan="2">异议产品</td><td colspan="2"></td><td colspan="2">销售员</td><td colspan="2"></td></tr>
<tr><td colspan="12">异议事项重点说明：
记录人：</td></tr>
<tr><td colspan="6">顾客意见：
记录人：</td><td colspan="6">满意度追踪记录：
客服中心：</td></tr>
<tr><td colspan="6" rowspan="2">经办单位处理结果：
经办人：</td><td colspan="6">总经理室批示：</td></tr>
<tr><td>经理</td><td></td><td>部门主管</td><td></td><td>单位主管</td><td></td></tr>
</table>

部门根据顾客异议处理记录表编制汇总成月报表，企业根据顾客异议处理月报表，形成顾客异议处理意见报告书。如某百货有限公司顾客异议处理月报表，见表 4-3 所示。

表 4-3　　某百货有限公司顾客异议处理月报

序号	异议店柜	顾客异议类型	处理结果及结案时间	备注

任务二　顾客异议处理基本技巧

实施步骤

1. 设计顾客异议情景。
2. 选择相关策略和方法。
3. 组织学生进行情景表演。
4. 教师总结与点评。

思考案例

乔治是一家小型公司的职员,收入不高,但有一定的保险意识。有一天,托尼·高登向他推荐了一款非常适合他的保险,但是乔治觉得一次性付全保费数额有点大,于是他问托尼·高登:"有没有一个更便宜的方法可以买到同样的保险?"

托尼·高登说:"乔治,就这个保障来讲,我们可以有两种实现方法。第一种方法是你付平准保险费,保费永远都不会提高。如果用这种方法,你就可以像司机一样,坐在方向盘前面控制局面,不管什么时候,一旦你不幸发生意外,保单立刻兑现。如果你持续缴纳保费,直到99岁,你也依然享有这个保障。相反,如果不想再保,你只需叫保险公司把安全带解开,他们就会把保费退还给你。金额会略微多一些或少一些,这取决于你投保的时间长度。你所花费的代价其实只是保费的利息而已,这才是你买保险最适当的方法。"

"还有一种便宜点的方法,开始时你只需花一笔小额保费,结果通常要么是保障丢掉,要么是保费急剧提高。当你没有办法负担增加后的保费时,你肯定会要求拿回一部分钱来,但保险公司却会嘲笑你,因为你选择了便宜的方法,所以一个子儿都拿不到。"

听完他的话,乔治低头不语,显然正在考虑这两种方法的优劣。看到时机成熟,于是托尼·高登趁热打铁道:"你可以发现,如果按照适当的方法来投保,保费虽然高一点,但由于这份保单有兑现价值,实际上所付出的代价反而更小。你用哪一种方式购买保险我倒无所谓,对我都一样。那么你想采取哪种方式呢?便宜的方式,还是适当的方式?"

当托尼·高登说完之后,乔治已经下定了决心:"那就适当的方法吧。"

追求便宜是大部分顾客的心理,你要做的就是想办法告诉他们便宜有便宜的劣处,而贵有贵的优点,引导他们选择对他们最有价值的产品。推销员为了让顾客了解产品的价值,可以用对比的方法把产品的优缺点告诉顾客,引导顾客购买最适合的产品,而不能一味追求便宜。

资料来源:吴薇.只有更好:托尼高登成功之路.深圳:海天出版社,200.9

二、处理顾客异议的策略

(一)处理价格异议的策略

1. 先谈价值,后谈价格;多谈价值,少谈价格

价格异议是最常见的异议,很多顾客都习惯和推销员讨价还价。对价格异议,推销人员要结合顾客的身体语言,准确判断顾客提出的这种价格异议是真还是假,探寻隐藏在顾客心底的真正动机。只要顾客存在需要,大多数情况下价格并不是成交的真正障碍。价格本身并不能引起顾客的购买欲望,只有顾客充分认识了产品的价值之后,才能激起他们强烈的购买欲望。因此,在还没有来得及向顾客介绍产品,让顾客认识产品价值之前就报价是很不明智的。正确的做法是:要先摸清顾客的需求和想法,然后根据顾客的需求和兴趣进行产品或服务的价值呈现,在让顾客充分看到产品或服务能给自己带来的价值之后再报价。因此,推销开始阶段,推销人员不要主动提及价格,也不要急于回答顾客提出的价格问题,更不要单纯地与顾客讨论价格问题。

顾客讨价还价的原因是多方面的,例如:还价习惯;价格真的偏高;顾客对产品不了解;顾客从多方面进货,想把你的价格压下来,以便与他人讨价还价;顾客想炫耀他的讨价还价能力。当推销员听到顾客说"太贵了,便宜一点吧",就马上降价,这绝不是一个好方法。即使降价,顾客也不一定会购买;相反,即使不降价,如果顾客对于需要产品,还是会购买。

顾客购买商品的动机在于商品所能带来的利益,并将这种利益与付出的价钱进行对比。"划算不划算"就是价格和价值的比较。因此,价格是一个相对的概念。多强调产品价值,就

会让顾客产生价格相对便宜的感觉。除非推销品的价格非常具有优势,否则,推销员不应该将重点放在价格上。将推销工作的重点放在价格优惠上,是推销新手常爱犯的错误之一。

推销员常犯的另一个错误是,从成本的角度去解释价格高的原因,例如:“我想您也一定很清楚,最近物价上涨的实在太厉害了……”、“价格是高了一点,但是,生产成本也不断地在增加……”,跟顾客讲成本是没有任何意义的,成本是企业管理的问题,成本高,说明你的企业管理水平低。推销员可以这样来说:“也许我们产品的价格是高了一点,但我可以保证,我们设备的故障率在所有同类产品中是最低的。”

2. 让步策略

(1) 坚持报价,不轻易让步。

(2) 不要做无意义的让步,体现出自己的原则和立场,让步时提出附加条件。

(3) 作出的让步要恰到好处,一次让步的幅度不要过大,让步的频率不宜过快,要让对方觉得取得让步不容易,并由此产生满足心理,以免对方得寸进尺。

(4) 小问题可主动让步,大问题则力争让对方让步。

(5) 可适当提高报价,满足部分顾客喜爱杀价的需求。

3. 心理策略或制造价格便宜的幻觉

(1) 报价时,声明出厂价或优惠价,暗示这已是价格底线,不可能再讨价还价,以抑制顾客的杀价念头。

(2) 使用尽可能小的单位报价,以减少高额报价对顾客的心理冲击。改吨为公斤,改公斤为克,改千米为米,改米为厘米,改大包装为小包装。

(3) 将产品的价格与其他日常支付的费用进行比较,如“购买使用这种家用电器,每天只需 5 毛钱,只是一支烟的费用”。

(4) 将价格与价值联系起来,如:“使你的房间焕然一新,只需花 20 块钱”。

(5) 把价格与产品的使用寿命结合起来。例如:“把你的卧室铺上地毯,只需每天花费 2 毛钱。你的卧室 15 平方米,地毯每平方米 25 块钱,总费用 375 元。我们的地毯可以使用 5 年,$360 \times 5 = 1800$ 天,算下来每天不就只有 2 毛钱吗?”

把握住客户的价格异议过程,就是通往成交的必经之路。

(二) 处理货源异议的策略

1. 提供例证

除了真诚的态度和足够的耐心外,推销员在解决货源异议时,还需要提供包括企业资质证明、产品质量检测报告、获奖证书、知名企业的订购合同等证明材料,说明推销品的良好声誉、材料优异、制作精良、款式新颖等。顾客与推销员打交道不是交朋友,归根到底,是要通过推销品更好地满足自己的需要,获得尽可能多的利益。你用事实证明了推销品不比顾客现在的产品差,就能诱发顾客对推销品尝试购买的欲望,增强顾客购买推销产品的信心,消除顾客怕质量没保证的担心或怕麻烦的顾虑。

2. 强调竞争受益

顾客常常会提出已有供货单位,并对现状表示满意,从而拒绝推销。此时,推销人员应让顾客明白,作为一个企业仅有单一的货源具有很大的风险性。如果供货单位一时失去供货能力，将会导致企业因货源中断而被迫停工停产。要让顾客懂得，充分的竞争，受益的将是顾客。增加进货渠道能够降低购货风险，减少对特定供货商的依赖，增强购货谈判能力，企业拥有较多货源，采取多渠道进货，会增强采购中的主动性，可以对不同货源的产品质量、价格、服务、交货期等进行多方比较、分析，择优选购，获得更多的竞争利益。

3. 锲而不舍，以诚待人

货源异议是指与产品品牌、现有供货商或推销员的忠诚有关的一种异议。货源异议的产生原因，从客观上讲，往往是顾客在有了比较稳定的供货单位，如果换新的供货商要承担转换成本、合作不愉快、产品质量没保证等风险；从主观上讲，可能是顾客对推销产品不了解、推销服务不满意，或者曾有受骗上当的经历，因而对新接触的推销人员怀有较强的戒备心理。

因此，要让顾客接受推销品，推销员必须不怕遭到冷遇，要反复进行访问，多与顾客接触，争取对顾客进行针对性劝说的机会。因为这时顾客的需要是存在的，对推销品也不是排斥的，之所以产生货源异议，是由于对推销品不够了解，存在偏见。推销员应当用诚挚的态度消除顾客的心理偏见，以热诚的态度去联络感情，增进相互了解，用真诚的服务在顾客遇到困难时帮助顾客解决问题。精诚所至，金石为开！推销员只有用自己的真诚去打动、感化顾客，才能逐步消除顾客对推销员、产品、企业的偏见和疑虑。

小故事

日本朝日生命保险公司首席推销人员齐藤向五十铃汽车公司开展企业保险推销。他选择总务部长作为推销对象进行拜访，去了多次都未见到部长的面。齐藤还是继续坚持拜访，两个月过去了，他终于被允许与总务部长见面。他竭力向总务部长推销企业保险，并热心地把准备好的保险方案向部长说明，可是部长还没听完就说："这种方案，不行！不行！"说完站起来就走开了。齐藤怀着一肚子委屈与气愤离开了五十铃公司。

第二天一早，齐藤又来到了五十铃公司提交了一份新的方案和资料。总务部长说："这样的方案，无论你带来多少都没用，因为本公司有不缴纳保险金的原则。"齐藤当时就惊住了，他为这个方案的制订花费了如此之多的心血，现在却一点用都没有。然而他什么都没多说，只是控制住自己的情绪，说了声："再见！"就告辞了。

从此，齐藤开始了对五十铃公司长期而艰苦的推销访问，前后持续了两年之久，约有三百多次。每次齐藤从家中走那家公司来回需要六个小时，一次又一次，他就这样抱着厚厚的资料来回在这条路上奔波，终于成功地使五十铃公司购买了保险。

有许多推销人员在做出一些尝试遭到客户拒绝后就放弃了继续推销的念头。然而齐藤却不这样做，他认为如果就这样放弃的话，客户将无法改变原来的决定从而不会采纳推销人员的意见，这样就失去了销售的机会。如果你连续不断地进行推销，总有一次客户会接受你的推销。

战胜拒绝的推销人员，才有可能走向最后的成功。推销人员必须付出持续不断的努力。

4. 不要攻击竞争对手

一位推销专家曾经说过："一个成功的推销员不应贬低或诋毁竞争对手。否则，就等于暗示买主的判断力有问题。"

（三）处理购买时间异议的策略

1. 货币时间价值法。首先，推销员可以给顾客灌输“越晚买价格越贵”的思想。结合产品的历史价格变化情况，告诉顾客随着物价水平的上升，购买同等数量的商品，顾客可能要花费更多的金钱。例如告诉顾客“时间就是金钱。”、“拖延时间，浪费精力，会浪费金钱的。”其次，给顾客灌输“时间就是金钱”的道理。让顾客意识到暂时不买，虽然可以作更充分的选择，也可能有更好的机会，可能会争取到更多的利益，但在“时间就是金钱”的社会，这会增大顾客的机会成本和时间成本，不符合现代社会“时间就是金钱，效率就是生命”的观念。要让顾客认识到，要让钱为自己服务，要让钱生钱。早点享受个人消费品，可以使自己得到更多的利益。机器设备早点使用，可以带来更多的利润。

2. 良机激励法。对于犹豫不决，有“等一等”、“看一看”这样观望念头的顾客，可以强调机不可失这一理念，督促他们当机立断，拍板成交。如：“促销活动期间，价格优惠20%；活动结束，价格恢复。”“货源已经不多了，如果您再犹豫的话，就可能被别人买去了。”

推销员在处理顾客时间异议时，还需要根据具体情况，打出更有说服力的“时机”，不能仅仅只是盯在价格上，而应该从货源、服务、政策等多个方面去强调机不可失。如：告诉客户“国家正在加强房地产调控，将要再次提高购房贷款利率，购买延迟会多掏钱，增加购房成本”。不过，这种方法具有一定的局限性，必须确有其事，千万不可欺骗顾客。这种方法是利用对顾客有利的机会来激励顾客，使其不再犹豫。

3. 意外受损法。这种方法与“良机激励法”相反，利用了顾客意想不到但又必将会发生的变动因素（如物价上涨、政策变化、市场竞争等情况），要求顾客尽早作出购买决定。例如，推销员可以这样对顾客说：“采购上游原材料价格不停在涨。您要是现在不抓住机会，再过一段时间，可能就不是这个价格了。”

4. 竞争诱导法。指出顾客的同行竞争对手已经购买了这种新产品，如果顾客不购买，将会在竞争中处于劣势地位。这种对比能诱导顾客快速做出决定。

（四）异议处理的时机策略

顾客异议的提出是不受时间、地点的限制，不受推销人员控制的。推销人员可以控制的是他自己处理顾客异议的时机和方法。处理顾客异议的时机问题很重要。同样的问题，同样的回答内容，时机选择的不同，效果就大不一样。

处理异议时机选择上考虑的因素包括：顾客的情绪与态度，推销进程与发展阶段，异议性质及其与推销主题的关联性，顾客异议强度与迫切性，异议成功处理的把握，异议处理的程序等。

1. 在顾客提出异议之前，推销员预先阐述

有经验的推销员能够预知顾客可能产生的异议，在推销洽谈中，推销员主动提出来，并加以解释。这样做的好处在于：采取主动，先发制人；避免在顾客产生不满时，再由顾客提出，导致双方关系紧张；使顾客感受到推销员坦率、诚恳的个性和品格，增加信任度。

2. 对顾客提出的异议延缓回答

对于有些问题，推销员延缓对顾客异议的处理，反而比立即处理的效果还好。

（1）对于推销员不熟悉的问题，特别是一些技术性强的问题，推销员在顾客提出异议时，先将问题记录下来，待回去作深入了解之后，再来回答，或是让专业技术人员来回答。这样，使顾客感到他的意见受到了推销员的尊重，就比仓促回答的效果要好。

（2）如果顾客在推销活动的早期阶段，提出难度大、较核心的问题，推销员应表示这个问题稍后会有答案。同时，要赞美顾客："您水平真高，一下子就提出了这样核心的问题。"推销工作是一项由浅入深、由易到难、下楼梯式一步一步循循善诱的说服活动，推销员不能违反这个规律。

（3）洽谈气氛紧张，双方情绪不好时，推销员对顾客异议作"冷处理"。

3. 对顾客提出的异议不予回答

不必回答的异议包括顾客明显的托辞、肤浅的见解、有意发难、无法回答的奇谈怪论、废话、戏言等。对于不必回答的问题，推销员可采用递烟、其他动作等方式回避问题，转移话题。否则，会陷入圈套，弄巧成拙。

4. 对顾客提出的异议立即回答

一般而言，除了特别复杂的异议以及顾客出于偏见等原因而提出的一些无端的、虚假的异议外，对其他异议，推销人员都应及时回答。这样既表示对顾客的重视和尊重，也避免意见越积越多，局面难以扭转。这要求推销人员具有丰富的知识、敏捷的思维、灵活的应变和一定的临场经验。

二、处理顾客异议的方法

（一）直接否定法

直接否定法又称反驳处理法，指推销人员根据比较明显的事实和充分的理由直接否定顾客异议。例如，顾客提出："你们的产品比别人贵。"推销员回答："不会吧，我这里有其他公司同类商品的报价单。我们的价格是最低的。"

直接否定法的优点是：直接、明确、不容置疑的否定意见，反馈速度快，提高推销效率。缺点是：易使顾客产生心理压力和抵触情绪，甚至伤害顾客自尊，造成紧张气氛。

直接否定法适用于处理由于顾客的误解、成见、信息不充分等导致的有明显错误、漏洞、自相矛盾的异议，不适合于处理因个性、情感等因素引起的顾客异议。

使用这种方法要注意：直接否定顾客必须有理有据，应当始终维持友好的推销气氛，要站在顾客立场上进行解说，不可强词夺理，态度温和诚恳，以理服人。在运用反驳处理法去处理顾客异议的过程中，推销人员始终应坚持以信息的传递与提供为基础，以推销教育为手段，以传递知识与购买标准为目标，坚持向顾客提供信息，让顾客在进一步了解情况、了解产品、了解推销员中，解除误会，增进知识，增强购买信心。

（二）间接否定法

间接否定法又称回避处理法或"但是"处理法，是指推销员根据有关事实和理由，采用"但是"、"不过"等句法结构，间接否定顾客异议的方法。

例如,顾客提出:"这双皮鞋卖380元,太贵了。"推销员回答:这双皮鞋的价格是不低,不过,它是头层皮做的,鞋底装了气垫,穿上后走路又轻便又舒服,从性价比的角度来看,它还是便宜的。"这种方法的基本句式是"对,但是",所以也有人把间接否定法叫做"对,但是"法。

间接否定法的优点是:先退后进,顾客心理上容易接受。缺点是:可能会使顾客感到推销员圆滑、玩弄技巧,从而产生反感。这种方法比直接否定法使用得更为广泛。

间接否定法在使用时要注意:转折不要太过直接,要不露声色。使用合一架构法,即"……同时……"的句法结构;还可以采用"……,如果考虑到……,价格就不贵了"的句法结构。

(三)转化法

转化法也叫利用处理法、反戈处理法、缓和处理法,是推销员直接利用顾客异议中有利于推销成功的因素,并对此加工处理,转化为自己观点的一部分去消除顾客异议,说服顾客接受产品。例如,顾客对商场有意见且气冲冲地找到经理室,诉说推销员态度不好,现在要退货。经理先礼貌地让座,并客气地倒上一杯,水微笑地说:"你坐坐,喝口水再给您解决问题。"等这位顾客歇一会儿后,怒气逐渐消失了,说话也比进来时平和多了,然后通过解释工作,顾客就能心平气和地离去。

转化法的优点是:把拒绝的理由转化成购买的理由,把成交的障碍转化为成交的动力,说服力很强。缺点是:可能会使顾客觉得被人钻了空子,受了愚弄,从而产生不快。

转化法通常在处理顾客异议中使用最多,也行之有效。使用这种方法要注意:先肯定顾客的看法或赞美顾客。顾客提出异议是我们利用的基础,只有先承认其合理性,我们才能加以利用。不要欺骗顾客,任意发挥。否则,顾客认为你在玩花招,钻空子,惹恼顾客,适得其反。

(四)补偿法

补偿法又称抵消处理法、平衡处理法,指推销员在坦率承认顾客异议指出的问题确实存在的同时,指出顾客可以从推销品及其购买条件中得到另外的实惠,使异议所提问题造成的损失得到充分补偿。例如,顾客提出:"这批羽绒服要到10月份以后才销得出去,提前两个月进货,占用资金时间太长。"推销员回答:"现在进货可以享受七折优惠。您算算,还是很划算的。"产品不可能尽善尽美,推销员一面承认产品缺陷,一面强调优点,强调产品利益。推销员帮顾客算一笔账:产品带来的好处弥补缺陷之后的净价值大于支付的价格,那么购买产品是划算的。

补偿法的优点表现在:先实事求是承认缺陷,再另外提出、强调优点,顾客容易接受。缺点是:推销员肯定顾客异议,承认缺陷,削弱了顾客对产品的信心。这种方法适用于追求实惠的价格敏感型顾客。

补偿法在运用中要注意:补偿利益要大于异议涉及的损失,净利益要大于顾客支付的价格。

（五）询问法

询问法也叫反问处理法、追问处理法，指推销员利用顾客异议来反问顾客以化解异议。例如，顾客提出："你们东西价格是不贵。不过，现在还是不想买。"推销员追问："您认为价格便宜，为什么现在不买呢?"顾客："我回家与老婆要商量一下，现在不能马上决定是否购买。"推销员："您也是家庭的主要成员，难道您没有决定权吗？而且您买回一个便宜的产品，你太太会很高兴的。"

这种方法在许多情况下能够把异议直接消除掉，因为顾客有时自己也非真正了解商品行情，只是道听途说得来的信息。由于掌握的证据不足，往往被人反问后自然不再继续坚持自己的观点了。

询问法的优点是：通过询问，推销员可以掌握更多的信息，为进一步推销创造条件。缺点是：可能引起顾客的反感。这种方法适用于顾客异议是借口，真实原因推销员甚至顾客也不清楚。询问法使用中要注意：询问要及时，有时要适可而止。

（六）不理睬法

不理睬法又称装聋作哑处理法，沉默处理法或糊涂处理法，是指推销员判明顾客异议与推销活动主题无关或是顾客有意刁难时，采取的避而不答的异议处理方法。例如：顾客进到厂里就说："你们厂可真不好找。"推销员只需随声附和一声就转移话题："对，我们厂的位置是有点偏。您看看，我们的新产品在功能上又有了一些改进。"

不理睬法的优点是：可以避免节外生枝，浪费时间。缺点是：可能会使顾客觉得他没有受到应有的重视和尊重。不理睬法适用于顾客异议与推销活动主题无关，或是顾客有意刁难时。

使用不理睬法要注意：该方法只适用于处理那些无关的、虚假的异议，一定要专心而认真地听取顾客提出的异议。不管顾客提出什么内容的异议，也不管推销人员是否已打定主意对顾客的异议采取不理睬策略，都要认真听取顾客提出的异议。同时，密切注意顾客的反应，注意顾客在提出异议过程中的行为及情绪变化，从中了解顾客没有表达和没有说明的异议及其根源，以便在必要时对顾客的异议作出反应。

美国推销专家约翰·温克勒尔在其著作《讨价还价的技巧》中指出："如果客户在价格上要挟你，就和他们谈质量；如果对方在质量上苛求你，就和他们谈服务；如果对方在服务上提出挑剔，就和他们谈条件；如果对方在条件上紧逼，就和他们谈价格。"

项目小结

有一句经商格言："褒贬是买主，无声是闲人。"顾客异议的根源在于其某些需求没有得到满足。因此，推销员通过对顾客异议的分析，合理运用策略与方法加以正确处理，让顾客满意，是企业持续发展的基础之一。

项目练习

一、选择题

1. 顾客说:“这种空调还可以,但坏了没有地方修。”这种异议是(　　)

A. 价格异议　　B. 服务异议　　C. 质量异议　　D. 货源异议

2. 顾客说:“我从来就没听说过你们的产品。”这种异议属于(　　)

A. 产品异议　　B. 货源异议　　C. 企业异议　　D. 服务异议

3. 顾客说:“现在我不想进,等有人来问了再说吧。”推销员:我现在向您推荐的这种产品,实际上顾客已在别的商店里开始购买,您这种做法的后果,不仅使您在有人购买这种产品时失去了一个销售机会,而且会迫使您的老顾客去您的竞争对手那里去购买这种产品。这种异议处理方法称为(　　)

A. 间接否定法　　B. 利用处理法　　C. 补偿处理法　　D. 竞争诱导法

二、填写下表内容,进行顾客异议类型分析

序号	异议类型	原因分析	处理策略
1	价格异议		
2	需求异议		
3	货源异议		
4	产品异议		
5	企业异议		
6	推销员异议		
7	时间异议		
8	服务异议		

三、技能训练题

以下是对于购买产品的一些普通异议,列出你对每一种异议的回答。

1. 对汽车:我们城市没有这种品牌车的4S店。
2. 对化妆品:成人的一般都不用,就喜欢用儿童护肤霜。
3. 对寿险:给自己上寿险,感觉不吉利。
4. 对家用电器:人家同样类型的比你们价格要低。
5. 对吸尘器:我每天都喜欢自己打扫房间,没有必要买这东西。
6. 对服装:款式、颜色都不错,就是太贵了点。
7. 对旅游线路:景点太少了,时间也太紧。

四、案例分析

某大学毕业生刚走上推销工作岗位去推销打印机和复印机。他事先从其它渠道得到了某企业张经理的一张名片。他按名片上地址找到了这家企业,到了经理办公室后,一年轻女秘书接待了他,并问与张经理熟悉吗?他回答认识。女秘书马上把正在开会的张经理喊了回来。张经理见一陌生人原来是推销产品的,非常恼怒,立即叫他出去。这样,这位新推销

员便在外面整整站了几个小时。临下班时，张经理才发觉这位新推销员还在等着，非常感动，主动提出了约见时间，最终成功地推销了产品。

问题　该推销员运用了一种什么样的处理方法？本案例中虽然最终取得了成功，但是该推销员还有哪些问题需要注意避免？

五、实训

要求：先设计某一推销情节，然后在进行推销洽谈的演练中，设置各种推销异议，并根据具体情况设计处理顾客异议的方法与策略。最后根据以上的推销情景，撰写顾客异议处理意见报告书。

单元五

成交与售后服务

导入案例

晚上,我正在厨房洗碗,门铃响起了,开门一看原来是一位推销员。因为是个女孩,我就让她进来了。她推销的产品是油污全能清洗液,价格不高,20 多元一瓶,但我还是没有买。女孩失望地走了,回过头想为什么她的推销没有成功,大致有这样几个原因:

(1) 服务不到位。她清洁我的油烟机时,我放在台面上的菜她居然没有注意盖起来,而且用脏的抹布随手放到一边,没有顺手洗掉。

(2) 推销味太浓。其实推销产品说到底也是推销服务,如果服务不能让人满意,人们也就不会购买产品。产品的介绍也没有让人信服,在同质化产品很多的情况下,如何用简洁的语言说出推销的产品好在什么地方,是需要认真研究分析的。而这位女孩功课做得不细,服务做得不周。

(3) 用心不够。推销的全过程,没有笑容,让人很难体会到亲和力。当我明确不买产品时,明显表现出不高兴。没有询问客户她什么地方做得不够,当然也就不会去修正自己的言行。临走时,一声“再见”都没有,缺乏修养。

资料来源:http://www. Sjyx. Cn/read/z2/ml2. htm

案例中的推销员因为服务不到位和用心不够等原因导致了推销的失败。为了能够尽快与顾客成交,本章将从成交技巧、达成交易、客户维护三方面加以阐述。

项目九　成交技巧

职业能力目标与学习要求

1. 知识目标:了解成交的基本原则;了解成交的主要方法。

2. 技能目标:能够识别顾客的购买信号;能够运用恰当的成交策略促成交易;能够合理运用成交方法。

3. 任务分解:

任务一:成交策略的把握;任务二:成交方法的运用。

任务一　成交策略的把握

实施步骤

1. 顾客购买信号的识别。
2. 成交的条件分析。
3. 正确运用成交策略。

思考案例

有一个推销商务通的推销员拜访一家公司的某位副总。推销员向副总展示了产品,并介绍了商务通的多种用途。例如,可以把名片都存储进去,不需要再随身携带。解说到这个地方的时候,副总说:“我的名片有好几盒,那得需要多长时间才能输完?”

一般推销员可能会把顾客的这个提问当作顾客异议,认为顾客嫌产品功能不适用、太麻烦,认为顾客在找借口,好推脱。而这个推销员不这么认为,他向顾客试探提出成交要求:“王总,您介不介意把您所有的名片让我带回去,我给您都输好?”

没料对方答应了。推销员就把名片带回家,连夜输完了。第二天,他带着已经输完了名片的商务通以及销售发票再来拜访这位副总。生意成交了。

资料来源:何毓颖. 推销与实务. 成都:电子科技大学出版社,2009. 1

一、成交内涵

成交是指顾客接受推销员的建议及推销演示,决定购买推销品的活动过程。成交是面谈的继续,也是整个推销工作的最终目的。对成交内涵的理解应注意两个方面:

(一) 成交不是一个结果,而是一个过程

成交过程具体来讲包括三个基本步骤:第一步,通过销售洽谈和解答顾客异议,使顾客接受推销品和推销员的购买建议,使顾客建立起这样的一种信念:立即做出购买决定是正确的、应该的;第二步,促使顾客做购买决定的承诺;第三步,把顾客的承诺转化为实际的行动,即请求在协议上鉴字或其他的行动表示。

(二) 成交不是推销活动的终点,而是推销活动新的起点

世界著名推销专家、欧洲汽车推销冠军乔治 · 吉拉德说过:“销售真正从售后开始。”推销员在完成了某次交易的成交之后,马上要做很多的后续性工作,包括联系有关储运部门办理货物交接手续、催收货款、指导顾客产品使用与养护方法或提供商品销售有关商务建议、了解顾客产品使用状况或销售状况、维护公司与顾客的关系等多方面的工作。推销活动的目的就是达成交易。前面工作做得再好,最后不能达成交易,等于白做。

二、成交的基本原则

（一）主动

推销员要主动向顾客提出成交要求。美国施乐公司董事长曾经说过："推销员提出成交要求，与射击中的扣动扳机一样。如果你瞄准了目标，最终没有抠动扳机，目标瞄得再准，也是毫无意义的。"很多推销人员与顾客联系得非常紧密，产品解说得也非常好，就是不知道或不敢向顾客提出成交要求。一项调查结果显示：有71%的推销员未能及时地向顾客提出成交要求。推销员没有向顾客提出成交要求的原因，是他们脑海里有两个错误观念：

1. 如果顾客需要商品，他们会主动提出来

事实上的情况是，即使顾客需要产品，他们也不会主动提出成交要求，而是等待着推销员提出成交要求。一位推销专家曾经这样风趣地说过："推销员等待顾客提出成交要求，就像等待一群在外吃草的牛自动回家一样。"在直销情况下，只有3%的客户会主动向推销员提出成交要求，其余97%的顾客需要推销员请他们购买。

2. 推销工作是求人买商品

推销员工作很卖力，一次次登门拜访顾客，一次次有礼貌地与顾客告别，就是不敢把自己的真实想法告诉顾客，让顾客下订单，把成交要求一直憋在自己心里边。他们害怕被顾客拒绝，要是提出成交要求，被顾客拒绝了，怎么办？

推销员从事的工作，不是求人办事、求人买商品的工作，而是满足顾客需求的工作。一位推销专家说：如果推销员树立了为顾客服务的思想，将推销商品与为顾客解决实际问题结合起来，那么推销员向顾客提出成交要求，就是非常自然的事了，不会再犹犹豫豫、支支吾吾。

小故事

纽约公共汽车上，一青年男子乘车。中途有一站上来了一位年轻女子，气度不凡，就在这名男子身旁坐下了。男子偷偷看着女子，越看越心动。

他心里想："要是能娶她做老婆，那该多好。"

他也知道爱是需要表达的，可是怎么表达呢？心理开始盘算起来：

说"你好"？那"你好"之后再说什么呢？

说"我喜欢你"？如果对方问"你喜欢我什么"，怎么回答呢？

说"我爱你"？不行，太鲁莽了。

说"我想让你当我未来孩子的妈妈"？不行，显得太没教养。

就在这个时候，公共汽车到站了，男子抬头看了看身旁，哪还有女子的影子？原来，那女子早已下车了。男子懊悔不已。

（二）自信

自信是具有传染力的，当推销员自信时，顾客也会坚定购买信心。正如美国十大推销高

手之一的谢非洛说:"成交的最后关头,自信是绝对必要的成分。"

1. 克服自身的心理障碍

推销员要以大胆、自信的口吻向顾客提出成交要求,不可犹犹豫豫、吞吞吐吐。推销员要克服职业自卑感,必须认识到,自己从事的工作,不是求人办事的工作,不是求人买自己产品的工作,而是满足顾客需求、解决顾客问题的工作。推销是互惠互利的工作,是推销员与顾客双赢的活动。如果推销员树立了为顾客服务的思想,将推销与为顾客解决问题结合起来,那么推销员向顾客提出成交要求,就是非常自然的事了,就会克服犹犹豫豫、支支吾吾的心理障碍,充满自信。有时候,推销员对成交的害怕和担心往往是多余的。

2. 保持自然沉稳的态度

推销人员对顾客决定购买不要过分喜形于色、过分热情;顾客拒绝购买也不要表现得急躁鲁莽,失望沮丧。推销人员应以自己的自然良好的态度去赢得顾客的信任、尊重与支持,争取合作的机会。

3. 努力的坚持

有很多推销员在向顾客提出成交要求,遭到顾客拒绝后就放弃了。他们拜访了某位顾客,向顾客提出成交要求后,顾客说"我现在不想买""你们的东西太贵了,我没钱""你们的产品不好,我不喜欢"。推销员听到这类顾客拒绝的话之后,就收拾东西走人,匆匆忙忙去敲下一位顾客的门。他们想象中的顾客都是那种直爽、理智的人,认为只提出一次成交要求就够了,不需要啰啰嗦嗦、浪费口舌。持这种观点的推销员还很多。据统计,有64%的推销员没有多次向顾客提出成交要求。很显然,他们的观点是错误的。

美国有研究表明,推销员在获得顾客订单之前,平均要出现6次的否定。也就是说,推销员没有6次的坚持,也就不会有第7次的成功。而1次提出成交要求就能成交的比例只有10%。胜利往往就在再坚持一下的努力中。

三、成交策略

成交策略是指促成交易活动的基本思路。成交策略不同于成交方法,成交的各种方法只适用于特定条件下物品的推销,不具有普遍性。

(一) 善于识别购买信号

推销员在什么时候作出成交提议比较好呢?一般应在顾客购买心理活动过程的确信阶段提出较为适宜。顾客对商品的认可,在推销洽谈过程中是通过一系列或明或暗的购买信号表现出来的。购买信号是指顾客言行所表现出来的打算购买的一切暗示或提示,包括语言、动作、表情等各个方面。美国一个心理学家经过研究得出一个等式:一个人表达自己的全部意思=7%的措词+38%的语音语调+55%的动作表情。

顾客的心理活动对于推销员来说,是一个暗箱,不为我们所觉察。并且在很多时候,顾客也不愿意让我们觉察到他的真实意图。尽管如此,在交流过程中,顾客说话的口气、动作、表情,无时无刻不在泄漏出他内心的真实想法。关键在于我们推销人员有没有能力捕捉到顾客透露出的信息。因此,推销人员要善于识别购买信号、察言观色,以便及时作出成交提议。

1. 购买信号的类型

(1) 语言信号(表5-1)。顾客购买的语言信号主要包括肯定、异议、征求、假设、询问等类型。

表5-1 **语言信号的类型**

语言信号	识别内容
肯定	不错,可以,值得考虑等
异议	提出意见,挑剔产品,讨价还价,表现出诸多不满等
征求	向第三者征求意见
假设	如果(即使)要买,没这么多钱,能否给予优惠等
询问	有无促销、优惠、保养保修、交货时间、货款方式等
其他	褒奖其他品牌、声称认识某某要人、熟人介绍而来等

(2) 动作信号(表5-2)。

表5-2 **动作信号的类型**

动作信号	识别内容
由静变动	俯身注视,触摸产品,反复观看,动手操作等
由紧张到放松	坐姿由前倾而后仰,舒展身体某个部位,托腮沉思等
明显购买意向	找笔,要合同单,反复观看订单,打电话请示或唤人来等
其他	虽上身扭转表示要走但双脚不动,只等决策者点头

(3) 表情信号(表5-3)。

表5-3 **表情信号的类型**

表情信号	识别内容
目光	目光逗留时间长,发光发亮,神采奕奕
情感	表情由冷漠、怀疑、拒绝变为热情、亲切、轻松自然
其他	脸部肌肉放松,眉头舒展,面带微笑,下意识点头

(4) 进程信号(表5-4)。

表5-4 **进程信号的类型**

进程信号	识别内容
转变洽谈环境	主动要求进入洽谈室,由大室换小室
介绍有关人员	主动介绍手下办事人员、自己的同行、决策人员、领导等
其他	安排推销员吃住,关心推销员行程,要求推销员推迟离开

小资料

以下为一个自动门推销员与顾客的推销洽谈。

推销员:这个怎么样?如果你改用自动门,我想一定会比较方便…

顾客:嗯。是这样的,我想再听你说一遍,以前你跟我说的……

推销员:好吧。第一,顾客买东西进出方便;第二,减轻顾客心理障碍……

顾客:哦,我知道了。不过像我这样的小店,也需要装个自动门吗?

推销员:您真会开玩笑,贵店地点这么好,产品质优价廉,每日客流量这么大!你看一会功夫就这么多人了。

顾客:可是卖自动门的也不只是你们一家,别处也有卖的呀!

推销员:是的。不过我们公司可是全国六大生产厂家之一。

顾客:嗯,竞争很激烈的。你们的信誉如何?

推销员:一般顾客对我们的评价很高!

顾客:谁都夸自己的东西好,可是有长处,也总会有缺点吧!你们产品到底比别家公司的产品好在哪里?

推销员:第一,……第二,……第三,……

顾客:好啦,我已经明白了。我这个门的玻璃,能装在自动门上吗?如果不行就给你们算了,你们的价钱还能便宜点吗?

请分析上面的对话中哪些是成交信号?是哪一类成交信号?

2. 购买信号的条件分析

在实际推销洽谈中,顾客往往不会首先提出成交,更不愿主动明确提示成交。通常,顾客为确保自己提出的交易条件,或者为了杀价,即便心里很想成交,一般也不会轻易表示,似乎先提出成交者一定会吃亏。用心理学理论分析,顾客的这种心理状态不利于成交,是成交的障碍。不过,好在"爱"是藏不住的,成交的意图总会以各种方式表现出来,为了有效促成交易,推销员必须善于观察顾客的言行举止,捕捉各种成交信号,及时成交。既然成交信号是一种行为暗示,这就要求推销员认真分析研究顾客的心理和行为,及时准确作出判断。以下是推销中常见的由顾客发出的购买信号,一般地,顾客有如下表现,推销员要密切关注,它们可能是顾客向推销员以自觉、不自觉的方式表现出的成交意向及成交条件:

(1) 提出问题。例如,"价格是多少?""我最早能够在什么时候得到产品?""你们提供哪些售后服务?有没有退货政策?"等,与此同时,推销员可以以反问方式作为回应,这有助于探测准顾客的需求和想法。如果你的问题得到了积极的回答,就表明准顾客有极高的购买兴趣,你正在迈向成交。

(2) 征求别人的意见。向周围的人问:"你们看如何?"或者"怎么样,还可以吧?"丈夫转向妻子问道:"你认为怎样?"这是在寻找认同,很明显,他的心中已经认同了。例如,工业品推销时,总经理打电话给某人说:"赶紧来我这里,有件事想问问你。"

(3) 神态轻松,态度友好。一旦准顾客决定了要购买产品,洽谈中的那种紧张感就被解除,先前焦虑的神态就变得轻松自然,因为新顾客已经充分地信任你,觉得你是他的朋友。

(4) 拿起订货单。正如你所希望的那样,你的准顾客拿起订货单,这就是迈向成交的时刻了。

(5) 仔细检查商品。当某个准顾客仔细检查推销品或表现出打算购买的意图时,这可能就是请求成交的间接提示。发现顾客的这些成交暗示后,推销员可试探性地提出成交:"您认为……"如果你的问题得到了顾客的积极响应,就离成交不远了。

从上述种种成交信号可见,在推销洽谈中,推销员不能埋头只顾对产品的推荐介绍,而对准顾客所表现出来的种种成交信号视而不见,这可能会葬送最佳成交时机。实际上,顾客的一言一行、一举一动都在告诉你,他(或她)正在想什么。此时此地,就看你是否善于捕捉成交的"蛛丝马迹"了。

拓展阅读

从客户的表情信息中有效识别成交信号

客户的面部表情同样可以透露其内心的成交欲望。销售人员在关注客户的语言信号和行为信号的同时,也要认真观察客户的表情以准确辨别购买意向。比如,当客户的眼神比较集中于你的说明或产品本身时,当客户的嘴角微翘、眼睛发亮显出十分兴奋的表情时,或者当客户渐渐舒展眉头时,等等。这些表情上的反应都可能是客户发出的成交信号,销售人员需要随时关注这些信号。一旦客户通过自己的表情语言透露出成交信号,销售人员就要及时作出恰当的回应。

如下例所示,在一次与客户进行销售谈判的过程中,刚开始我发现那位客户一直紧锁着眉头,而且还时不时地针对产品的质量和服务提出一些反对意见。对客户提出的问题我都一一给予了耐心、细致的回答,同时我还针对市场上同类产品的一些不足,比如 Google、Yahoo、通用网址等,强调我们公司百度竞价排名的竞争优势,尤其是针对客户比较关心的售后服务方面强调了我们公司的百度客服上一季度还进入了全国所有百度代理商前三名。在我向客户一一说明这些情况的时候,我发现客户对我的推荐不再是一副漠不关心的模样,他的眼睛似乎在闪闪发亮,我知道我的介绍说到了他的心坎上,于是我便乘机递上了合同,走到旁边,看着他的书橱,心里对这个单也就十有七八了。

对大家的几点提醒:

(1) 随时做好准备接受客户发出的成交信号,千万不要在客户已经做好成交准备的时候对客户发出的信号无动于衷。

(2) 要准确识别客户发出的成交信号,无论是识别错误还是忽视这些信号,对我们来说都是一种损失,对客户来说也是一种时间和精力上的浪费。

(3) 客户很可能会通过某些语言上的交流流露出一定的成交兴趣,我们要随时注意客户的这些语言信号。

(4) 有经验的销售人员可以从客户的某些行为和举动方面的变化有效地识别成交信号,如果我们能够做到多观察、多努力、多询问,那我们也会获得这种宝贵的经验。

(5) 在把握客户发出的成交信号时,你要坚持"宁可信其有,不可信其无"的基本原则,即在无法确信客户的某些表现是否表明有意成交时,你也要抓住这样的信号不断深究,而不要轻易地将其忽略。

资料来源:何毓颖. 推销与实务. 成都:电子科技大学出版社,2009.1

(二)把握最佳成交时机

1. 成交时机的阶段性分析

达成交易是推销的根本目的。在达成交易的过程中,应了解每一阶段所要达到的基本目标。成交各阶段的基本目标主要有:

(1)预约,了解和发现顾客需求。

(2)接近,引起顾客注意,沟通情感。

(3)面谈,将顾客需求与推销物品联系结合,使顾客产生重视。

(4)异议处理,证实推销品的物有所值,激发顾客购买欲望。

(5)成交,识别顾客购买信号,适时提出成交请求。

(6)售后服务,对推销员和推销物品产生满意,推动新一轮推销活动。

2. 最佳的成交时机

根据上述分析,成交活动可分为三个阶段:准备阶段——预约与接近;正式阶段——面谈、异议处理及成交;巩固阶段——售后服务。而第二阶段是最主要的推销活动阶段,存在着三个最佳的成交时机:一是当你向顾客介绍了产品的重大利益时;二是顾客提出异议,推销员给了一个圆满的答复,顾客信服的时候;三是顾客表现出购买信号时。

推销员通常会犯的两个错误是:第一,过早地提出成交要求,很多推销员与顾客见面的第一句话就问“您买不买”;第二,对于顾客表现出的购买信号视而不见,以致错失良机。

小资料

美国推销专家格哈特成交七准则:

(1)以明确的语言请求成交;

(2)用一种顾客难以生硬拒绝的方式来请求成交;

(3)提出成交请求后,应停下来等待顾客答复,在此之前不要讲一句话;

(4)如果顾客不购买,照样继续推销;

(5)使顾客相信,购买是一项明智的决策;

(6)直到顾客不想再购买任何东西之前,你不要停止推销;

(7)对于与你成交的顾客要反复致谢。

顾客应受到三种方式的感谢:一是应当在销售之后立即用语言表达;二是要在24小时之内打电话、写信表示感谢;三是在以后的交往中经常表示感谢。

(三)保留一定的成交余地

推销人员应讲究一定的策略,知道哪些应毫无保留地讲出来、哪些暂时不能讲,到最后的关键时候再作为一种突破的手段,即一种“杀手锏”,才能取得想象不到的效果。保留一定的成交余地,有两个方面的内涵:

1. 推销人员应该及时提出推销重点,但有所保留

这是因为,顾客从对你的推销产生兴趣到做出购买决定,总是需要经过一定过程的。到成交阶段,推销人员如能再提示某个推销要点和优惠条件,就能促使顾客下最后的购买决

心。为了最后促成交易,推销人员应该讲究策略,注意提示的时机和效果,留有一定的成交余地。当推销员把商品的利益、基本的成交条件都给顾客介绍了,顾客还在那里犹豫不决,怎么办?这时使用"杀手锏"的时候到了!比如,"对了,我忘了告诉您,为了表明我们与贵公司合作的诚意,第一笔生意的运费由我们来承担。"

2. 即使未能达成交易,希望日后还有成交的机会

推销员费了九牛二虎之力,还是没能与顾客达成交易,这时要特别注意自己的言行,应友好地与顾客告辞。要继续保持和蔼的表情,不要翻脸;真诚地道歉,如"百忙中打扰您,谢谢!"其实推销员仅仅因为顾客耐心听完自己的话也要致以谢意。顾客的需求总是在不断地变化,他今天不接受你的推销,并不意味着他永远不接受。一次不成功的推销之后,你如果留下一张名片和产品目录,并对顾客说:"如果有一天你需要什么的话,请随时与我联系,我很愿意为你服务。在价格和服务上,还可以考虑给你更优惠的条件。"这样,联络了感情,留给顾客一个良好的印象,那也是一种成功——为赢得下次生意成功播下了种子。

(四)预防第三者搅局

推销员在成交过程中,往往会遇到一些意想不到的情况,比如:其他客户的闯入;其他推销员的介入;客户同伴的插入等,这些"第三者"都可能会引起搅局。因此,为预防出现可能的各种不利局面,必须做出适当的安排及措施。

可以预先安排一个安静、相对独立的场所;当现场出现可能搅局的第三者时,采取紧急行动,或是对顾客说"我们找一个清净的地方谈吧"。最好的办法是,让另外的销售员尽快处理前来找麻烦的第三者。

(五)正确对待失败与挫折

1. 推销中的成交障碍

推销中的成交障碍主要来自于两个方面:一是顾客异议,二是推销人员的心理障碍。很多推销员或多或少对成交有恐惧感,总是担心提出成交请求后遭到顾客的拒绝;或是觉得难为情,是自己有求于顾客;甚至认为用商品来交换顾客口袋里的钱是不道德的,推销就是骗顾客。在推销过程中难免会产生或多或少的退缩、等候、观望、紧张等不利于成交的消极心理,这就是所谓的推销心理障碍。

小资料

美国某心理协会研究的一些成交障碍的表现:

(1)你不相信你自己;

(2)你不相信自己的商品,最容易被顾客识破的就是推销员都不相信自己的产品,缺乏说服力,在顾客眼里看得最清楚;

(3)没有制定要达成的目标,推销员缺乏制定长期和短期目标的能力;

(4)没有为完成推销做充分的准备;

(5)不知道如何面对顾客拒绝,顾客不是拒绝你,只是拒绝你提出的建议;

(6)缺乏产品知识;

(7) 没能了解顾客的需求，没有对顾客提出问题或聆听顾客的能力，以致无法发觉顾客真正的需求；

(8) 没办法解决顾客提出的异议；

(9) 缺乏服务精神，满脑子都是钱，为了佣金而推销，不是为了解决顾客问题而推销；

(10) 不能信守承诺，自己说过的话却做不到，无论是对公司或对顾客，这都是一场永远无法弥补的损失；

(11) 不能理解好运是靠勤奋工作换来的，那些运气好的推销员，是他们多年勤奋工作挣来的；

(12) 不能坚持到底，不肯坚持到完成推销所需的第 7 次接触。

2. 正确的销售心理

推销人员应以积极、坦然的态度对待成交的失败，真正做到不气馁，鼓起勇气、不怕失败，坦然接受推销活动可能产生的不同结果。有些推销人员经历了几次失败之后，担心失败的心理障碍愈为严重，以至于产生心态上的恶性循环。实际上，即使是最优秀的推销人员，也不可能使每一次推销洽淡都成功收场。所谓"失败乃成功之母"，只要坚持永不放弃，就一定可以成功。从某种意义上来说，没有失败的推销，只有失败的推销员。因此，培养正确的销售心理是克服成交障碍的根本途径。

(六) 诱导顾客主动成交

诱导顾客主动成交就是要设法使顾客主动采取购买行动，这是成交的一项基本策略。通常，人们都喜欢按照自己的意愿行事。由于自我意识的作用，对于别人的意见总会下意识地产生一种排斥的心理，尽管别人的意见很对，也不乐意接受；即使接受了，心里也会感到不畅快。因此，推销员要采取适当的方法与技巧来诱导顾客主动成交，并使顾客觉得购买行为完全是个人的主意，而非别人强迫，这样在成交的时候，顾客的心情就会十分轻松和愉快。

(1) 再强调产品的利益要点，如品质的稳定性、性能的优越性、产品性价比高、使用效益高及使用成本低、售后服务完备等。

(2) 站在顾客的立场帮助对方决策。

① 积极参与决策法，"假如从这个角度来设想，好像决定改用这个产品比较划算。"

② 征求意见法，"您对这个产品的用法有没有需要再说明的?"

③ 退一步要求法，"您觉得三天以后再送货是否合适?"

④ 进一步要求法，"借用下您的电话，让我确认可以送货的时间。"

⑤ 确认正确决策法，"现在定下来，您的楼盘开盘时就多一个卖点。"

许多推销员害怕遭到顾客的拒绝，所以往往不敢诱导顾客做出购买决定，而只是希望在业务洽谈继续进行时，顾客会突然打断他的谈话，兴高采烈地表示购买。一般而言，如果顾客主动提出购买，说明推销人员的说服工作十分有效，也意味着顾客对产品及交易条件十分满意，以致顾客认为没有必要再讨价还价，因而成交非常顺利。所以，在推销过程中，推销人员应尽可能地引导顾客主动购买产品，这样可以减少成交的阻力。

（七）作出最后的成交努力

在推销洽谈似乎要以失败告终时，推销员仍不要放弃努力，最后的成交之门始终是向你敞开着的，很多时候都能“峰回路转”、“柳暗花明”。因为此时顾客紧张的压力已经得到充分的释放，心理上如释重负，心情变得愉悦，甚至对“可怜的”推销员产生一点同情心。

推销员要坦然面对受挫景况，面部表情、心理上都要放松，遭到拒绝是常有的事。推销员在收拾样品准备离开时，应该抓住最后的成交机会，放慢整理样品的动作，有意无意间露出一些未曾向顾客介绍过的样品，以引起顾客的注意和兴趣，以此开始一次新的努力，说不准还是会带着订单回去。

美国有位推销员就特别擅长利用最后的时机达成交易。每当他要告别顾客时，便慢慢地收拾东西，有意无意地露出一些顾客未曾见过的产品样品，企图引起顾客的注意和兴趣，从而达成交易。但在实际推销工作中，许多推销人员往往忽视这一最后的成交机会，而与一些本该达成的交易失之交臂。

任务二　成交方法的运用

实施步骤

1. 组织学生收集现实生活中各种成交的案例或故事。
2. 课堂交流相关案例和故事。
3. 运用成交方法进行对比分析。

思考案例

没有进入保险业之前，戴维·考珀曾经做过涂料推销员，当时史蒂文公司是他一直想合作的一家大公司。

这家公司部分归属于新英格兰涂料公司，使用的涂料自然完全由新英格兰涂料公司来供应，但新英格兰公司所提供的涂料经受不了冬季寒冷的气候，而考珀的一家供货商正好有合适的涂料，所以戴维·考珀多次向史蒂文公司推荐这种产品，但是史蒂文公司的约翰却一点都不改变态度，他们与新英格兰涂料公司的合作如此紧密，使别的供货商根本无法插足。戴维·考珀并没有因此放弃，他每隔几个星期都会带着咖啡和糕点和约翰会一次面，他们相处得很愉快，但约翰对买涂料的事只字不提。

戴维·考珀为此绞尽脑汁，他告诉了约翰关于这种涂料的优点，也保证给他最大的优惠，而且经常带小吃来拜访他，但要促使约翰签单购买，他做的似乎还不够，还缺什么呢？几乎每天一有空闲时间，他就思考这件事，他知道如果自己想不通这其中的关键，肯定做不成这笔买卖。

一次在去史蒂文公司的路上，戴维·考珀无意看见路边一堆废弃物中有一支长约 4 英尺作为展示品的巨型塑料铅笔模型，他把这支巨型铅笔带上了。

当约翰看见这支巨型铅笔时，非常惊讶。

戴维·考珀说:"这支巨型铅笔,就让它帮助你签一下涂料采购订单吧。"

约翰笑了,他从这支巨型铅笔中看到了戴维·考珀那种永不放弃的精神。

随后,约翰签下了订单。

由这个案例可以看出,决定与史蒂文公司签订这笔交易的关键并不在于那支巨型铅笔,这其中巨型铅笔只是一个道具,那可以换成任何可以给你带来帮助的物品,戴维·考珀展示给我们的方法是要带着冒险的勇气去运用创新的方法。

资料来源:文义明. 世界上最伟大的推销大师实战秘诀. 北京:中国经济出版社,2011. 1

一、成交方法

(一) 成交的主要方法

1. 直接成交法

直接成交法即推销人员直截了当地提议顾客购买推销品的方法,又称请求成交法。运用直接成交法应注意两个问题:一是要求推销人员具备较强的观察能力,适时开口提出成交要求;二是把握好成交的时机。

直接成交法适用于下列情形:

(1) 老顾客。对于老顾客,因为买卖双方已建立了较好的人际关系,运用此法,顾客一般不会拒绝。例如,"老王,最近我们生产出几种新口味的方便面,您再进些货,很好销的!"

(2) 推销员觉察到顾客喜欢产品。顾客对商品产生了购买欲望,但还未拿定主意或不愿主动提出成交,而反复询问价格、安全性、性能功用时,推销人员宜采用请求成交法。例如,一位顾客对推销人员推荐的空调很感兴趣,反复地询问空调的安全性能、质量和价格等问题,但又迟迟不作出购买决定,这时推销人员可以用请求成交法:"这种空调是新产品,非常实用。现在厂家正在搞促销活动,享受八折的优惠价格,如果这时买下,您还会享受终身的免费维修,这些一定会让您感到满意的。"

(3) 在解除顾客购买的重大障碍后。当推销人员尽力解决了顾客的问题和要求后,是顾客感到较为满意的时刻,推销人员可趁机采用请求成交法,促成交易。例如,"您已经知道这种热水器并没有您提到的问题,而且它的安全性能更好,您不妨就买这一型号的,我替您挑一台,好吗?"

如其他成交法未获成功,也可以把直接成交法作为最后的尝试。运用直接成交法要求推销人员具备较强的观察能力。因为直接成交法要求推销人员主动提出成交要求,所以推销人员必须尽量引导顾客,使洽谈局面朝着成交的结果发展。推销人员应时刻观察顾客,把握好成交的时机,适时开口提出成交要求。这种方法的优点是:可以有效地促成购买,借要求成交向顾客进行提示并施加压力,从而节省时间,提高洽谈工作效率。

小故事

20世纪80年代,曾经有这样一篇文章,讲的是中、美两国在婚姻文化方面的差异。作者是一个留美的中国女研究生,她嫁给了一个美国人。她说美国人感情外露,喜欢就是"love",而不用英国英语里边的"like"这个词。"I love it""I love you"时常挂在嘴边。而传统的中国人很含蓄,不善于表达感情。

作者举了一个例子。在某个小山村,一个青年男子喜欢上了一个年轻女子,而女的对男的感觉也很好。每当女子到井里打水的时候,男子就躲在井旁边一棵大树后面偷偷地看着他的心上人。一天又一天,一次又一次。有一天,这个男子又在树后偷看,实在控制不住了,就跑上前去,把女子给抱住了。这一抱,把女子给吓坏了。半年后,这个女子结婚了,新郎却不是这个男的。

男的喜欢女的,女的也喜欢男的,郎有情妹有意,为什么最后他们没有成交呢?答案是:男的没有掌握正确的成交方法。

2. 假设成交法

假设成交法就是推销员在心中假设顾客肯定会购买商品,然后向顾客询问一些关键性问题来结束销售。询问的问题不应是关于商品本身的问题,而应是涉及如何交货、付款、保修及保管产品等,或是着手写订货单、开发票等。我们在生活中可以随处看到在许多地方的长途汽车站、火车站售票窗口都有告示:保险自愿,不买请声明。乘客的购买习惯一般是随大流,不愿搞特殊化,也不想多说话,就那样把钱递了进去。那么,售票员递出的一定是车票连同保险单。不声明,就视同购买这样的假设逻辑。

假设成交法,特别适用于老顾客的推销。推销员与顾客很熟悉,对顾客情况比较了解,可以直接将填写好的订货单递给顾客。假定成交法的优点是节省推销时间,效率高,它可以将推销提示转化为购买提示,适当减轻顾客的成交压力,促成交易。

假定成交法也有一定的局限性。这种方法以推销人员的主观假定为基础,不利于顾客进行自由选择,甚至会令其产生反感情绪,破坏成交气氛,不利于成交。所以,在使用这种方法时,要注意下列几点:(1)应适时地使用假定成交法。一般只有在发现成交信号,确信顾客有购买意向时才能使用这种方法,否则会弄巧成拙。(2)应有针对性地使用假定成交法。使用这种方法时,推销人员要善于分析顾客。一般说来,老顾客以及依赖性强、性格比较随和、主动表示要购买的顾客,可以采用这种方法,但对那些自我意识强、过于自信的顾客,则不宜使用这种方法。

小故事

美国一家大的石油公司聘请一位销售专家做顾问。销售专家到加油站考察。加油的员工手里拿着油枪,对前来加油的汽车司机说:

"先生,加多少?"

销售专家说:"停。你这个问法不对。应该说'先生,给你加满吧'。"

司机开车来加油站,就是来加油的,不是来买汽水的。你尽管大胆对他说:把油箱加满!

推销员始终要有这样的信念:我推销的产品是物超所值的,我的推销能力是最棒的,顾客一定会购买产品。有了这种自信,推销员在与顾客的接触中,就会占据主动。只要顾客透露出一丝购买信号,推销员即可发动攻势,提出成交假定。如果顾客不反对,买卖就成了。

3. 选择成交法

选择成交法是指推销人员向顾客提供两种或两种以上购买选择方案,并要求其迅速作出抉择的成交方法。推销员应问顾客要多还是要少或者要这个款式还是那个款式。无论顾客怎样选择,推销员都把产品卖出去了。推销员应当根据推销的具体情形,预先仔细地对提问进行设计。

选择成交法在实际推销工作中经常使用,并且具有明显的效果。推销人员把选择权交给顾客,把顾客限定在目标范围内,无论顾客做出什么样的选择,都在目标范围以内,都可以达到推销人员的目的。

选择成交法的优点就在于既调动了顾客决策的积极性,又控制了顾客决策的范围。选择成交法的要点是使顾客避开“要还是不要”的问题,让顾客回答“要 A 还是要 B”的问题。这种方法能否成功的关键在于,推销人员能否正确地分析和确定顾客的真正需要,提出适当的选择方案。提出与顾客需要相符的选择方案,有助于顾客购买,有利于顺利成交。选择方案不宜过多,否则反而会使顾客拿不定主意。在实际工作中,推销人员应灵活运用选择成交法。

小资料

在介绍产品、服务的过程中,客服人员一直采用试探性问题可以使自己处于有利地位,从而使交易的达成顺理成章,成为一件有计划、有步骤的事,引导顾客作出成交决定。客服人员在与顾客初步接触时,除了寒暄问候,进行自我介绍,就是不断对产品、服务的质量、优点、领先的技术等进行介绍宣传,并通过不断提问了解顾客当时的状态:他真的听到你的介绍了吗?他目前最关心的是什么?价格?产品的技术?产品外观?售后还是品牌?这时,客服人员触及的是顾客的购买清单,而之后所作出的所有陈述,也是与之紧密相关的。

客服人员:请问您喜欢哪种颜色呢?

顾客:黑色。

客服人员:那么平常您是用什么型号的呢?

顾客:加大码。

客服人员:这是我们加大码的黑色产品,您先试一下好吗?(顾客试用,表示满意。)

客服人员:我现在去仓库给您拿来一个新的,您稍等片刻。当然,为帮助您节省时间,您也可以先到收银处交款。

采用封闭式的问题来试探顾客,让顾客从 A 或 B 中选择一个成交的答案,例如“您是通过银行划账呢,还是付现金?”顾客自然会沿着你的提问想下去:我是通过银行划账还是付现金?

4. 总结利益成交法

总结利益成交法就是推销员在推销洽谈中记住顾客关注的主要特色、优点和利益，在成交中以一种积极的方式成功地加以概括总结，以得到顾客的认同并最终取得订单的成交方法。总结利益成交法的优点很突出，它可以将推销过程由产品解说、利益介绍等前期阶段有效地向成交环节推进。因此，该方法在现实产品推销中很受欢迎。

美国施乐公司培训中心的 Emmett Reagan 说，他们传授的大多数成交方法都是由总结利益成交法的三个基本步骤组成：第一步要在推销洽谈中确定顾客关注的核心利益；第二步要总结这些利益；第三步向顾客作出购买提议。

总结利益成交法能够使顾客全面了解商品的优点，便于激发顾客的购买兴趣，最大限度地吸引顾客的注意力，使顾客在明确自己既得利益的基础上迅速做出决策。但是采用这种方法，推销人员必须把握住顾客确实的内在需求，有针对性地汇总阐述产品的优点。总结利益成交法适用面很广，特别是适用于相对复杂的购买决策。

小故事

在推销洽谈中，顾客（一位商店女经理）向推销员暗示了她对产品的毛利率、交货时间及付款条件感兴趣。以下是他们之间的对话。

推销员："张小姐，您说过您对我们较高的毛利率、快捷的交货及付款方法特别偏爱，对吧？"（总结利益并试探成交）

顾客："我想是的。"

推销员："随着我们公司营销计划的实施，光顾你们商店的顾客就会增加，该商品的销售必将推动全商店的销售额超过平常的营业额，我建议您购买（描述产品和数量）。下两个月之内有足够大的市场需求量，必将给您提供预期的利润，下周初我们就可交货。"（等待顾客的回应）

5. 分阶段成交法

一般来说，就大型而复杂的购买业务来说，要顾客对整个交易作出决定是很困难的。比如制造商与代理商就产品独家代理的业务谈判，对于制造商来说，要决定是否把产品全权委托给某代理商是很困难的。这种情况下，比较有效的方法是：把最终购买决定分解成若干个具体问题分阶段地、逐一有序地讨论，并让顾客做出决定。这样的成交方法就是分阶段成交法。它最典型的模式是："昨天我们已经谈妥……今天我们讨论……下一次我们将讨论……"

6. SRO 成交法

SRO（standing-room-only close）成交法是通过向顾客表明这样一种意向：如果现在不买的话，则可能以后就买不到，或者以后就更不如现在购买了，以此来促成顾客立即采取购买行动，带有激将法的味道。例如，"我不能保证还有这种尺寸的存货。如果有现货，您想要吗？""很多顾客一直在购买我们的产品，我不能确信是否有多余的卖给您。""好了，我知道您正盘算订购多少数量。我们确实期望您多订购一些，因为我们有现货供应，但到了夏天我们就不能保证满足所有客户的订购要求了。""这种设备下周就要提价 10%，您看是今天就装运呢，还是愿多付 10% 的价款呢？"。

当你面对一个优柔寡断的顾客，或者你希望顾客大量购买，但种种迹象表明，如果他们现在都不购买的话，则将来更不可能购买的时候，可以考虑选用 SRO 成交法。

7. 从众成交法

从众成交法即推销人员利用从众心理来促成顾客购买推销品的成交方法。日常生活中，人们或多或少都有从众心理，因而顾客在购买商品时，不仅会按照自身需求来选购推销品，而且也要考虑社会上对此种推销品的评价，甚至在某些时候不得不屈从于社会的压力而放弃自身的爱好，以符合大多数人的消费行为。例如，"这是今年最流行的款式。"推销员说这句话有时是真的，有时是他编造的，以增强顾客的购买信心。再例如，一推销员对顾客说："李经理，这种冷热饮水器目前在一些大城市非常流行，特别适合在公司的办公室内使用，既方便实用，又能增添办公室的豪华气派和现代感。像与贵公司齐名的 A 公司、B 公司，办公室里都换上了这种饮水器。"

从众成交法正是通过创造一种时尚或流行来鼓动人们随大流，促成交易。从众成交法主要适合推销具有一定时尚程度的产品，且要求推销对象有从众心理。如果产品流行性差，号召力不强，又遇到自我意识强的顾客，采用此法必然会失败。

在具体应用这一方法时应注意以下问题：(1)推销人员必须针对顾客的从众心理动机，选择和使用具有一定成效和影响力的基本顾客或中心顾客。(2)推销人员必须讲究职业道德，不能利用虚假的成交气氛来欺骗顾客。(3)要将这一方法与有关的广告宣传相结合，进而吸引大批量的从众顾客。

8. 最后机会成交法

最后机会成交法又称无选择成交法或唯一成交法，是指推销人员直接向顾客提示最后成交机会从而促使顾客立即购买的一种成交方法。使用这种方法主要是利用顾客的"机不可失，时不再来"的心理，给顾客施加一定的成交压力，使顾客感到应该珍惜时机，尽快采取购买行为。例如，"这是我们特价销售的最后一天，明天我们将调回原来的正常价格。""这种颜色的车非常时髦，这一辆卖出去了，我们也很难进同样的货。""这套房子已经有三位客户来看过了，如果你犹豫不决的话，明天说不定别人就要买走了。"

最后机会成交法能吸引顾客的成交注意力，它利用了人们会对各种机会表现出一定的兴趣并给予一定的注意，尤其对一去不复返的机会要更加注意这一心理特点。正确地使用最后机会成交法，可以增强成交说服力和成交感染力，从而打动顾客，促成交易。

在运用机会成交法时应注意以下问题：(1)通过各种宣传造成一定的成交氛围，强调成交机会千载难逢，失去机会等于损失更多的利益。(2)推销人员应直接向顾客提示成交机会，诱发顾客的购买动机，刺激顾客对推销品急切的占有欲望，以促使顾客立即采取购买行动。(3)使用最后机会成交法时，所选择和利用的机会一定要属实，不能欺骗顾客，应该让顾客认识到你所提示的最后机会是在向其提供重要的信息，目的是帮助顾客做出理智的决定。推销人员应将一切可以利用的机会牢记在心，不失时机地加以利用。

9. 优惠成交法

优惠成交法即推销人员利用优惠的交易条件来促成顾客立即购买推销品的成交方法。人们普遍都有"求利"的购买动机，优惠成交法正是利用了这一心理特点，抓住准顾客可能存在的对价格、运费、折扣、让价、赠品等交易条件方面种种好处的渴求，诱使顾客作出购买决策。譬如某太阳能热水器公司的推销员对房地产开发商经理说："每安装 10 套热水器，我们就免费为顾客安装1套,别的公司可没有这么优厚的条件。”

优惠成交法与最后机会成交法经常结合起来使用,威力更大。优惠的机会“千载难逢”,特别是当未来预期对准顾客不利时,谁都希望搭上“末班车”,这对达成交易将更为有利。例如:“国庆(五一、元旦、春节)促销,活动期间,价格下调20%。活动结束,价格恢复。”再如,商场里的电视机厂家营销员对顾客说:“您看从今年6月份起我们公司的大屏幕彩电价格下调了30%,国家又出台了新征税的政策,物价可能会上涨,千万不要犹豫了,趁此大好机会赶紧选购。”

10. 小点成交法

小点成交法指推销人员通过次要问题的解决来间接促成交易的成交方法。小点,即较小的、次要的成交问题。从顾客购买心理的角度来看,购买者对重大的购买决策往往心理压力较大,较为慎重,担心有风险而造成重大损失,导致难以决断,这对成交金额较大的交易而言尤其如此。而顾客在进行较小的成交决策时,心理压力较小,会较为轻松地接受推销员的推荐,比起进行较大买卖的交易决策要容易。小点成交法正是利用了顾客的这种心理,避免直接提示重大的、顾客比较敏感的成交问题,先小点成交,后大点成交,先就成交活动的具体条件和具体内容达成协议,再就成交本身达成协议,从而促使成交实现。例如工业设备推销员可以这样问:“您是对我们的租用计划感兴趣,还是想完全拥有这种设备?”摩托车推销员可以这样问:“您是喜欢这种经济型的车型,还是那种豪华型的车型?豪华型的要贵800多元。”如果推销员一开始就向对方提出一个大的要求,会把对方吓跑。推销员的策略就是,从小处着眼,一步一步走向最后的成交。

小点成交法有下列优点:(1)可以创造良好的成交气氛,减轻顾客的心理压力。(2)为推销人员提供了与顾客周旋的余地。(3)一个小点不能成交,可以换其他的小点,直至达成交易。(4)有利于推销人员合理利用各种成交信号,有效地促成交易。

运用小点成交法应注意的几个问题:(1)应针对顾客的购买动机,选择适当的成交小点。(2)应避免直接提示顾客比较敏感的重大决策问题。(3)必须认真处理顾客的异议,不能故意回避顾客所提出的有关购买的重大问题。因此,在实际推销过程中,推销人员应审时度势,根据顾客特点,合理运用小点成交法。

11. 其他成交方法

(1) 试用成交法

试用成交法又称“小狗成交法”,是推销人员采用“先使用、后付款”的方法,以减少购买风险。统计表明,如果准顾客能够在实际承诺购买之前先行拥有该产品,交易的成功率将会大大增加。推销员可请求顾客先试用少量包装的商品,如请求顾客购买远比正常包装要小得多的数量。如果顾客试用后对商品感到满意的话,以后就会大量购买。试用的商品有时候是免费赠送的,这里既包括在商场的专柜里,或是在闹市街头上,也包括推销人员有针对性地上门赠送。尤其是最后一种方式,是推销人员用得比较多的。例如推销员可以把新的真空吸尘器留给顾客使用一个星期,当你再从他手中拿走时,顾客就会恋恋不舍,从而促使顾客购买。

小故事

“小狗成交法”来源于一个小故事：一位妈妈带着小男孩来到一家宠物商店，小男孩非常喜欢一只小狗，但是妈妈拒绝给他买，小男孩又哭又闹。店主发现后说：“如果你喜欢的话，就把这个小狗带回去吧，相处两三天再决定。如果你不喜欢，就把它带回来。”这几天之后，全家人都喜欢上了这只小狗，妈妈又来到了宠物商店，买下了这只小狗。

鼓励顾客试用产品至少能达到两种推销效果：一是顾客在试用产品的过程中会真正体会到商品的价值和使用价值，充分地认识到商品的性能及优点，并能熟练地掌握一些基本的操作技巧，这样就促使顾客产生强烈拥有该种商品的欲望；二是顾客在试用产品之后往往不好意思再拒绝购买。特别是对于那些外表温和、态度从容，但内心却瞻前顾后的优柔寡断型顾客，鼓励其试用产品，就能消除其犹豫心理，敦促他下决心购买。而对于那些决断力强、慷慨坦直的豪爽干脆型顾客，只要他们试用了产品，基本感到满意之后，也会毫不犹豫地做出购买决定。

运用试用成交法时应注意以下几点：①推销人员应相信顾客，允许顾客在试用不满意时退还产品，而不必承担任何责任。②在顾客试用期间，应帮助顾客总结使用心得，指导顾客科学合理地使用产品。③顾客有疑虑的时候，可以请他先看再试。因为推销人员对公司有信心，对公司的产品有信心，也对顾客有信心。

（2）保证成交法

推销员直接向顾客提供成交保证来促使顾客立即购买产品。有时候，顾客因对交易条件不放心，担心质量问题、技术问题、价格过高等原因而不敢下购买决定。推销员应为顾客提供保证，解决顾客的后顾之忧。例如，“王经理，您放心购买我们的设备，我们为客户提供10年的保修期，并应顾客的要求随时提供各种技术服务。”“刘厂长，您放心购买我们的产品，我们提供优惠价格，保证我们的价格是全行业最低的。如果您购买后发现有其他地方比我们的价格更低的，我们将退回超过部分的款项。”

保证成交法的保证内容一般包括商品质量、价格、交货时间和售后服务等。这种保证直击顾客的成交心理障碍，极大地改善成交气氛，有利于促成交易。但是，保证成交法也不可滥用，以免不能完成保证，引起顾客反感，从而不利于成交。

（3）T型成交法

T型成交法也称富兰克林成交法或理性分析成交法，就是鼓励潜在客户去考虑事情的正反面，突出购买是正确选择的方法。

顾客在面临作决定的关键时刻，总犹豫不决。推销员可以在一张纸上画出两栏，呈“T”字形，左边表示肯定，右边表示否定。即把购买某产品的一切好处按照程度高低进行排序写在左栏，将客户感知到或可能感知到的不利点写在右栏，让客户看哪边理由充分而作决定。这份利弊卡有两种写法，一是买卖双方各写一份；二是销售人员写肯定，客户写否定。这种做法便于客户进行利弊比较，说服力强，特别是我们在书面写下这些信息时，能让客户感觉到我们只是代表他把他的评估比较客观地写在上面；同时，在时间和信息有限的情况下，客户不可能突然想出太多的否定因素，从而有利于卖方。

这种理性分析交易看似繁杂，其实却是有效打动顾客的心的方法，尤其是对那些犹豫、尚不知如何是好的顾客,更需要用这种方法帮他作决定。这种方法适合于果断型和分析型的客户,因为这符合他们强调理性的特点;也适合于已有多次接触,彼此间建立了一些人际关系的客户,因为这能让客户更容易坚定其购买决心。

T型成交法用非常直观的方法帮助顾客对购买决定进行权衡利弊。通过这种方式,顾客会经常发现自己不购买或推迟购买决定的理由很少,而且往往也很勉强。使用这种方法帮助顾客做决定往往会给顾客留下直观、公平和信任的感觉。

小资料

T型成交法也称富兰克林成交法,源于美国的本杰明·富兰克林在遇到困难时做决定的方法,即当遇到困难的决定时,就取出一张纸,在纸正中区域画一条线,并在纸的左边写上"赞同的理由",在纸的右侧写上"反对的意见"。如果反对的理由多于赞同的理由,他就放弃做这件事情;如果赞同的理由多于反对的理由,他就会感到这是一件好事,因此做出这个决定是正确的。

二、成交后的注意事项

(一)避免导致成交失败的行为

1. 切勿流露出异常兴奋的神情

和顾客签约成交,对推销员来说,艰辛的推销工作终于有了回报,内心欣喜、兴奋也是自然的。但是,切忌表露出欣喜若狂、异常兴奋的神态或举动。否则,会使顾客产生吃亏上当的感觉。推销员应将签约成交视为例行手续,以一种自然的神态与客户达成交易及签约。

2. 不要无话找话

既然已经成交,说明顾客的异议基本得到满意的解释。在这关键时刻应谨慎从事,以避免因任意开口而导致顾客节外生枝,提出新的异议而导致成交失败。这也就是所谓的言多必失。推销员可以运用以下方法来保持沉默,如靠在椅子上,保持沉默;保持一个轻松的、有信心的、友好的微笑;保持积极的心态。不要无话找话,否则煮熟的鸭子也是会飞走的。

小故事

推销员小王经过一番艰苦的努力终于与顾客达成了交易,顾客在订单上签了字。小王感到终于可以松一口气了,便同顾客说起了闲话,由于心里高兴,不免吹吹牛皮。谈兴正浓,顾客突然又提出了一个问题,认为合同中立即付款的约定不太恰当,要求改为延期付款。小王感到合同都签了,本来已经谈妥的事情怎么可以反悔呢?但顾客不依,坚持要改。没有办法,只好同顾客再一次讨价还价,洽谈一下子又回到了起点。事后小王对此懊悔不已,觉得自己犯了一个本不该犯的常识性错误。

3. 不要惊慌失措

由于最后成交的成功即将到来,有的推销员不由自主地出现莫名的惊慌,如出汗、颤抖等神经质动作，这会使顾客重新产生疑问和忧虑，如果顾客因此失去信心，那你会失去顾客的信赖和订单。

4. 不要过分感谢顾客

有的推销员非常艰苦地将订单签下，成交后会不由自主地如释重负，浑身马上松弛下来。此时他的主要感觉是：谢天谢地，总算成功了。由于庆幸地松了一口气，他就很容易不由自主地对签订单的顾客流露出感激之意。如果推销员不能控制住这种大悲大喜的情绪，买主既会看不起你，也会对你所推荐的商品表示怀疑，甚至可能取消订单。

5. 不要言谈内容消极

在成交签约后，推销员对顾客的谈话不要太随便，特别是不能发些消极的、否定性的议论。要尽量向顾客传达积极的消息，使顾客心情舒畅地签约。

（二）做好成交善后工作

1. 让客户觉得本次购买是明智的选择

许多顾客即使成交后也不放心自己作出的购买决定，尤其是那些勉强作出购买决定的顾客，有一种不安的感觉，因此推销人员在成交后要注意如何消除顾客的疑虑，使顾客始终觉得自己的购买决策没有错，甚至感到自己的购买决策太正确了。为了消除顾客的不安或疑虑，推销员必要时要向顾客作出一种保证或承诺，让顾客感到放心。例如：购买后有一个明确的质量保证条件；如有问题，可以做到换货或退货自由等。和客户签约成交后，推销员要以一种平和的态度，适度肯定、积极评价顾客的购买抉择，以坚定其购买信心，为以后进一步的业务联系打下良好的心理基础。

2. 有分寸地表达感激之情

与顾客达成交易后，推销员与顾客的关系并没有结束。推销工作其实是一个连续不断的过程，许多推销要接二连三地进行下去，有的要与顾客长期合作。因此推销人员不能忘记必须向顾客表示友好之情，还可以安排一些活动来表示庆贺，让顾客知道，推销人员非常感谢他的合作或提供的帮助。不过要注意分寸，不能过分献媚，否则会增加顾客“上当”的感觉。每一次顾客购买产品后，都希望能得到推销员的感谢，或对推销员的感谢心理上有种欣慰、满足或得到回报的感觉。

3. 信守诺言，并积极履行

有些推销员当顾客已经与自己签约，认为有了法律约束力，于是，先前对顾客承诺的是一套，后边做的又是一套，敷衍了事。这就是人们常说的“过河拆桥”。推销人员和顾客达成的交易，并不是凭借着几句花言巧语骗来的，因此，推销人员应记住自己对顾客所作的承诺。正确的做法是，学会拒绝，办不到的事情绝不许诺，而承诺的事情一定要办成，哪怕是小事也应该这样。

5. 适时告辞话别

推销人员与顾客道别，要能给顾客留下良好的印象。道别的基本要求是热情、亲切、自然，用语简单适当。

签约手续办妥之后，推销员要找一个恰当的时机和顾客话别告辞，不必再找话题与顾客东扯西拉，浪费彼此时间，引起顾客反感。推销员要根据不同情形和不同心理的顾客，选择最适当的时机道别。例如，大宗商品买卖成交后，不能马上离去，可以与顾客作短暂的交谈，但也不能故意寻找话题，让人觉得乏味。有些顾客成交后不想马上离开，而想继续与你谈几句，这时你也不能马上离开，否则会让人产生怀疑。一般情况下，推销员向顾客致谢，然后指导顾客正确使用产品的方法，重复交货条件的一些细节，就可告辞。

无论成交与否，都应保持谦虚有礼的态度，要记住自己的形象影响着公司的形象，也会影响到下次与顾客打交道受欢迎的程度。

项目小结

成交是推销的根本目的。推销员和顾客就像一对恋人，所谓一见钟情的初次成功率是很低的。因此，推销员要注意把握适当的时机和效果，运用一定的策略和方法，有效地促成交易，最终达到"有情人终成眷属"。

项目练习

一、撰写题目为《推销感悟——坚持》的论说文（不少于800字）

二、案例分析

1.《美国》杂志的出版商亚瑟·莫特里年轻时为积攒上大学的学费，到处寻找打零工的机会。有一天，一个齐特拉琴的推销商找到他，让他推销。齐特拉琴是一种古琴，价格不贵，销量较好。莫特里以5美元/把进货，10美元/把卖出，同时免费赠送给顾客30页乐谱。有一天，一位购琴的顾客向他索要更多的乐谱，他突然发现这种琴只能弹奏C调，对其他调号的曲子一点用都没有。面对顾客所提出的要求，他感到无所适从。抱着不能欺瞒顾客的信条，他如实地告诉了顾客。顾客提出，既然如此，你的琴价能否再降一些？莫特里坚持认为，这样会有损他的声誉而回绝。从那天起，他的销量再也没有达到先前的水平，尽管工作是同样的卖力，但效果就是不如以前。

问题 （1）该案例中你认为莫特里存在着哪些成交障碍？

（2）莫特里奉守成交信条不能欺瞒顾客，并运用成交三原则之一坚持，但没有起到实质效果，为什么？请分析原因。

2. 有一天，一位寿险业务员去一家客户单位做业务。这家客户单位原来与寿险业务员已经谈好，这次是去最后敲定，然后签定合同。在客户的办公室里，当地正在与客户谈有关集体办理价格优惠的问题时，这时突然来了另外一个保险公司的业务员，告知客户如果与他们合作，价格肯定比现在优惠，这时客户犹豫不决，希望与新的这家保险公司接触后再作决定。

问题 该案例在成交策略中属于哪一种？应采取什么样的对策加以解决？

三、实训

下面案例1、2、3、4分别采用了什么样的成交方法？他们各自有什么特点？

1. 工业用原材料推销，推销员重点讲述了原材料质量好这一优点。产品介绍完之后，问顾客：

"我想，你们工厂的工人一定喜欢用质量好的原材料。"

"是的。"

"那我什么时候给您发货。"

"这是将要发给你们的货物。"

"这是本月你们需要的货物。"

2. TCL公司,要求商场柜台的电视机销售人员,在看到有顾客过来时,这样提问:"先生、小姐,您是要看25英寸的,还是要看29英寸的?"

3. 一个办公用品推销人员到某局办公室推销一种纸张粉碎机。办公室主任在听完产品介绍后摆弄起这台机器,并自言自语道:"东西倒很适用,只是办公室这些小青年,毛手毛脚,只怕没用两天就坏了。"

推销人员一听,马上接着说:"这样好了,明天我把货送来时,顺便把纸张粉碎机的使用方法和注意事项给大家讲一下。这是我的名片,如果使用中出现故障,请随时与我联系,我们负责修理。主任,如果没有其他问题,我们就这么定了?"

4. 一推销员对顾客说:"王经理,这种冷热饮水器目前在一些大城市非常流行,特别适合大公司的办公室使用。既方便实用,又能增添办公室的豪华气派和现代感。像与贵公司齐名的大宇公司、中天公司等,办公室里都换上了这种饮水器。"

四、课堂讨论

1. 分析与思考:客户的面部表情表现出来的成交信号可信吗?

2. 促成交易有什么有效技巧?

项目十 达成交易

职业能力目标与学习要求

1. 知识目标:了解合同条款的基本内容;了解合同成立的步骤和阶段。

2. 技能目标:能完成常用交易合同的写作、修改;能够与客户模拟议订交易合同。

3. 任务分解:

任务一:根据交易实际完成合同的写作、修改;任务二:与客户议订交易合同。

任务一 根据交易实际完成合同的写作、修改

实施步骤

1. 了解与审查交易对方的交易资质程序。

2. 选择范本和模板。

3. 制作合同首部、正文及尾部。

4. 完稿后的修改。

思考案例

2009年春节前夕，长丰公司派张某到某购物中心购买了价值8850元的货物，并要求购物中心以提货卡代替实物的形式发放，由员工持卡提货。购物中心填发了50张提货卡，并在发票背面和购物中心的内部管理底簿上登记了提货卡的卡号。张某刚出购物中心，装提货卡的提包就被人抢走。张某紧急报警并向购物中心挂失，购物中心以提货卡不记名且载明“概不挂失”为由拒绝办理，致使货物于次日上午9时左右被他人提走。

对本案应如何处理有两种不同观点：第一种观点认为购物中心不应赔偿长丰公司的损失，理由是提货卡不记名，可自由转让，且购物中心已声明“概不挂失”。第二种观点认为购物中心应当赔偿长丰公司的损失，理由是其提货卡上“概不挂失”的单方面声明无效，给他人造成损失的应予赔偿。

资料来源：http://china.findlaw.cn/info/case/dianxinganlifenxi/87914.html

西方有句谚语说：“财富的一半来自合同。”市场经济中采用的最重要的交易手段就是合同。现在合同已经深入到人们生活中的每一个角落，大大小小的生意都需要用合同的形式加以表达和完善。可以说，生活中任何人、任何公司或企业都离不开合同。因此，一份条款完备、行文严谨的合同对企业交易来讲尤其重要。

一、起草一份好合同

合同的作用在于明确双方的权利和义务，事前防范风险，事后弥补损失。一个好的合同可能双方得益；而一个有缺陷的合同，则可能为买卖双方带来很多麻烦及损失。

合同的条款是合同中经双方当事人协商一致，规定双方当事人权利义务的具体条文。合同当事人的权利义务，除法律规定以外，主要由合同的条款确定。根据《中华人民共和国合同法》(以下简称《合同法》)规定，合同内容由当事人约定，一般应当包括以下条款：

(一) 当事人的名称或者姓名和住所

订立合同时，要把双方当事人名称或者姓名和住所都记载准确、清楚。在签订合同时，弄清对方当事人的法律地位十分重要，如对方是一家企业法人还是分支机构，最好要求其提供营业执照。明确当事人的另一项内容是明确合同的签署人，法人盖公章、法定代表人签字均可认为是法人行为，其他人签字需要得到授权。当事人是个人的，需要审查当事人是否具有行为能力。

(二) 标的

标的是合同当事人双方权利义务所共同指向的对象。标的是合同成立的必要条件，是一切合同的必备条款。没有标的，合同不能成立，合同关系无法建立。合同标的多种多样，归纳起来有四类：

(1) 有形财产，指具有价值和使用价值并且法律允许流通的有形物，如生产资料与生活资料，货币与有价证券等。

(2) 无形财产，指具有价值和使用价值并且法律允许流通的不以实物形态存在的智力成果，如商标、专利、著作权、专有技术等。

(3) 劳务，指不以有形财产体现其成果的劳动与服务，如运输合同中的运输行为，保管与仓储合同中的保管行为、接受委托进行代理、经纪、居间行为等。

(4) 工作成果，指在合同履行过程中产生的，体现履约行为的有形物或者无形物，如承揽合同中承揽人完成的工作成果、建设工程合同中承包人完成的建设项目、技术开发合同中研究开发人完成的研究开发成果等。

合同对标的的规定应当清楚明白，准确无误。对于名称、型号、规格、品种、等级、花色等都应描述得细致、准确、清楚以防止差错。特别对不易确定的无形财产、劳务、工作成果等，更要尽可能描述准确、明白。

小故事

一个犹太人带着一头牛和一只鸡去集市，在途中遇到洪水，在他快要被淹死的时候，他祷告说："如果上帝能救我，我就把卖牛的钱捐给教堂。"上帝听到后把他救了起来。犹太人平安后不想再把卖牛的钱捐出来，但是自己作出了承诺必须履行。聪明的犹太人到了集市上把牛以鸡的价格卖掉，同时有一个条件，就是对方必须以一头牛的价格买他的鸡，之后把卖牛的钱捐给了教堂。聪明的犹太人既遵守了自己的承诺，同时又利用规则中的"漏洞"使自己的"损失"减到最小。

合同约定的目的在于固定未来可能遇到的风险，合同条款的约定追求明确确定。一旦发生纠纷，可以依据合同条款找到解决问题的标准和方式，是合同条款的价值所在。不明确的约定或存在歧义的约定在法律效果上等同于没有约定。

小故事

广州市民曲连吉自带了一瓶珍藏了十多年的杜康酒，和老朋友相约来到广州下塘西路的"天鲜阁"餐厅，准备开怀畅饮。宴会一开始，当众人的目光聚集在那瓶杜康酒上时，餐厅服务员彭玉香不失礼貌地告诉他们，自带酒水要收开瓶费。众人对此不解，服务员解释说这是餐厅的规定。于是，曲连吉提出买餐厅的杜康酒。他的用意很明白，假如餐厅没有同样的酒卖，那就没有理由收取开瓶费了。很快从总台返回的服务员表示，餐厅没有这样的酒卖，但如果他们要喝自己带来的酒，还是要收开瓶费，这也是餐厅的"规定"。为了让老朋友喝上杜康酒又不至于因开瓶费而扫兴，曲连吉试图用另一种规定来回应餐厅"规定"。他告诉服务员，中国消费者协会前不久刚发布了一个规定，餐厅向自带酒水的顾客收取开瓶费是不合法的。对此，服务员仍坚持要收开瓶费，并叫来了餐厅的一名部长再次重申餐厅的"规定"。

菜已经陆续上来了，杜康酒是不能不喝的，于是，曲连吉自己动手开启了酒瓶。结账时，曲连吉再次提出中消协的规定，餐厅方面则再次告知收取开瓶费是"餐厅规定"，曲连吉还辩解道，酒是自己打开的，并没有让服务员开启，餐厅的廖部长却认为，即使如此，也要照收开瓶费。最后，曲连吉要求餐厅出具开瓶费发票，餐厅只好在一张百元定额发票上注明"其中开瓶费 20 元"的字样。曲连吉气愤之余，一纸诉状将对方告上了法庭。广州中院判决曲先生胜诉，禁止餐厅收取开瓶费。

（三）数量

数量是对标的物的量的规定，是对标的物的计量。在大多数合同中，数量是必备条款，没有数量，合同不能成立。对于有形财产，数量是对单位个数、体积、面积、长度、容积、重量等的计量；对于无形财产，数量是个数、件数、字数以及使用范围等多种量度方法，对于劳务，数量为劳动量；对于工作成果，数量是工作量及成果数量。合同的数量要准确，应选择使用双方当事人共同接受的计量单位、计量方法和计量工具。

（四）质量

质量是标的的内在素质和外观形态的综合，一般以品种、型号、规格、等级和工程项目的标准等体现出来。对有形财产来说，质量是物理、化学、机械、生物等性质与外观形态的综合；对无形财产、服务、工作成果来说，也有其内在素质的衡量方法。合同中必须对质量明确加以规定，国家有强制性标准规定的，必须按照规定的标准执行。如果有多种标准的，应尽可能约定其适用的标准。当事人可以约定质量检验的方法、质量责任的期限和条件，对质量提出异议的条件与期限等。

（五）价款或者报酬

价款或报酬是一方当事人向对方当事人所付代价的货币支付。价款一般指对提供财产的当事人支付的货币，如买卖合同的货款、租赁合同的租金、借款合同中借款人向贷款人支付的酬金和利息等。报酬一般指对提供劳务或者工作成果的当事人支付的货币，如保管合同中的保管费、仓储合同中的仓储费、运输合同中的票款或者运费等。作为主要条款，在合同中应当明确规定其数额、计算标准、结算方式和程序。

（六）履行期限、地点和方式

履行期限是指合同中规定的一方当事人向对方当事人履行义务的时间界限，如交付标的物、价款或报酬，履行劳务、完成工作的时间界限。它直接关系到合同义务完成的时间，是确定合同能否按时履行的依据。

履行地点是指合同规定的当事人履行合同义务和对方当事人接受履行的地点。不同的合同，履行地点也不同，如买卖合同中，买方提货的，履行地为提货地；卖方送货的，履行地为买方收货地。履行地点关系到合同的费用、风险由谁承担，以及确定所有权是否转移、何时转移、发生纠纷后应由何地法院管辖的依据。

履行方式是指合同当事人履行合同义务的具体做法。不同类的合同，有着不同的履行方式。有的需要以转移一定财产的方式履行，如买卖合同；有的需要以提供某种劳务的方式履行，如运输合同；有的需要以交付一定的工作成果的方式履行，如承揽合同等。履行方式还包括价款或者报酬的支付方式、结算方式等。

小故事

中国某公司与美国某客商签订了进口某货物的合同。双方约定在美国西部港口交货。但双方合同和开信用证时都写成了“美国港口交货”，漏掉了“西部”两字，美方接到信用证后，通知我方在美国东部某港口接货，我方只好通知船方到该港接货，结果多承担了一笔运费支出。

这个故事是典型的合同履行地点约定不明的情形，合同的条款应当清晰明确，中方公司因为在合同签订中的疏忽导致自己多出了一笔不必要的开支。

（七）违约责任

违约责任是指合同当事人一方或者双方不履行合同或者不适当履行合同时，按照法律规定或者合同的约定应当承担的法律责任。违约责任是合同具有法律约束力的重要体现，也是保证合同履行的主要条款，它可以促使当事人履行合同义务，使对方免受或少受损失。一般有关合同的法律对于违约责任都尽量作出较为详尽的规定。因此，当事人为了保证合同义务严格按照约定履行，为了及时解决合同纠纷，可以在合同中明确规定违约责任条款，如约定定金或违约金，约定赔偿金额以及赔偿金的计算方法等。

（八）解决争议的方法

解决争议的方法指合同当事人对合同的履行发生争议时解决的途径和方式。可以选择的解决争议的方法主要有：当事人协商和解、第三人调解、仲裁、诉讼。如果当事人意图通过诉讼解决争议，可以不进行约定；如果想通过其他途径解决，则要事先或者事后约定。若当事人选择仲裁解决方式，还要明确选择具体的仲裁机构。

除法律另有约定外，涉外合同的当事人可以选择解决他们的争议所适用的法律，可以选择中国法律、其他国家或地区法律。当他们选择用仲裁方式解决纠纷时，可以选择中国的仲裁机构，也可以选择其他国家的仲裁机构。

小故事

美国有一家出口商将炖熟的鸡肉运至瑞士，瑞士进口商接收后，以合同规定的鸡肉（Chicken）应指稚嫩的，适于烤、炸的鸡肉，而美国出口商交付的却是炖熟的鸡肉为由提起诉讼。美国出口商认为，鸡肉有一系列含义，包括炖鸡，合同所用鸡肉应在广义上理解。法院认为，在订立合同时，每一方当事人都有自己理解的词语含义，于是误解便产生了。尽管买方可从狭义上理解鸡肉一词，但并不意味着卖方也有理由知道这一点。因而，买方有责任证明鸡肉一词是在狭义上而非在广义上使用的。实际上这是难以证明的。故而应按卖方对鸡肉一词的广义理解作为合同所言鸡肉的含义。出现纠纷的原因仍在于双方对标的没有明确。如果双方在合同中对鸡肉作出具体说明或对其用途有所提及，也不会造成双方如此误解。

二、格式条款

在企业的营销活动中经常会用到一些格式合同，如移动运营商的入网合同、银行服务协议、保险公司保险合同等，从交易公平的角度来讲有必要了解格式的内容。

（一）格式条款的概念

格式条款是当事人为了重复使用而预先拟定，并在订立合同时不与对方协商的条款。当事人采用格式条款订立合同时，提供格式条款的一方应当遵循公开原则确定当事人之间的权利和义务，实践中各类合同的示范文本，可以提示当事人在订立合同时更好地明确各自的权利义务。参照这些文本订立合同，可以减少合同缺少款项、容易引起纠纷的现象，使合同的订立更加规范。

小资料

所谓“霸王条款”，就是一些经营者单方面制定的逃避法定义务、减免自身责任的不平等格式合同、通知、声明和店堂告示或者行业惯例等，限制消费者权利，严重侵害群众利益。“霸王条款”之所以遭到广大消费者的痛恨，是因为个别商家利用信息不对称、供求关系不平衡，将不平等的消费条款强加给消费者。很多时候，由于消费者是以个人形式面对集体形式的商家，存在心理弱势，往往不得不自认倒霉，花了冤枉钱还得受窝囊气。

（二）《合同法》对格式条款的使用限制

《合同法》从三个方面对格式条款予以限制。

1. 提供格式条款的一方有提示说明的义务

应当采取合理的方式提请对方注意免除或限制其责任的条款，按照对方的要求对该条款予以说明。

2. 某些格式条款无效

（1）提供格式条款的一方免除其责任，加重对方责任，排除对方主要权利的条款无效。

（2）格式条款具有《合同法》第 52 条规定的情形时无效，包括：一方以欺诈、胁迫的手段订立合同，损害国家利益；恶意串通，损害国家、集体或者第三人的利益；以合同法形式掩盖非法目的；损害社会公共利益；违反法律、行政法规的强制性规定。

（3）格式条款具有《合同法》第 53 条规定的情形时无效，包括：有造成对方人身伤害的免责条款；有因故意或重大过失造成对方财产损失的免责条款。

小资料

吉先生平时很喜欢唱歌,他于春节前在五莲县一家 KTV 办理了一张会员卡,价值 98 元,KTV 赠送给他一个宣传册子,里面有一张两小时的欢唱券。春节过后,吉先生与其朋友一起去 KTV 时,却被告知该卡没有开通,过段时间开通后才能使用。

2014 年 2 月 18 日,吉先生再次来到该店,要求使用会员卡,却遭到工作人员的拒绝,并称最终解释权归 KTV 所有。吉先生不明白为何自己花钱办的会员卡突然“失效”,无奈之下拨打了 12315。

五莲县工商局 12315 工作人员立即与消费者及 KTV 经营者取得了联系。经调查了解,消费者反映的情况属实。经过工作人员的耐心调解,经营者承诺该消费者持会员卡到 KTV 可以随时使用消费,没有时间限制,并对消费者表示了歉意,同时声明会加强对 KTV 工作人员的管理。吉先生对协调结果十分满意。

点评:餐饮行业中的“禁止自带酒水(食品)”、“包间设置最低消费”属于服务合同中的不平等格式条款(俗称霸王条款),是餐饮行业利用其优势地位,在向消费者提供餐饮服务中作出的对于消费者不公平、不合理的规定,消费者可请求当地工商机关投诉举报,确认“霸王条款”无效。最终解释权归商家所有,等于商家从一开始就和消费者签订了一个不平等的合同,将自己置于一个强势地位,一切自己说了算,钻法律空子的同时也愚弄了消费者。凡是遇到类似以“最终解释权归本店所有”为借口损害消费者权益的商家店家,不要忍气吞声,一定要及时投诉,最终解释权绝不是一张随意损害消费者利益的王牌。

3. 对格式条款有两种以上解释的

应当作出不利于提供格式条款一方的解释。格式条款和非格式条款不一致的,应当采用非格式条款。

小故事

2013 年 7 月 17 日,市民小朱在淘宝网上看到“桂林玛莎婚纱摄影”的一次团购活动,活动写明,只需 9.9 元就能拍摄原价 299 元的全家福写真,其中包含了精拍 30 张照片、提供服装等服务,团购服务有一个限制,就是拍摄限两代人,人数在 3 至 5 人,如果超过就得多交些钱。小朱觉得实惠,且小朱自己,加上弟弟,妈妈和外婆,他们家一共有三代 4 口人,符合拍摄全家福的条件,遂缴费预订了全家福照。次日,小朱一家人到桂林玛莎婚纱摄影拍摄全家福时,工作人员告知,在他们影楼的定义里,“全家福”一定要有父母双方和小孩,这才能算是全家福。像小朱这样的单亲家庭,则属于“亲子”,不在团购的服务范围之内。

消费者进行团购时,购买的其实是进行团购行动时所标明的服务。小朱在团购时,“全家福”并没有限制“亲子照”的拍摄,那在团购后,即使婚纱影楼重新定义了全家福的解释,消费者也可以不用理会。当出现对格式条款不一致时,应当作出有利于被动方的解释。因此,婚纱影楼应当为小朱拍摄全家福照。

任务二　与客户达成交易合同

实施步骤

1. 要约。
2. 承诺。
3. 责任追究。
4. 签约。

思考案例

2005年5月初,裕丰公司为寻找经销商,通过报刊、电视、广播等媒体对外发布广告,其中称:"你不赚,我赔钱!"其含义是指只要你经销该公司的系列电器产品(每县、市一家,通过考察后择优录用),如果利润低于当地同行业平均水平,不足部分由该公司赔偿。一个月后,李婷成为裕丰公司的经销商。然而,由于裕丰公司的产品质量欠佳、售后服务未到位等原因,李婷在当地的销售并未达到预期效果,不但不及同行平均水平,连同运费、房租、税收等支出,反而亏损了八千余元。李婷遂要求裕丰公司赔偿,裕丰公司则以李婷经营不善为由拒绝,双方因而诉请法律。

资料来源:http://www.110.com/ziliao/article-142516.html

一、合同的订立

根据《合同法》规定,当事人采取要约、承诺方式订立合同。合同是当事人之间设立、变更、终止民事权利义务关系的协议,当事人对合同的内容经过协商、达成一致意见的过程,就是通过要约、承诺完成的。要约与承诺制度的规定,使合同的成立有了一个较为具体的标准,可以更好地分清各方当事人的责任,正确恰当地确定合同的成立,充分保障当事人的权益,鼓励交易,减少与解决纠纷,使合同当事人和司法机关都有所遵循。

(一) 要约

要约是希望和他人订立合同的意思表示。当一方当事人向对方提出合同条件做出签订合同的意思表示时,称为"要约"。发出要约的当事人称为要约人,要约所指向的对方当事人则称为受要约人。要约在不同情况下还可以称之为发盘、出盘、发价、出价或报价等。

1. 要约应具备的条件

(1) 内容具体确定。发出要约的目的在于合同,因此,要约人必须是确定的;受要约人一般也是特定的,但在一些场合,要约人也可以向不特定人发出要约。要约的内容必须具有使合同成立的主要条件,包括主要条款,如标的、数量、质量、价款或者报酬、履行期限、地点和方式等,一经受要约人承诺,合同即可成立。如果要约内容含混不清,内容不具备一个合同的最根本的要素,即使受要约人承诺,也会因缺乏合同的主要条件而使合同无法成立。如甲对乙提出:“我愿意卖掉家中祖传的一套红木家具,价格为 20 万元。”这句话实际上就构成了要约,其内容明确具体的指向了家中祖传的红木家具,而且有确定的 20 万价格。

(2) 表明受要约人一旦承诺,要约人即受该要约约束。要约是一种法律行为,要约人受到要约的约束,整个要约的内容必须能够表明:如果对方接受要约,合同即告成立。

小故事

小李走进一家服装店,非常喜欢一个模特身上的衣服,衣服上标签标价为 188 元,于是就问老板:“老板,这件衣服多少钱啊?”老板回答:“最后一件了,150 元卖给你。”小李觉得有些贵,还价道:“照顾一下我这个穷学生,80 元吧!”老板犹豫一下说:“最低 100 元!”小李说:“88 元卖了图个吉利吧!”老板没答应。小李看有些难度,转身向门口走去。老板见小李要走,赶紧说:“回来!回来!今天亏本 88 元卖给你了!”小李转身付款拿走衣服。

这样的故事在日常生活中每天都在发生,但人们很少会注意到这就是一个买卖合同的缔结过程,没有意识到其中的法律意义。

2. 要约邀请

要约邀请是希望他人向自己发出要约的意思表示。要约邀请与要约不同,要约是一个一经承诺就成立合同的意思表示;而要约邀请的目的则是邀请他人向自己发出要约,自己如果承诺才成立合同。要约邀请处于合同的准备阶段,没有法律约束力。实践中要约与要约邀请往往很难区别,《合同法》规定,寄送的价目表、拍卖公告、招标公告、招股说明书等都属于要约邀请,商业广告的内容符合要约规定的,视为要约邀请。如甲对乙说:“我正在考虑卖掉家中祖传的一套红木家具,价格暂定 20 万元。”甲对乙的表述就是要约邀请,虽然有明确的标的物但价格不确定,其目的只是为了引诱乙向自己报价发出要约。

3. 要约生效的时间

要约到达受要约人时生效。采用数据电文形式订立合同,收件人指定特定系统接收数据电文的,该数据电文进入该特定系统的时间,视为到达时间;未指定特定系统的,该数据电文进入收件人的任何系统的首次时间,视为到达时间。要约到达受要约人,并不是指要约一定要到受要约人或者其代理人手中,要约只要到达受要约人通常的地址、住所或者能够控制的地方(如信箱)即为送达。反之,即使在要约送达受要约人之前,受要约人已经知道其内容,要约也不生效。

小故事

美国早期一个经典案例:商人前往打马掌,并特别交待打马掌是为了骑马赶往另一城市签订合同。后行驶途中马掌脱落,马死人伤,商人因未能及时赶到而丧失签约机会。商人诉至法院请求赔偿马的价值、人的医药费和预期利益损失,即合同未能签署的利润损失,法院判决全部支持。

4. 要约的撤回、撤销与失效

(1) 要约撤回是指要约在发出后、生效前,要约人使要约不发生法律效力的意思表示。

法律规定要约可以撤回,原因在于这时要约尚未发生法律效力,撤回要约不会对受要约人产生任何影响,也不会对交易秩序产生不良影响。由于要约在到达受要约人时即生效,因此撤回要约的通知应当在要约到达受要约人之前或者与要约同时到达受要约人。

(2) 要约撤销是指要约人在要约生效后、受要约人承诺前,使要约丧失法律效力的意思表示。撤销要约的通知应当在受要约人发出承诺通知之前到达受要约人。也就是说,要约已经到达受要约人,在受要约人做出承诺之前,要约人可以撤销要约。由于撤销要约可能会给受要约人带来不利的影响,损害受要约人的利益,法律规定了两种不得撤销要约的情形:第一,要约人确定了承诺期限或者以其他形式明示要约不可撤销;第二,受要约人有理由认为要约是不可撤销的,并已经为履行合同做了准备工作。

(3) 要约失效是指要约丧失法律效力,即要约人与受要约人均不再受其约束,要约人不再承担接受承诺的义务,受要约人也不再享有通过承诺使合同得以成立的权利。《合同法》规定了要约失效的情形:第一,拒绝要约的通知到达要约人。受要约人接到要约后,通知要约人不同意与之签订合同,则拒绝了要约,在拒绝要约的通知到达要约人时,该要约失去了法律效力 。第二,要约人依法撤销要约。第三,承诺期限届满,受要约人未做出承诺。要约中确定了承诺期限的,超过这个期限不承诺,则要约失效;要约中没有规定承诺期限的,在通常情况下,要约发出后一段合同时间内不承诺的,要约失效。第四受要约人对要约的内容做出实质性变更。发生这种情况即为反要约,反要约是一个新的要约,提出反要约就是对原要约的拒绝,使原要约失去效力,原要约人不再受要约的约束。

(二) 承诺

承诺是受要约人同意要约的意思表示。

1. 承诺应具备的条件

(1) 承诺必须由受要约人作出,如由代理人做出承诺,则代理人须有合法的委托手续。

(2) 承诺必须向要约人做出。

(3) 承诺的内容必须与要约的内容一致。

(4) 承诺必须在有效期限内作出。

2. 承诺的方式

承诺的方式是指受要约人将其承诺的意思表示传达给要约人所采用的方式。承诺应以通知的方式作出,通知的方式可以是口头的,也可以是书面的。一般来说,如果法律或者要约中没有规定必须以书面形式表示的,当事人就可以口头形式表示承诺。根据交易习惯或当事人之间的约定,承诺也可以不以通知的方式,而以通过一定的行为或以其他方式作出。如果该种方式不为法律所禁止或不属于在客观上根本不可能,承诺人在作出承诺时就必须符合要约人规定的承诺方式。

3. 承诺的期限

承诺应当在要约确定的期限内到达要约人。要约以信件或者电报做出的,承诺期限自信件载明日期或者电报交发之日开始计算。信件未载明日期的,自投寄该信件的邮戳日期开始计算。要约以电话、传真等快速通讯方式作出的,承诺期限自要约到达受要约人时开始计算。要约没有确定承诺期限的,承诺应当依照下列规定到达:

(1) 要约以对话方式作出的,应当即时做出承诺,但当事人另有约定的除外。

(2) 要约以非对话方式作出的,承诺应当在合理期限内到达。

受要约人超过承诺期限发出承诺的,除要约人及时通知受要约人该承诺有效以外,为新要约。受要约人在承诺期限内发出承诺,按照通常情形能够及时到达要约人,但因其他原因承诺到达要约人时超过承诺期限的,除要约人及时通知受要约人因承诺超过期限不接受该承诺的以外,该承诺有效。

4. 承诺的生效

承诺通知到达要约人时生效。承诺不需要通知的,根据交易习惯或者要约的要求作出承诺的行为时生效。采用数据电文形式订立合同的,承诺到达的时间同上述要约到达时间规定相同。

承诺也可以撤回。承诺的撤回是指受要约人阻止承诺发生法律效力的意思表示。撤回承诺的通知应当在承诺通知到达要约人之前或者与承诺通知同时到达要约人。受要约人对要约的内容作出实质性变更的,为新要约。承诺对要约的内容作出非实质性变更的,除要约人及时表示反对或者要约表明承诺不得对要约的内容作出任何变更的以外,该承诺有效,合同的内容以承诺的内容为准。

二、缔约过错责任

缔约过错责任是指当事人在订立合同过程中,因违背诚实信用原则给对方造成损失时所应承担的法律责任。一般情况下,当事人根据自愿和诚实信用原则进行协商,决定是否订立合同。协商不成,也无需承担责任。但是如果当事人违背了诚实信用原则,在订立合同过程中有下列情形之一,给对方造成损失,就应当承担损害赔偿责任:

(一) 假借订立合同,恶意进行磋商

一方根本没有与对方签订合同的目的,以与对方谈判为借口,损害对方或第三人的利益,恶意地与对方进行谈判。如:甲公司得知乙公司正在与丙公司谈判,甲公司本来并不需要这个合同,但为排挤乙公司,就向丙公司提出了更好的条件。乙公司退出后,甲公司也借故中止谈判,给丙公司造成了损失。甲公司的行为构成了恶意磋商。

(二) 故意隐瞒与订立合同有关的重要事实或者提供虚假情况

在订立合同的过程中,一方当事人已经知悉了与合同有关的重要情况但不告诉对方,继续与对方进行谈判。如:甲欲购买乙的汽车,经协商,甲同意 3 天后签订正式的买卖合同,并先交 1000 元定金给乙。之后,甲了解到乙故意隐瞒了该车证照不齐的情况,故拒绝签订合同。汽车的证照是汽车使用和转让的重要凭证,乙故意隐瞒这些信息,导致无法签订合同,应当对甲承担缔约过失责任。

(三) 泄露或不正当使用订立合同中获得的商业秘密

当事人在订立合同过程中知悉的商业秘密,无论合同是否成立,泄露或不正当使用的。

如:甲公司与乙公司就液晶电视购销协议进行洽谈,其间乙采取了保密措施的市场开发计划被甲得知。甲遂推迟与乙签约,开始有针对性地吸引乙的潜在客户,导致乙的市场份额锐减。甲公司就属于不正当使用了合同过程中知悉的商业秘密。

(四) 有其他违背诚实信用原则的行为

如违背诚实信用原则终止谈判的行为。

小故事

张某到超市购物。超市门前台阶上结冰未清理,张某刚跨上台阶,即摔倒造成骨折,张某索赔,超市以张某未进入超市,双方未形成买卖合同关系,其没有义务承担顾客在营业厅外的安全为由拒赔。张某起诉,要求超市赔偿医疗费、误工费、护理费、营养费等合计7321元。

张某目的是与超市订立买卖合同。在缔约过程中,超市应尽保护义务,应承担缔约过失责任。张某在上台阶时,未仔细观察,导致事故的发生,其自身也有一定责任。据此,法院最终判定超市赔偿张某各项损失合计5000元。

项目小结

大宗商品的成交结果,最终都是以双方达成的交易合同来确定,并取得法律保护及承担法律责任。因此,合同的起草订立,及其格式条款内容,是交易双方达成交易的根本保障。

项目练习

一、参照下面范本起草一份买卖合同,要求具备合同的主要条款。

____________买卖合同(范本)

卖方:________________(以下简称甲方)

地址:______________ 电话:______________ 传真:____________

法定代表人__________________ 身份证号码____________________

买方:______________(以下简称乙方)

地址:________________ 电话:__________________

传真:___________ 法定代表人__________ 身份证号码____________

签约时间:____________________

签约地点:____________________

第一条　经购销双方协商交易活动,必须履行本合同条款。具体品类(种),需签订要货成交单,并作为本购销合同的附件;本合同中的未尽事宜经双方协商需补充的条款可另附协议书,亦视为合同附件。合同附件与本合同具有同等效力。经双方确认的往来信函、传真、电子邮件等,将作为本合同的组成部分,具有合同的效力。

签订成交单,除上级规定按计划分配成交外,其余商品一律采取自由选购,看样成交的方式。

第二条　合同签订后,不得擅自变更和解除。如甲方遇不可抗拒的原因,确实无法履行合同;乙方因市场发生骤变或不能防止的原因,经双方协商同意后,可予变更或解除合同。但提出方应提前通知对方,并将“合同变更通知单”寄给对方,办理变更或解除合同的手续。

按乙方指定花色、品种、规格生产的商品,在安排生产后,双方都需严格执行合同。如需变更,由此而产生的损失,乙方负担;如甲方不能按期、按质、按量、按指定要求履行合同,其损失,甲方负担。

第三条 成交单中的商品价格,由双方当事人商议决定,或以国家定价决定。

在签订合同时,确定价格有困难,可以暂定价格成交,上下幅度双方商定。

国家定价的商品,在合同规定的交(提)货期限内,如遇国家或地方行政部门调整价格,按交货(指运出)时的价格执行。

逾期交货的,如遇价格上调时,按原价执行;遇价格下调时,按新价执行。逾期提货的,遇价格上调时,按新价执行;遇价格下调时,按原价执行。由于调整价格而发生的差价,购销双方另行结算。

第四条 运输方式及运输费用等费用,由双方当事人协商决定。

第五条 各类商品质量标准,甲方严格执行合同规定的质量标准,保证商品质量。

第六条 商品包装,必须牢固,甲方应保障商品在运输途中的安全。乙方对商品包装有特殊要求,双方应在具体合同中注明,增加的包装费用,由乙方负担。

第七条 商品调拨应做到均衡、及时。对合同期内的商品可考虑按3∶3∶4的比例分批发货;季节性商品按承运部门所规定的最迟、最早日期一次发货;当令商品,零配件和数量较少的品种,可一次发货。

第八条 对有有效期限的商品,其有效期在2/3以上的,甲方可以发货;有效期在2/3以下的,甲方应征得乙方同意后才能发货。

第九条 甲方应按乙方确定的合理运输路线、工具、到达站(港)委托承运单位发运,力求装足容量或吨位,以节约费用。

如一方需要变更运输路线、工具、到达站时,应及时通知对方,并进行协商,取得一致意见后,再办理发运,由此而影响合同期限,不以违约处理。

第十条 商品从到达承运部门时起,所有权即属乙方。在运输途中发生的丢失、缺少、残损等责任事故,由乙方负责向承运部门交涉赔偿,需要甲方协助时,甲方应积极提供有关资料。乙方在接收商品时发现问题,应及时向承运部门索取规定的记录和证明并立即详细检查,及时向有关责任方提出索赔;若因有关单据未能随货同行,货到后,乙方可先向承运部门拒绝接收,同时立即通知甲方,甲方在接到通知后5日内答复;属于多发、错运商品,乙方应做好详细记录,妥为保管,收货后10日内通知甲方,不能自行动用,因此而发生的一切费用由甲方负担。

第十一条 商品的外包装完整,发现溢缺、残损串错和商品质量等问题,在货到半年内(贵重商品在7天内),责任确属甲方的,乙方可向甲方提出查询。

发现商品霉烂变质,应在30天内通知甲方,经双方共同研究,明确责任,损失由责任方负担。

接收进口商品和外贸库存转内销的商品,因关系到外贸查询,查询期为乙方收货后的60天,逾期甲方不再受理。

乙方向甲方提出查询时,应填写“查询单”,一货一单,不要混列。查询单的内容应包括唛头、品名、规格、单价、装箱单、开单日期、到货日期、溢缺数量、残损程度、合同号码、生产厂名、调拨单号等资料,并保留实物。甲方接到“查询单”后,10日内作出答复,要在30天内处理完毕。

为减少部分查询业务,凡一张调拨单所列一个品种损溢在2元以下、残损在5元以下均不做查询处理(零件除外)。对笨重商品的查询(如缝纫机头、部件等的残品),乙方应将残品直接寄运工厂,查询单寄交甲方并在单上注明寄运日期。

第十二条　商品货款、运杂费等款项的结算,购销双方应按中国人民银行结算办法的规定,商定适宜的结算方式,及时妥善办理。

货款结算中,要遵守结算纪律,坚持“钱货两清”原则,分期付款应在成交单上注明。有固定购销关系的国营、供销合作社商业企业,异地货款结算可采用“托收承付”结算方式;对情况不明的交易单位,可采用信用证结算方式,或先收款后付货。

第十三条　甲、乙双方的任何一方有违约行为的,应负违约责任并向对方支付违约金。因违约使对方遭受损失的,如违约金不足以抵补损失时,还应支付赔偿金以补偿其差额。如违约金过分高于或者低于造成的损失的,当事人可以请求人民法院或者仲裁机构予以适当减少或者增加。

1. 甲、乙两方所签订的具体合同要求,一方未能履行或未能完全履行合同时,应向对方支付违约合同货款总值________%的违约金。但遇双方协商办理变更或解除合同手续的,不按违约处理。

2. 自提商品,甲方未能按期发货,应负逾期交货责任,并承担乙方因此而支付的实际费用;乙方未按期提货,应按中国人民银行有关延期付款的规定,按逾期提货部分货款总值计算,向甲方偿付逾期提货的违约金,并承担甲方实际支付的保管费用。

3. 甲方提前交货和多交、错发货而造成的乙方在代保管期内实际支付的费用,应由甲方负担,乙方逾期付款的,应按照人民银行有关逾期付款的规定,向甲方偿付逾期付款违约金。

4. 对应偿付的违约金、赔偿金,保管、保养费用和各种经济损失,应在明确责任后,10天内主动汇给对方,否则,按逾期付款处理,但任何一方不得自行用扣发货物或扣付货款充抵。

第十四条　甲、乙两方履行合同,发生纠纷时,应及时协商解决,协商不成时,任何一方均可向仲裁机构申请仲裁或向人民法院起诉。(两者选一)

第十五条　本合同一式4份,甲、乙两方各执2份,并送交当地人民银行及有关部门,监督执行。

第十六条　本合同(协议)双方签章,依法生效,有效期为1年,期满双方如无异议,合同自动延长。凡涉及日期的,按收件人签收日期和邮局戳记日期为准。

卖方(甲方)(盖章)　　　　　　买房(乙方)(盖章)

法定代表人(签字)________　　　　法定代表人(签字)________

________年________月________日　　　　________年________月________日

(资料来源:http://contract.148365.com/30174.html)

二、下面是一份存在诸多错误的合同，请你根据合同撰写的要求和条款提出你的修改建议。

工程合同

上海××服装厂(甲方)与××省××市建筑公司(乙方)经协商签约如下：

(1) 建筑内容：甲方原有厂房(均系两层楼房)10 000 平米，现扩建为 22 000 平米，其中拆除 6 000 平米。新厂房要求四层钢骨水泥结构(另有图纸)。

(2) 工程进度：2006 年 3 月开工，年底竣工。

(3) 建筑费用：全部建筑费用 4 000 万(另有清单)，所有建筑材料均由乙方负责采购。订立合同后甲方先付给乙方工程费 2 000 万元，余款在厂房验收后全部付清。

(4) 经济责任：甲方如未按期付款，每超过 1 天应赔偿给对方按工程费用千分之一计的赔偿金；乙方如未按期完工，每晚一天，甲方可以在工程费中扣除千分之一作为赔偿。

(5) 施工期间如违反安全生产规定造成人员身体财产损失的由乙方负责。

(6) 本合同一式四份，双方各二份。

甲方(单位盖章)　　　　　　　　乙方(单位盖章)

代表人(签章)　　　　　　　　　代表人(签章)

提示：请从该合同合同的格式、条款、内容的明确性、具体性、语言的规范性等方面分析。

三、按照下面步骤完成一份商务合同。

1. 寻找你的合作伙伴，确定你的合同当事人；

2. 确定双方合同订立的标的；

3. 商议合同中的各项权利义务关系(合同的主要条款和格式条款)；

4. 按要求形成书面的合同文本；

5. 当事人签名盖章(若无条件盖章可以省略)。

项目十一　客户维护

职业能力目标与学习要求

1. 知识目标：了解售后服务的基本内容；了解巩固顾客的基本方法；了解客户投诉处理流程。

2. 技能目标：能够运用 ABC 分类法进行客户回访；能够正确分析客户抱怨或投诉的基本类型；能够正确处理客户投诉。

3. 任务分解：

任务一：客户售后服务及回访；任务二：客户投诉处理。

任务一　客户售后服务及回访

实施步骤

1. 售后服务标准制定。
2. 整理客户资料。
3. 客户资料分析。
4. 进行客户回访。

思考案例

谭木匠公司的服务理念是:顾客是亲人。为小小的木梳提供售后服务,在业内已是难得;而提供全国免费维修,更是堪称一绝。以下节选自谭木匠的售后服务范围和规范的部分条款:

1. 十天内,包装未经打开,产品未经使用,商品整体完好无损的情况下,可以退换。

2. 一个月内,由于非人为损坏所出现的质量问题可予退换。

3. 购买时间超过一个月的商品损坏,或由于顾客自身原因导致的产品损坏的情况下,专卖店可给予免费维修。

4. 凡谭木匠专卖店售出的产品,在可维修范围内,均实行全国免费维修(在谭木匠全国任何一家专卖店都可以进行免费维修)。专卖店维修需1~3天,返厂维修需30天左右。

5. 对维修需要更换零部件的产品只收取适当的成本费。

除了以上的售后承诺,详细的维修细则、产品保养事项等也是谭木匠对用户无微不至关怀的体现。

总之,谭木匠无时不在提升用户的满意度和拥有后的体验感受。

资料来源:http://www.caijingz.com/dujia/guanli/113603_3.html

一、售后服务

为顾客提供售后服务,推销员不仅要向顾客描述产品利益,更重要的是在产品售出之后,使顾客真正地享受产品利益。推销员促成每一笔生意的时候,就是售后服务的开始。

推销中有这样一句术语:第一次成交,在于产品的魅力;第二次成交,在于服务的魅力。向顾客提供服务,除了产品售后服务外,还可以是顾客需要的其他各种服务。推销员为顾客做一些有益的事情,就是最好的服务。

(一) 售后服务的标准

1. 组织标准化

设立专门的组织机构,选派业务素质高、责任心强的人员负责服务管理,实施定人、定责、定任务、定范围的岗位责任制管理。

2. 服务标准化

建立定期巡回制度,质量跟踪制度,定期座谈会制度,来访接待制度,“包退、包换、包修”制度,销售档案制度。

3. 作业标准化

根据商品技术经济性能,制定明确的作业标准规程。

(1) 退换商品程序:①验明销货发票;②请顾客讲述退换原因;③复查产品;④按规定退换;⑤销售人员填写商品退换单。

退换商品要做到:热情接待,照章办理。

(2) 维修安装程序:①查看保修卡、发票;②在保修期内按保修规定维修;③上门维修;④按免费安装标准要求上门安装。

维修安装要做到:认真负责,不收小费。

(3) 上门送货程序:①按顾客要求提交提全购买的货物;②与业务部门联系开具免费送货行车单;③与顾客当面核对货物,并帮助顾客送货,共同装车;④由顾客押车,送到顾客家中或单位。

上门送货要做到:安全及时,顾客满意。

(二) 售后服务的相关策略

1. 现场服务策略

在零售企业及厂家直销店,设置现场服务窗口,提供顾客购物的便利条件,创造典雅舒适的购物环境,开展多种现场服务项目,如顾客登记及咨询、项目维修、产品退换、异议调解处理等,发挥现场服务的窗口作用,将顾客投诉率降低到最低限度,提高企业的知名度和商业信誉。

2. 配套服务策略

有些技术要求较强、使用功能较复杂的产品,需要提供与产品相配套的一系列服务,如产品使用培训、产品技术维护、产品维修网点设置、配件供应、上门送货、免费安装等服务,尽可能消除顾客的后顾之忧。

3. 跟踪服务策略

产品售出之后,才是有效销售的开始,通过跟踪服务,如上门访问、定期召开重点客户意见会、邮寄信誉质量卡、开展质量跟踪和顾客满意度调查等,及时搜集顾客信息,掌握市场需求动态,主动帮助顾客解决疑难问题,发现新的市场机会,巩固老顾客,为提高和完善服务工作提供决策的依据。

小故事

客服中心接待员小王像往常一样，用户不断地来电咨询与报修空调，她都以一颗热情的心为用户解答。这一天很平淡地过去了，在她快要离开工作岗位准备下班时，叮铃铃，电话响了。“您好，＊＊＊空调，请问有什么可以帮忙？”对方传来了乞求而渴望的声音。“您好，我是北京的一个客户，我们这里天气寒冷，已是零下几度，家中空调突然不制暖，家中年迈的老母亲不能适应没有暖气的环境，希望你们为我们上门维修空调好吗？”女接待员当时就被这位女士的孝心感染了。已经是晚上九点半了，小王凭直觉告诉客户说：“请您不要着急，我会第一时间为您联系当地的维修师傅为您上门检查的，麻烦您把具体的地址及联系电话留下来……”一切资料登记完毕，挂断用户电话，小王马上与北京中心维修师傅反映了此情况，当地维修师傅以最短的时间内赶到了维修现场，为用户的空调排除了故障，用户非常感激，使用户家人度过了一个温暖的夜晚。

这个故事虽不感人，但突出了儿女对父母的一片孝心，也突出了维修师傅的敬业精神，更突出了该企业是真诚为顾客服务，值得所有顾客信赖！

4. 延长服务策略

如对于家庭耐用消费品的销售延长“商品保用期”（或保修期）以增强顾客对产品的信赖和放心程度；对于汽车、商品房等高价商品实施分期支付、延期支付等服务策略，具有较大的促销作用。

小故事

一个替人割草打工的男孩打电话给一位陈太太说：“您需不需要割草？”陈太太回答说：“不需要了，我已请了割草工。”男孩又说：“我会帮您拔掉花丛中的杂草。”陈太太回答：“我的割草工也做了。”男孩又说：“我会帮您把草与走道的四周割齐。”陈太太说：“我请的那人也已做了，谢谢你！我不需要新的割草工人。”男孩便挂了电话，此时男孩的室友问他说：“你不是就在陈太太那割草打工吗？为什么还要打这电话？”男孩说：“我只是想知道我做得有多好！”

寓意：只有不断地探询客户的评价，你才有可能知道自己的长处与短处。不要萧规曹随，凡事想想清楚事出何因，多问几个为什么。

二、客户回访

（一）国外对巩固客户的相关研究

推销员要树立这样的观念：老顾客是最好的顾客；一定要让老顾客不停地向你作出购买决定。推销中有一个“二八定律”：80%的销售收入来自20%的顾客，这20%就是由老顾客构成的。美国的调查表明：如果企业的老顾客增加5%，企业的利润将会增长25%。具体而言，留住老顾客可为我们带来以下三个方面的好处：

1. 留住老顾客可以节省推销费用及时间

维持关系比建立关系要容易得多。据美国管理学会估计,开发一个新客户的费用是保住现有顾客所需费用的6倍。让顾客满意只需要花费19美元,但吸引新顾客购买产品,则需要花费118美元。

2. 老顾客比新顾客带来更多的收入和利润

美国哈佛商学院研究评论指出:老顾客与新顾客相比,可为企业多带来20%~85%的利润。原因是:(1)老顾客的重复购买;(2)老顾客的扩大购买(量的扩大、结构的扩大。购买分为三种:首次购买、更新购买和扩大购买。当一种产品的普及率达到55%时,更新购买和扩大购买比首次购买要重要);(3)老顾客为企业推荐新顾客。

3. 获取顾客终生价值

据美国管理学会估计,企业每丧失一个顾客,将平均失去120美元的利润。国外企业流行的一种新的营销理论:顾客的终生价值。美国的研究表明:一个顾客的生命周期平均是5年;5年所有购买产品的价值就是顾客的终生价值。汽车企业的一个顾客的终生价值平均为33.5万美元。这就要求汽车推销员认识到:如果你成功地向某位顾客推销了一辆价值10万美元的汽车,恭喜你,但你在这位顾客身上仅仅完成了第一笔生意,推销还远没有结束,这位顾客还有23.5万美元的生意要你去推销。

推销员应树立为顾客长期服务的观念。一般情况下,顾客的流失率为20%。如果能让顾客的流失率下降为10%,顾客的生命周期将增加到10年,顾客的终生价值也就增加了一倍。美国一些信用卡公司,就是采取留住老顾客的办法来增加利润的。它们使老顾客流失率下降5%,而利润增加了120%。

(二) 保持与客户的定期联系

推销员必须定期拜访顾客,并清楚地认识到:得到顾客重复购买的最好办法是与顾客保持接触。一般人认识他人的可能性是一千万分之一,而推销员认识他人的可能性是四十五万分之一。在市场不景气的时候,企业与顾客良好的关系可以将企业的经营推向高潮;在市场低迷的时候,企业与顾客牢固的关系可以使企业安然渡过难关。客户回访的形式有上门回访、电话回访、信函回访、发放客户意见调查表。推销员要做到"三勤主义":嘴勤——勤打电话;手勤——勤写信;腿勤——勤登门拜访。

给顾客写信是一种非常好的与顾客联系、增进双方感情的方式。即使在电话普及率、电子邮件使用率相当高的今天,也不例外。今天,私人场合写信的情形已经不多了。但在商业领域,传统的信件仍是一种比较好的联系方式。人们对电话干扰、垃圾邮件比较厌烦,而对传统的信件有一种亲切感。当然,发电子邮件也是一种较好的联系方式,这种方式快捷、成本低廉。

推销员与顾客联系的要求包括以下几种:

(1) 近期。即使推销员以前与顾客有过很长时间的联系或多次联系,此次还要与顾客再联系一次。

(2) 频繁。推销员与顾客联系的频率,因产品不同而不同。但在这个竞争的世界上,你总是需要以某种方式提醒顾客,你在关心他。否则,别人随时会取你而代之。

(3) 潜力。你和顾客之间的关系有多牢固。如果不能与顾客保持坚实的关系,就为竞争对手打开了一条门缝。

(4) 推荐。记住要让顾客为你推荐新顾客。

(三) 巩固客户的方法

1. 客户的电话回访

(1) 电话回访的流程为:充分准备—寒暄致意—自我介绍—说明意图—具体说明—事后沟通。

成功回访顾客第一步:精心编排的问卷。当你拿起电话打算打给顾客做回访调查时,就要想好需要问对方的问题是什么?设计好开放式问卷的基本提纲。如果这些都没有事先准备好,就会产生沟通上的障碍。

成功回访顾客第二步:有针对性地选择回访时间。选择的沟通时间是否合适?是否选择了比较繁忙的工作时段去做背景调查?通常,上午的 11 ~ 12 点的时间段,下午 4 点后的时间段,都是接近下班的时候,大多数人员会在那个时段把手上紧张的工作稍稍放松一点,那时进行顾客回访,不配合的人员比较少。

成功回访顾客第三步:用礼貌的语言和富有磁性的声音来打动客户。电话回访要让对方客户通过声音感受到你的诚意和温馨。注意礼貌的问候、语气和节奏的掌控,避免给人一种冷冰冰、公事公办的态度。结束时,不妨加上一条祝福语,这样,会给客户留下一个深刻的印象。

(2) 电话回访类型:一般来说,电话回访分成两大类,首次回访和日常回访。

首次回访:一般来说对于开通电话服务的客户,一定要立即回访客户。把相应的信息,产品的推广意图等等和客户进行沟通。通过信息交流,互相留下直接联系方式,争取建立起良好的合作关系,为日后的沟通做好铺垫。

日常回访:如礼节性的回访,重大节假日的问候,新产品问世及产品市场促销时的主动联系,客户有可能遇到使用产品问题的及时提醒,主动提供新增服务项目和服务渠道等。正常回访时间大约一个月期间主动与客户联系 1 ~ 2 次不等。

2. 客户回访的 ABC 分类法

推销员或企业可以将客户购买量的大小作为衡量客户重要性的标准,进行客户分类。企业运用这种方法将客户分为 ABC 三类,针对每类客户,制定相应的措施。(图 5-1)

(1) 对于 A 类客户:重点回访

为每一个客户建立一份客户档案,详细收集客户的经济技术信息,包括客户产品产量、产值、利润、品种变动、新产品发展方向、对本公司产品的评价意见和要求等。对他们的需求优先满足,保证供应,送货上门,做到按月交货不脱期,什么时候要就什么时候送。

要指定专门的推销人员对口联系,定期走访,及时了解客户新产品的意向,根据客户要求进行新产品研制和开发。公司领导每半年带领有关人员登门拜访,亲自听取客户的意见和要求。还可以聘请客户单位的质量和供应部门,作为公司的特邀信息反馈员,建立起对公司产品的质量和服务信息反馈网络,以使公司能及时发现问题,解决问题。还可以定期召开各种类型的座谈会、洽谈会及时获取客户的反馈信息。

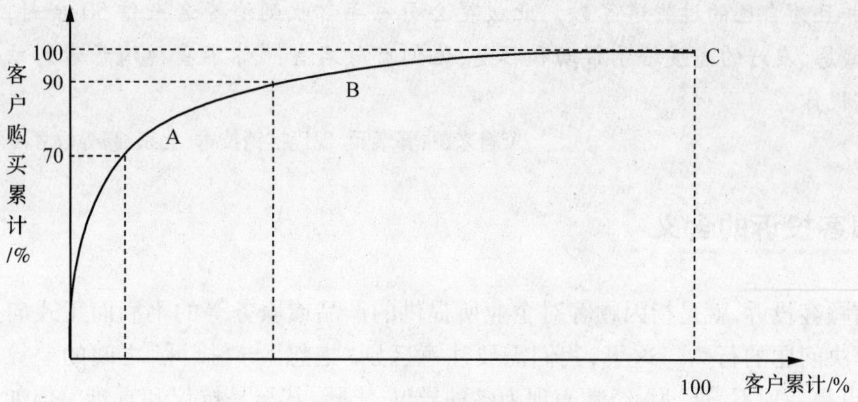

图 5-1　ABC 客户分类法

总之,要使 A 类客户对公司的产品从理智到感情都有充分的认识,对公司的产品无论是质量、数量、供货期还是服务工作都有绝对的信任感和安全感。

(2) 对于 B 类客户:一般回访

对于 B 类客户首先要分别建立客户卡片,主要收集客户对公司产品的要求变化以及新产品发展方向的信息。要严格执行供货合同,做到按质按量及时供货。销售人员每年走访用户一次,每半年发一次征询意见、了解需求的信函。

(3) 对于 C 类客户:电话回访

对于 C 类客户要严格执行供货合同,尽量满足其要求。当企业确实无法满足要求时,耐心向客户说明情况,帮助他们联系其他供货渠道,尽力使这类客户满意。贺年卡、温馨的短信息也是推销员与 C 类顾客联系的一种好方法。

任务二　客户投诉处理

实施步骤

1. 客户投诉接待。
2. 客户投诉分析。
3. 客户投诉处理。
4. 客户跟踪反馈。

思考案例

一次,《烟台日报》收到临朐一个用户的投诉信,指责"北极星"表的质量问题。得知这一消息后,北极星钟表集团公司派公关部的同志立即带一名技术人员火速前往临朐解决问题。到临朐后,没有交通工具,两人就步行,等打听到用户的家的时候,已是万家灯火了。用户看到他们一身土、满脸汗、气喘吁吁的样子,非常感动。技术人员一检查,发现是使用方法不当造成的问题,但他们并没有发火,而是热心地讲解表的使用方法和保养知识。然后,他们谢绝了顾客的挽留,乘着月色离去。事后,这位用户又投稿报社,表达对"北极星"人的感激之情，并且为自己的过失道了歉。北极星公司每年都收到消费者来信50余封，公司都本着谦和、诚恳、友好的态度给予帮助和答复，他们有句名言："你不重视消费者的结果将是消费者不重视你。"

资料来源：郭奉元. 现代推销技术. 北京：高等教育出版社，2002.

一、顾客投诉的含义

所谓顾客投诉，就是指因顾客对企业所提供的产品或服务等的不满而正式向企业提出的要求解决问题的行为。这里，我们需要注意区别"抱怨"与"投诉"之间的差异。一般而言，抱怨也是一种不满行为，经常表现为各种异议、牢骚，甚至是抗议和责难。但如果这些行为没有通过正式方式和渠道加以反映，那么就不称其为投诉。

投诉有明确的程序和方式要求，但抱怨却没有。当然，对于企业或推销人员而言，不论是顾客的抱怨还是投诉，都应当认真加以对待，并能快速给予解决，只有这样才能更好地吸引顾客。

二、正确处理顾客抱怨或投诉

好多企业把订货热线安排得简化好记；而把顾客投诉电话弄得复杂很难记，或者外线转内线，或者打不通，或者好不容易打通了却还没人接。这种做法无疑是将顾客推向竞争对手。任何企业的产品都不是十全十美的，任何企业的服务都不可能完美无缺，所以，希望没有顾客投诉那是不可能的，常言道：智者千虑，必有一失。既然出现顾客投诉是正常的事情，那关键就在于如何看待顾客投诉，如何正确处理顾客投诉。

正确处理顾客的抱怨或投诉 = 提高顾客的满意度 = 增加顾客购买品牌倾向 = 丰厚利润。

（一）处理顾客抱怨或投诉的意义

1. 顾客的投诉是馈赠

正常情况下，顾客之所以会进行投诉，是因为他们对企业的产品和服务不满意，而推销员不能对此有抵触情绪。作为推销人员应该经常性地进行换位思考，站在顾客的立场来审视一下自己的工作，是否还存在需要进一步改进的地方。如果我们这样做了，那么就会不断发现自己工作中确实存在这样或那样的问题与不足。这时，我们就会认为顾客投诉其实是给我们的一份精美馈赠，而不是我们的负担，更不是无理取闹。作为推销人员，经常会收到这样的馈赠。对此，我们要小心打开，用心查看，并加以纠正与完善，以获得更多的收获。

2. 顾客的投诉是资源

毫不夸张地说，顾客的投诉是企业发展的宝贵资源，投诉不仅是顾客的一种馈赠，同时投诉里面有时还隐藏着"商机"，因为顾客投诉是市场信息来源的重要部分。推销人员可以从顾客投诉的性质和内容方面判断出市场的需求，而且还可以判断出竞争对手的优势所在。这些"资源"的获得，均有助于企业改善生产与经营状况。

一次投诉的圆满解决，意味着 N 个投诉的消失。因为顾客的投诉，改善了企业的服务质量，从不满意的客人身上，企业学到了更多；而将投诉的客人变成企业的忠实客人，更是为企业增添了一笔看不见的无形资产。重视客人的投诉,就是重视企业的明天。

3. 顾客的投诉是机会

在多数情况下,顾客投诉的原因,的确是由于企业产品或服务导致的,对此我们应当认真总结并加以改进。当然,有些时候的顾客投诉可能并不是由于产品或服务的质量问题引起的,可能是顾客在某些方面遇到了麻烦,需要我们的帮助。比如即使进行了现场的培训,顾客仍然不能完全正确使用所购买的产品。进一步讲,顾客之所以投诉,还体现了顾客对企业产品和服务的关注。以上这些都可能为进一步完善企业的产品和服务提供了改进的机会。

可见,顾客投诉蕴藏着价值度极高的信息,是沟通企业管理者与顾客之间的桥梁。对顾客投诉信息进行分析,可以为企业制定发展战略、产品研发、资源配置、顾客服务、管理改进等决策提供宝贵的参考信息,帮助企业及时把握稍纵即逝的商机。

小资料

据有关资料研究结论:

会抱怨的顾客只占全部顾客的5% ~10%;有意见而不抱怨的顾客80%不会再来;抱怨的顾客,如果处理的好,98%的顾客在抱怨之后还会再来。

平均每位非常满意的顾客,会把为什么满意告诉12个人,而这些人中,会有10位左右,在产生同样需求时,会光顾满意顾客所赞扬的公司。

一个非常不满意的顾客,会把他的不满告诉20个以上的人,而这些人,在产生同样需求的时候,几乎不会光顾被批评的服务恶劣的公司。

服务质量低劣的公司,平均每年的业绩只有1%的增长率,而市场占有率会下降2%。

服务质量高的公司,每年的增长率为12%,而市场占有率增长6%。

开发一个新顾客的成本是保住老顾客成本的6倍,而流失一位老顾客的损失,需要争取10名新顾客才能弥补。

95%以上的顾客表示,如果遇到问题现场立即解决,他们不会发脾气,他们能够体谅公司这样做。

(二) 顾客投诉的种类

在销售中出现的顾客投诉多种多样,但主要表现在以下几个方面:

(1) 产品及其质量方面的投诉。顾客对产品质量的投诉,主要包括产品在质量上有缺陷,如产品规格不符、产品技术规格超过误差标准、产品故障、产品品牌不符、产品式样差异、花色品种不对、产品包装不符以及产品假冒伪劣等内容。

(2) 买卖合同方面的投诉。买卖合同投诉主要包括购买产品在数量、等级、规格、交货时间、交货地点、交易条件、结算方式、价格等与原买卖合同的有关条款不符。

(3) 产品运输方面的投诉。产品运输投诉主要包括产品在运输过程中发生超规定的损坏、丢失和变质或因包装、装卸不当而造成的损失以及时间延误等。

(4) 服务方面的投诉。销售服务有着丰富的内容,既有业务技术方面的服务,也有满足顾客心理需要的服务,顾客在这些服务项目上都可能产生认知偏离,进而产生不满而投诉。对销售服务的投诉具体包括对质量保证的投诉,对安装、调试及检修等现场服务的投诉,对产品供应服务的投诉，对技术培训服务的投诉以及对售后维护的投诉等。

（三）处理顾客抱怨或投诉的恰当步骤

商场如战场，在今天企业竞争激烈的环境下，企业面临着各种各样的生存危机，对顾客投诉的处理是一个挑战，也是企业顾客关系管理的核心内容。通过对顾客投诉的妥善处理，可以为公司节约成本，留住老顾客；通过对顾客投诉的分析挖掘，可以寻找商机，开发创新，增加服务价值，使投诉成为企业利润的"引擎"。所以，企业如何预防投诉、受理投诉、处理投诉，都必须遵循一定的方法流程，目的是形成顾客投诉处理的科学解决方案。

1. 认真倾听顾客的抱怨

妥善处理顾客投诉的首要技术是学会倾听。当顾客对企业产生抱怨或投诉时，情绪一般都比较激动或态度恶劣，这时接待人员一定要冷静，一定要很好地控制自己的情绪，不要有任何不满的情绪表露出来。要认真地倾听顾客的不满，先不要作任何解释，要让顾客将抱怨彻底发泄出来，使顾客的心情平静下来，然后再询问具体细节问题，确认问题的原因。在倾听时，要善于运用一些肢体语言以表达自己对顾客的关注与同情，比如目光平视顾客、表情严肃地点头等，千万不要就其中的问题与对方争论。不要任意打断，因为打断顾客的陈述是不礼貌的表现，可能会激起顾客的反感。专注倾听，仔细分析，正确理解顾客投诉的意图，避免投诉受理与处理的偏误。

小故事

有一家商店，一位老职员工作很勤勉，深得同事和老板的喜欢。有一天，他对老板说："老板，我想你可能会很快解雇我。"

"为什么？你干得这么好？"老板不解。

"因为我年纪大了，近来发觉耳朵不好使，有点听不见顾客的讲话了。"

"哦，是这样呀。我不用解雇你，你正好可以到我们顾客投诉办公室去工作。"

2. 对顾客的遭遇表示同情

顾客进行投诉，本身就是因为所购买的产品或服务与其期待价值具有一定差距；顾客遇到不顺意，特别需要得到心理的认同和关怀。在认真倾听了顾客的抱怨以后，要学会站在顾客的立场来看待、处理问题，设身处地地表达对此情况的理解和同情，让顾客感受到被重视、被关心，逐渐把推销人员看成同一战线的人。尽量争取时间，缓和气氛，安抚顾客情绪，使顾客意识到推销人员或企业非常重视自己，企业管理层将全力以赴来解决问题。对有关原因的了解，语言要尽量婉转和客观，不要带有先入为主的意见，不要使顾客产生被审问、被怀疑的感觉，否则不利于问题解决。比如，"非常抱歉，我对事情的整个过程不了解，您能详细说一下吗？""对不起，有一个细节我想问一下。"等。

3. 主动从自身找原因

当发生顾客投诉时，主动从自身找原因是企业敢于负责任的表现。推销人员应该坚持从顾客的角度来考虑问题，一定要相信顾客和尊重顾客，相信"无风不起浪"，在思维方式和具体做法上首先应该从自身找原因，看是不是我们的产品的确存在什么缺陷，看我们的服务环节是不是哪里不周全。要承认我们也可能犯错误，不能盲目自大，不能简单推卸责任，不能敷衍搪塞,更不能动不动就责怪顾客。企业推销人员如果勇于承认自身的不足,反而有利于化解纠纷和平息抱怨。

4. 真诚地向顾客道歉

出现错误了敢于承认错误,才能赢得尊重。无论责任是否在企业,一旦发生投诉,推销人员都应该以"顾客永远是对的"为原则,感谢他们发现了企业经营中存在的不足,对因为这个事情影响了顾客的心情、浪费了顾客的时间而真诚地表示歉意,以平息顾客心里的怒气,然后才去探讨事情背后的原因,也就是谁对谁错的问题。

5. 诚恳表达改进的意愿

中国有句古话:有则改之,无则加勉。它表明了一种诚恳和谦虚的态度。顾客投诉有时并不是希望得到多少赔偿,而是希望看到企业纠正错误的态度,这时,坦率地承认自身的不足,诚恳地表达改进的意愿,顾客也就满意了,问题也就解决了。当然,如果顾客投诉是因为顾客的误解,解释清楚就好了,以后想办法加以避免。如果顾客投诉的确是因为企业方面的原因,一定要勇于承认不足,勇于承担责任,并表达改进意愿。

6. 提出可行的解决方案

前面所讲的都表明了我们处理顾客投诉的明确态度,即尊重顾客,维护顾客利益,想顾客所想,急顾客所急,但问题的最后解决还需要了解顾客投诉的原委,洞察顾客抱怨与投诉的动机,提出可行的解决方案。在确定解决方案时,需要注意以下几点:

(1) 分析投诉问题的严重性。通过倾听了解掌握问题的关键所在,判断问题的严重性,并了解顾客对企业的处理期望。例如,对购买了某企业不新鲜或变质的食品所导致的顾客投诉,就必须了解顾客是否已经食用,若已食用,食用的数量有多少,时间有多久,给顾客造成的危害程度多大,顾客希望企业给予怎样的解决,赔偿金额大概多少等。

(2) 确定问题责任的归属。虽然一旦出现顾客投诉,企业都要主动向顾客表示歉意,但问题的真正责任还是需要明确的,看是因为顾客误解还是厂家在产品或服务方面的问题。有时造成顾客投诉的责任不一定在生产厂家,也可能是顾客自己的缘故。例如,顾客没有看清楚包装上的说明而将产品生食,造成肠胃不适,误以为是产品有质量问题等。如果责任在厂家,销售人员要积极解决,应该在合理的范围内给顾客一个满意的答复;如果责任在顾客,企业要有使顾客信服的解释,以澄清误解。

(3) 按照企业既定的政策处理。在产品销售过程中,发生顾客投诉与抱怨的情况是难免的,企业一般都会提前制定相关危机处理办法。事件发生后,对于常规性的抱怨,可以遵照既定的办法处理,如退换产品、慰问、适当赔偿等;如有例外事件发生,则在遵照既定原则的情况下,根据一定的弹性法则处理,使双方都能够满意,严防例外事件使负面影响增大,严防危机事件被媒体曝光。

(4) 明确划分处理权限。企业内部要视顾客投诉或抱怨的影响程度(或危害程度)来划分处理的权限,如产品退换,推销人员就可以处理,对顾客的赔偿问题则必须由销售管理人员或其他管理人员来处理。顾客投诉和抱怨一旦发生,应根据其影响程度的大小来确定相关的处理责任人,目的是使投诉问题得到迅速而妥善的解决,赢得主动。

(5) 与顾客协商处理方案。在通常情况下,发生顾客投诉时顾客情绪都比较激动,顾客的要求与企业的原则及承受能力之间往往会有一定的差距,这时厂家一厢情愿的一些想法或处理方案都可能火上浇油，不利于问题解决。这就需要对顾客做耐心的说服工作，使顾客能够冷静地坐下来，双方共同协商解决问题，制定大家都能接受的方案。

7. 严格执行解决方案

解决方案一经双方协商同意，就要尽快严格执行，否则会影响顾客满意。比如，首先要拟订有关协议，企业与顾客各一份，必要时中间人一份。顾客方面的签字者必须是当事人或者当事人委托的代表；企业方面的签字人必须是法人代表或者法人代表委托的有关责任人员。协议一旦签订，就具有法律效力，受法律保护。责任方必须积极有效地落实解决方案，任何拖延或懈怠都会令顾客不满，给企业形象造成损失。

8. 及时进行反省和检讨

前面讲过，顾客的投诉是市场信息的重要来源，是企业进行产品革新和服务改进的动力源泉，所以，企业应该珍惜顾客的投诉，应该从顾客投诉的反省和检讨中吸取营养，获得进步。具体来讲，对顾客的每一次投诉，企业都应该指派专人登记备案，并分析、检查产生问题的原因，对典型的投诉应该在一定范围内展开讨论，引以为戒。如果责任在产品推销人员，应追究其责任，并制定有关规定，杜绝此类事件的再度发生；如果是意外事件，应制定和完善危机处理的原则和方案，以便以后有章可循。

小故事

据2009年《南方都市报》报道，日本丰田汽车在北美地区销售很好，但有一些顾客投诉，其中某款汽车的刹车系统在冰雪天气有点问题，容易出现刹车不灵。丰田汽车公司得知这一情况后，马上派出技术人员前往检查、测试，发现的确存在隐患，于是丰田公司决定，召回全球所有该款式汽车，公司进行技术攻关，全部免费实现刹车系统的升级替换，召回期间给车主提供临时用车。丰田公司总裁分别到北美、欧洲、中国等地与车主会面，召开新闻发布会表示道歉，并提出解决方案，承诺以更优异的服务回报消费者的厚爱。丰田公司的诚意和责任感得到了消费者的认可，丰田的品牌在这次危机事件中没有受到损害。所以说，好的危机处理可以变消极的投诉为积极的推动，如果顾客投诉处理恰当而且被新闻媒体正面报道，还可以扩大企业的知名度和提升企业形象，使消费者更为信赖。

总之，整个顾客投诉处理，都要以“投诉”带动企业管理的完善，只有正确处理顾客投诉，才能减少企业危机问题的发生，维护企业形象；只有正确处理顾客投诉，才能为企业留住老顾客，降低经营成本，同时又吸引更多新顾客；只有正确处理顾客投诉，才能变消极的顾客投诉为积极的顾客推动，从而提高企业的顾客吸引力。

小资料

有位销售专家提出了处理顾客抱怨或投诉的10个步骤：

(1) 告诉他们,你很了解他们的感受；

(2) 听完整个经过,确定客户把所有事情都说出来了,不要插嘴。你可以提出问题,把事情弄得更清楚,同时找出可以令他们满意的做法；

(3) 尽可能赞同他们的说法(绝对不要争辩或生气)；

(4) 将顾客的抱怨或投诉记录下来；

(5) 不要推卸责任。"这不是我的工作""他现在不在这儿""这种事有别人会负责",这些答复顾客是绝对不会接受的；

(6) 立刻解决。事情出了错,就应该有人立即去处理；

(7) 达成一个解决的方案。如果可能的话,给客户一个选择的机会,告诉他们你打算怎么做,然后就去做；

(8) 事情解决之后,用电话做后续追踪；

(9) 可以的话,给顾客写一封信。用亲切、积极的态度解决问题,不仅令人尊敬三分,同时建立好声誉,并为长期关系奠定了扎实的基础。告诉客户,如果他们能简单写一两句话,说明这次事情的解决经过,你会非常感激他；

(10) 自问:"我学到了些什么? 我有什么办法可以防止这种情形再度发生? 我需要做什么改变?"

三、客户投诉处理流程

客户投诉的表现方式通常有三种:来电申诉;来店申诉;向工商局及消费者协会或相关政府职能部门申诉。

(一) 来电申诉

1. 工作流程(见图5-2)

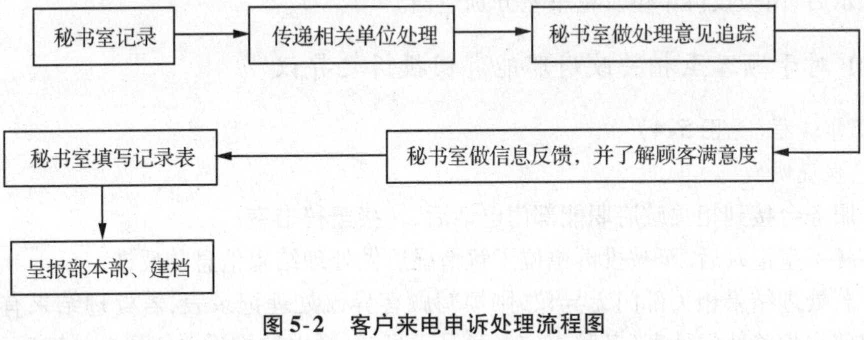

图5-2　客户来电申诉处理流程图

2. 流程说明

(1) 顾客来电申诉,由服务台将电话转接至秘书室接听；

(2) 秘书室耐心听完异议内容,并做好相关内容记录及留下顾客联系方式；

(3) 秘书室将顾客异议转至相关单位进行异议处理,并做处理意见追踪(要求当日结案,遇特殊状况不得迟于次日结案);

(4) 秘书室将处理结果反馈给申诉顾客,并了解顾客满意度,若顾客对于处理结果有疑问的,秘书室须进行后续追踪;

(5) 秘书室将异议处理结果填写顾客异议处理记录表呈报部本部做最后批示,并建档。

(二) 来店申诉

1. 工作流程(见图5-3)

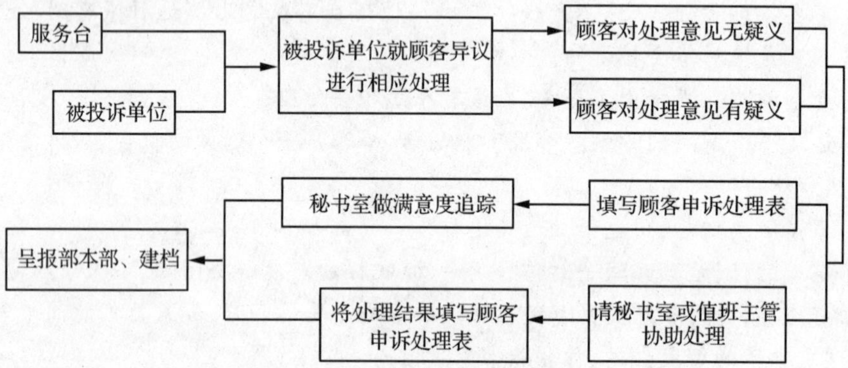

图5-3 客户来店申诉处理流程图

2. 流程说明

(1) 服务台接到相关顾客异议申诉,即联系被投诉单位人员至服务台进行处理;

(2) 被投诉单位可将顾客带至办公室,详细了解顾客投诉内容,并做记录(对于来店申诉顾客异议要求立刻予以解决,最迟也应在征求顾客同意后于次日进行解决),对于须予以退货、换货处理之商品填写"商品退换货单",并注明是否属于商品质量问题,是否须扣提成;

(3) 若顾客对处理结果有疑义,可请秘书室或值班主管协助解决(秘书室对于无法处理之异议,向12315进行咨询或请求12315协助解决),对于顾客要求至政府相关职能部门解决之异议,由营业干部协助秘书室配合前往解决;

(4) 被投诉单位填写顾客异议处理相关表单,呈送秘书室,秘书室做满意度追踪后送呈部本部批示后,由被投诉单位及秘书室分别建档。

(三) 对于顾客至相关政府职能部门投诉之异议

1. 工作流程(见图5-4)

2. 流程说明

(1) 服务台接到相关政府职能部门电话后,转接至秘书室;

(2) 秘书室记录后,至被投诉单位了解情况后做处理结果信息的反馈;

(3) 若处理结果相关部门无异议,则填写顾客异议处理记录表,若处理结果有异议,则由秘书室前往相关部门处理(若秘书室对商品不了解,则由被投诉单位协助处理)后,填写顾客异议处理记录表;

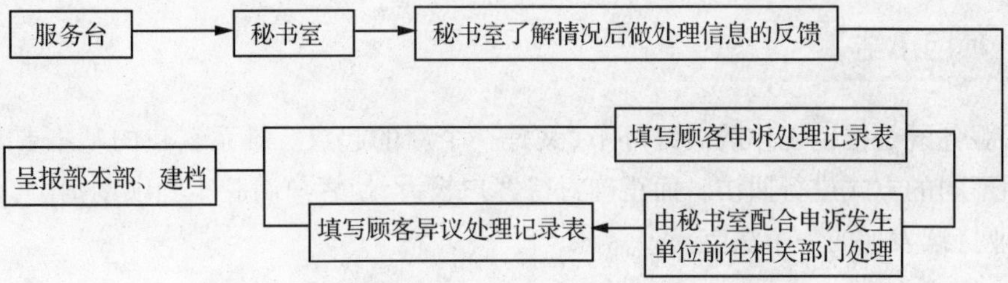

图 5-4　客户向相关政府职能部门申诉处理流程图

(4) 呈报部本部审核后归档。设计情况中心客户投诉处理流程参考图(见图 5-5)

小资料

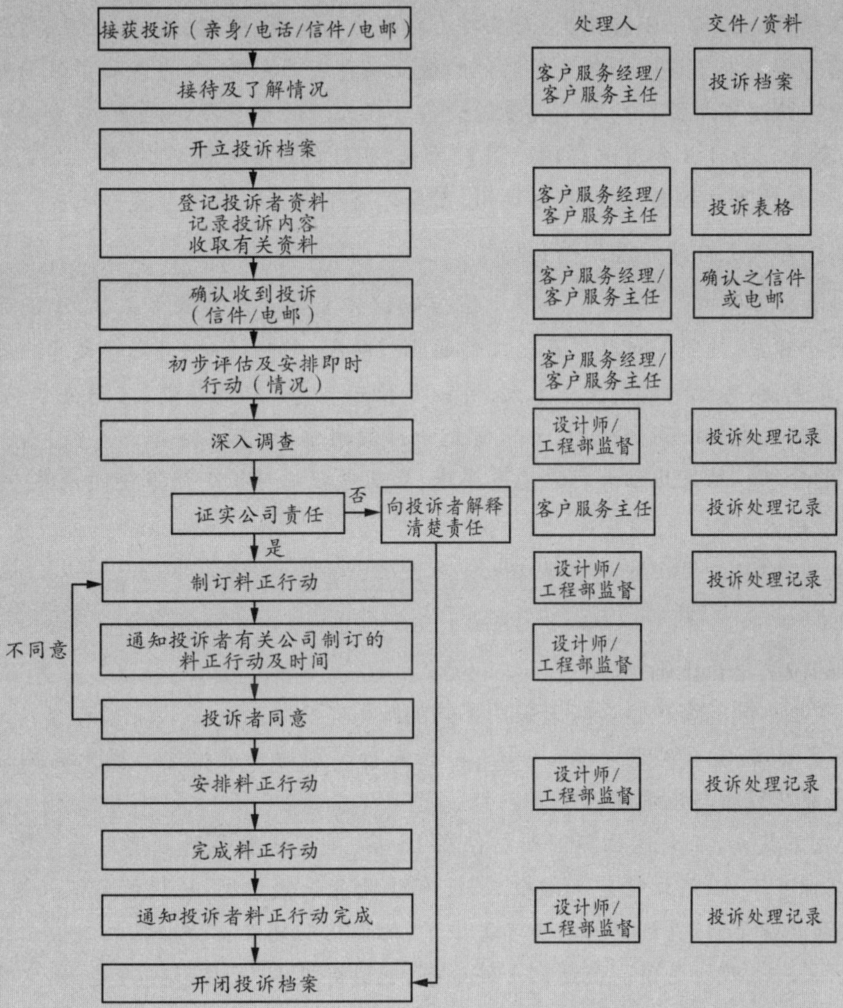

图 5-5　投诉处理流程图

资料来源:http://www. designinformation - ctr. com/2007/complaint. php

项目小结

售后服务既是推销工作的最终环节，又是一个新的起点。维系客户的基本要求就是要通过采用不同的方式进行回访。而正确对待客户投诉，使客户满腔牢骚顷刻消解，是扩大销售，使企业持续发展的一个法宝。

项目练习

一、案例分析

1. S商社的小野先生当年在西德的一家机械工厂做访问时，其总务科长——一位年轻的西德人，不仅热情地招待了小野先生，而且对小野先生的家庭、兴趣、爱好、生日、所属的社会团体、宗教信仰等都很了解。小野先生对他的敬业精神大为感动，尽力促成了S商社与这家机械厂的合作，从这家机械厂购买了大量的设备。在此后的十多年时间里，双方始终保持着密切的交易交系。为什么会有这样的结果？原来，西德的这家机械厂对每一个交往过的客户都建立了详细的客户档案，随时可以调用，因而才有了这样一种情形。

问 题 你知道怎样建立客户档案吗？

2. 小周刚参加工作不久，奉命去一个小城市做销售业务。初次独立工作，小周做得非常用心，无论大小客户，均同等对待。开始工作还比较顺利，但时间一长，几个大客户就对小周的做法有了意见，认为他们的购买量很大，却和小客户享受一样的待遇，这不公平，要求小周给予一些特别的优惠。小周则认为，大家都是一样的消费者，怎么能厚此薄彼，因而拒绝了几位大客户的要求。结果几位大客户均不买账，从此也拒绝再买小周推销的商品，小周的业务自然受到了很大影响。

资料来源：http://vtcdev.ctbu.edu.cn/a/jiaowuzaixian/kechengguanli/2010/0911/133.html)

问 题

(1) 小周的做法是否正确？

(2) 对待大小不同的客户是否应该采用不同的政策？为什么？

3. 一家五星酒店，有台观光电梯。一天，一位来自英国的女士把这台观光电梯投诉到了总台，并要求酒店经理与她沟通。

经理细问之下获知，原来这位英国女士住在16层，早晨她准备到Z楼用自助餐，在16层等电梯时，电梯开了，但门口站着三四个人，没有让开身子的意思，她想总不能挤进去吧，于是等着他们让开身子，但直到电梯门自动关上了，他们仍然站着没动。

经理听完，差一点就要笑了。就这么一件小事，也值得投诉，而且可笑的是，她竟然要投诉这台电梯。

但是，女士接下来的话，却让经理十分难堪。女士说："客人乘电梯时没有礼貌，固然是他们自身的原因。但是，我在电梯里找了半天，也没有发现类似的提醒启事，这说明你们在纵容这种行为，你们的管理存在着很大的问题。"

后来经理才知道，这位女士是英国一家酒店连锁公司的总裁，她对酒店业的管理十分精到。这些细节，我们习以为常，但在一个专业人士眼里，却是一个大问题。

资料来源：http://tieba.baidu.com/f? kz=938373958)

问题

(1) 这位英国女士投诉的根本目的是什么？

(2) 如果你是酒店经理，你会怎么处理这种投诉？

二、实训

1. 据一定标准划分客户类型，进行客户管理（标准可以为：通路、地域、行业等）。

2. 建立客户档案表（内容包括单位、地址、电话、负责人、联系人、规模、特点等），并对客户进行评价、分析。

3. 调查某产品在此处的销售情况（或使用情况）；客户对该产品有何意见及建议；最终消费者的反馈情况。

4. 对客户的回访情况作记录，进行反馈上报（如在推销中遇到何种障碍，如何解决等）。

单元六

推销管理

导入案例

一家在业界、客户中享有良好声誉的公司，由于其特殊的行业性质和公司的战略定位，"销售"成为其主体业务，因此，销售人员的激励与保留成为公司人力资源管理的主要内容。以前，同很多公司一样，这家公司的销售人员的收入主要是拿销售提成。在公司成立之初，销售提成的方式确实非常有效，公司业务很快发展。但是，随着公司本身的力量增强，公司品牌、资源在销售中占的比重越来越大，所以，单纯销售提成的弊端逐渐显露出来，主要表现在：第一，部分业务员坐吃老本，斗志低迷，使公司丧失很多潜在客户；第二，业务员推广新产品的积极性不高，新产品推广非常困难；第三，部业务员之间相互"争单"，损害公司整体利益等问题。

资料来源：芙蓉人才网 http://www.frrc.com.cn/staffweb/news.asp? sid=103&id=1224

以上案例讲述的是如何管理推销员的案例。公司制定的销售提成政策在公司成立之初确实有效，但是当公司自身的力量增长之后，管理的手段就要随之发生变化才能适应新的情况，否则就会出现问题。本单元就是讲授如何管理推销员，将从招聘、培训、激励、考核四个方面来阐述。

项目十二　招聘与培训推销人员

职业能力目标与学习要求

1. 知识目标：了解推销人员的招聘计划和培训的概念、掌握招聘计划的内容、掌握培训的内容和方法。

2. 技能目标：能够制定推销员招聘计划和选择合适的培训内容和方法。

3. 任务分解：

任务一：招聘推销人员，任务二：培训推销人员。

任务一 招聘推销人员

实施步骤

1. 制定推销人员招聘计划。
2. 实施推销人员招聘。
3. 办理推销人员入职手续。

思考案例

南京建桥食品有限公司通过南京才好网发布人才招聘启事：

诚聘冰冻食品推销员，职位要求：1. 男、女不限；2. 高中及以上学历；3. 32岁以下，年纪稍大有销售经验的女性也可；4. 仪表端正，待人热情，具有亲和力，能吃苦耐劳；5. 工资待遇：3000～5000元。入职后签订劳动合同，并缴纳五项保险（养老，工伤，生育，失业，医疗）。工作地址在六合区沪江商贸城附近。

资料来源：南京才好网 http://nj.caihao.com/jobd-14021791327906.html

以上案例是南京建桥食品有限公司通过南京才好网站发布的推销员招聘启事，除了通过网站，还有可以通过哪些途径来招聘推销员呢？对于企业来说，通过多种途径来招聘推销人员，可以做到从优选择招聘人员，本任务就是讲述怎样招聘推销人员。

一、制定推销人员招聘计划

（一）招聘计划的概念

招聘计划是人力资源部门根据用人部门的增员申请，结合企业的人力资源规划和职务描述书，明确一定时期内需招聘推销人员的职位、人员数量、资质要求等因素，并制定具体的招聘活动的执行方案。通过定期或不定期地招聘录用组织所需要的推销人才，可以为组织人力资源系统补充新生力量，实现企业内部人力资源的合理配置。

（二）招聘计划的内容

一份详细的推销人员招聘计划一般包括以下内容：第一，推销人员需求清单，包括招聘的职务名称、人数、任职资格要求等内容；第二，推销人员招聘信息发布的时间和渠道；第三，招聘小组人选，包括小组人员姓名、职务、各自的职责；第四，应聘者的考核方案，包括考核的场所、大体时间、题目设计者姓名等；第五，招聘的截止日期；第六，新员工的上岗时间；第七，招聘费用预算，包括资料费、广告费、人才交流会费用等；第八，招聘工作时间表，尽可能详细，以便于他人配合；第九，招聘广告样稿等。

小资料

“HR部门发出需求调查表—用人部门提出需求—HR部门汇总—高层审批”是绝大多数企业制定招聘计划的流程。相信下面这种情形,很多人都不会陌生,高层看到HR部门提交上来的招聘计划,第一感觉一般是数量太多,要求删减,但每个部门都说现有人员的数量不够,如果不增加,下一年的任务肯定完不成,双方各持己见,最终往往是相互妥协的结果,部门提出招10个人,老板不同意,几番讨价还价之后,确定招5个人,但是,究竟5个人是否足够、是否必须,各方都拿不出客观的依据。

其实,人员需求量至少与两个因素有关,一个是工作量,一个是任职者的能力。能力不同,效率不同。同样的工作量,如果任职者的能力都很高,效率就高,需要的员工数量自然就少;相反,如果现有任职者的能力都很一般,必然需要更多的人。之所以老板和部门主管之间有分歧,原因在于部门主管更多考虑工作量增加,而老板们虽然不一定明确提出来现有员工的能力问题,但是他们基本上是有这种意识的。

如果企业系统盘点过现有人力资源状况,清楚现有任职者的能力状况和提升空间,清楚能力不足而又没有提升可能的任职者有多少,有多少是可以通过培养提升的,在提出招聘需求时,同时说明两种不同的招聘理由和各自的招聘数量,因为能力不足需要替换的,老板一般不会反对,因为预计工作量增加需要补充的,也可能与老板有分歧,但多数情况下是由于双方对工作量的预计不同导致的。清楚了导致分歧的原因,至少比部门主管强调工作量,而老板心里想着能力更容易达成共识。

二、推销人员的招聘

(一) 发布招聘启事

企业发布推销人员招聘的渠道通常可以考虑以下几个:第一,通过招聘网站。如智联招聘网站、前程无忧网站、中华英才网、应届生求职网、金陵人才网、苏州人才网等。第二,报纸。如《南方都市报》的招聘专刊、《扬子晚报》的求职通等。第三,校园招聘。截止到2013年6月21日我国大陆地区共有2198所普通高等学校(不包括军事院校、一校两地办学的),这些学校都会在每年的9~11月和次年的3~4月期间举行多场校园招聘会,企业可以在此期间进行校园招聘。第四,人才交流会。我国县级以上政府人才交流机构都会定期或不定期举行人才交流会,企业可以咨询各地的信息,进行招聘。

(二) 筛选求职简历

用人单位收到求职的简历后,应按照招聘条件、岗位要求、有无相关工作经验、是否符合人才需求等条件进行筛选。

小资料

筛选简历有三个流程，分别是扫描、搜索、评估。作为求职者应该怎样制作简历，才更吸引 HR 呢？

1. 扫描

在有限的时间内，面对数量浩如烟海的简历，HR 通常采取快速扫描的方式，每份简历仅能获得 10 秒钟左右的时间。在电脑筛选中，系统扫描的对象大多是企业所关注的硬性指标，如学习成绩、英语水平、毕业院校、相关工作经验等。而系统是不具备辨别与变通能力的，只是通过既定的指标机械地执行命令，给每份简历打分。因此，要顺利通过系统扫描，就必须根据企业设置的这些基本门槛完善简历，以增加入选的几率。

2. 搜索

在扫描程序后，HR 会通过搜索关键词的方式对你的工作经历、工作内容与工作业绩进行考核，很多企业会借助电脑系统来完成这一步。系统会根据预设的关键词及相关指标为你的简历打分。此时，单纯的评价性描述性语言，如"极富创新精神""具有优秀的团队协作能力"等就无法发挥作用了。你必须在自己的经历中有效地使用和突出企业所关注的关键词，并以有说服力的事实和数据支持，才能够成功突破这一关。

当然，以上几部分工作也可能由人力完成，但通常是人力资源部门的底层员工，而他们对简历进行分类扫描的流程与计算机并没有太大的差异，因此以上所讲的方法同样适用。

3. 评估

只有平安进入评估阶段，你的简历才有机会被 HR 仔细阅读，进行综合评估。在这一阶段，简历中所体现个人能力、资历等信息是否符合你所应聘的岗位，是 HR 所考虑的主要因素。而你的才华、经历与能力只能起到辅助作用。因此，你在简历中所描述的自己的特点、特长必须与企业的招聘需求相符。

需要留意的是，企业的招聘绝对不是要找一个在某一个或几个方面优秀到完美的人。企业不会担心在筛选的过程中遗漏某些确实优秀的人，他们要寻找的是在各方面都能满足企业基本要求，没有明显瑕疵的人。

（三）组织面试

因岗位的不同可能会进行一次面试或多次面试。职位越低的人面试的次数越少，通常业务员、推销员由人力资源部门负责，某些大型单位可能要组织两轮面试，即人力资源部门面试，主要考查应聘者的反应能力、逻辑能力及沟通协调能力，销售部门进行二次面试，主要考查应聘者的团队合作能力、岗位适应能力等。几乎所有的企业在人员的招聘中都使用面试的方法，有的兼有笔试，多数只使用面试这一种方法来决定取舍。

（四）进行业务能力测试

业务能力测试因用人单位不同，测试的方法也不同，但大体上分为知识能力测试和心理能力测试两块内容。

第一,知识能力测试。主要考查应聘者对文化基础知识和营销知识的掌握程度。因推销员要写拜访计划,要和准顾客交流,如果不具备基本的文化知识就缺少一定的文化底蕴。营销专业知识主要考查应聘者能否灵活运用专业语言和客户沟通,能否掌握一定的推销策略完成任务。

第二,心理测试。心理测试的主要内容包括能力、性格、成就等测试。推销工作是一个需要承受很强压力的工作,因此心理测试主要检测应聘者的心理抗压能力,有无较强的成功欲望,是否敢向高薪挑战来为企业选拔出优秀的人才。

拓展阅读

什么性格的人适合做销售呢?

1. 热诚友善

热诚表现出来的兴奋与自信,能引起客户的共鸣,从而乐于接受你,相信你说的话。赞美客户是表现热诚的主要方法,但赞美要恰到好处,掌握分寸。表示友善的方法之一是微笑。

2. 不卑不亢

销售代表要相信自己的产品和服务具有独特的优点,能给客户带来收益和价值,客户用钱购买产品是等价交换。有些销售代表在潜意识里觉得比客户低一等,客户购买他的产品,是看得起他,这样的态度反而会引起客户的怀疑。平等意识的外在表现是自信和坚定。

3. 意志坚定

怕女人的男人或怕丈夫的女人,其性格一般具有较强的妥协性,这样的人在销售产品时也容易妥协。在谈判中,他们极易相信客户为讨价还价而发出的各种抱怨,不但对这种假抱怨信以为真,而且会向上级汇报。如果销售部门中这样的人太多,销售部经理就会被许多虚假的信息所包围。

4. 漠视挫折

一帆风顺的订单很少,挫折失败,对于销售人员来说简直是家常便饭。好的销售人员遭受挫折后,能够很快地调整过来,继续努力。而性格脆弱的销售人员一旦遭受挫折,就心灰意冷,"一朝被蛇咬,十年怕井绳",低落的情绪会持续很久,有的甚至从此一蹶不振。

5. 渴望成功

渴望成功就是对高薪有着强烈的渴望,知足常乐的人是不适合做推销员的。推销是一个压力很大的职业,推销员将不断地遭受拒绝与失败。如果没有强烈的成功欲望,就无法激发起突破重重障碍的雄心。

6. 争强好胜

成功的销售人员还要具有争强好胜的个性。遇到挫折,永不言败,会想尽各种办法把业务做好。这种人也喜欢与自己的同事在业绩、待遇、荣誉等方面进行比较,在各方面总想超过别人。争强好胜,对于销售人员来说,是一种积极的心理状态。

7. 明察秋毫

销售员需要敏锐的洞察力。不仅需要听话听音,还要通过肢体语言,洞察客户细微的心理变化,体会客户套话后面的本质需要,分辨虚假异议后面的真实企图,拿捏促单成交的最佳时机。销售员通过自己的观察积累,在实践中学习,不断提高自己的能力。

8. 随机应变

销售员在推销过程中会遇到千奇百怪的人和事,如拘泥于一般的原则不会变通,往往导致推销失败。

资料来源:中华品牌管理网 http://www.cnbm.net.cn/article/ar283235541.html

拓展阅读

不适合做销售的几类人

1. 屈原型

忧郁寡欢的人。“天下皆浊,唯我独清”,“天下皆醉,唯我独醒”。以自我为中心,对外部事物不感兴趣。清高孤傲,不好交往。独来独往,没有团队意识。怨天尤人,觉得别人都对不起他。

过分忧郁的人常自认为是世界上最不幸的人,表现为压抑,郁郁寡欢,终日不露笑容。过分忧郁的业务代表,对事物的估计多是悲观低调的。遇到挫折很容易自卑自责,做内部归因。主动的市场动作很少,总是到万不得已时才会与客户沟通。

2. 林黛玉型

过分敏感的人。刮风下雨,花开花落,都会引起情绪的变化。与人交往中,往往会拿出全部热情,但受挫折时又容易消沉失望。这种人对环境过分敏感,客户的一个小动作,对他/她的伤害都会很大。常把一些小的得失看得很严重,并为此耿耿于怀、烦恼不已。

3. 花花公子型

这种人可能因为家境较为优越,生活没有太多的压力,做任何事情都是凭一时兴趣。有兴趣的时候,活干得非常不错。碰到一点困难,就打“退堂鼓”,工作就糟得一塌糊涂。

此类员工平时最大的毛病就是缺乏责任心,办事不认真。丢三落四,不是忘记名片就是带错方案,你批评他,他也承认是自己的错,并保证下次改正,可没过多久,老毛病就又犯了。

4. 贵族老爷型

有此种性格的人,自认为高出他人一等,从潜意识上瞧不起别人,也瞧不起客户 。平时工作体现出的特点就是不耐烦、焦躁、易怒、经常抱怨,严重的还会失控而向别人挑衅。

这种类型的人在面对客户时总有这样一种想法:行就行,不买拉倒! 缺乏对客户的耐心和理解,很难赢得客户的信赖。

资料来源:中华品牌管理网 http://www.cnbm.net.cn/article/ar283235541.html

(五)体检

经过业务能力测试的人员,成为企业拟录用人员,但录用前要检查其身体条件是否能胜任推销工作,比如有无器质性、严重功能性疾病及不适宜推销工作岗位的其他疾病。通过体检旨在保证入职员工的身体状况适合从事该专业工作,在集体生活中不会造成传染病流行,不会因其个人身体原因影响他人。入职体检有相对固定的体检项目与体检标准,选择专业体检中心能保证体检质量。但由于入职体检内容较为简单,所以不能完全代替健康体检。

（六）办理新员工报道手续

向合格应聘者发出录用通知，提醒其在规定的时间内办理好入职手续，以完成本次的招聘任务。办理入职手续包括：第一，食宿安排的。公司是否有宿舍提供，如有，应提前安排，一般不要超过一间4人；如无，则应在其到来之前帮助联系好租住的房屋，或安排临时住宿，等新员工到职后自行选择租住地点。第二，入职登记。首先填写员工登记表，并要建立员工档案，将常用的资料准备齐全统一上交由人力部保管。第三，合同签订。视其取得报到证与否与毕业生及时签订劳动合同或实习协议，注意劳动合同相关附件是否一并签订，如培训协议书、保密协议等。第四，档案挂靠。学生档案根据企业是否具备存档资质处理，企业自行存档应查阅档案材料是否齐全，应有内容包括：毕业生学籍表、考试成绩单。如委托存档机构存档，应由企业与存档机构一并拆阅，检查资料完整度，并应将有关常用的资料建立附件由企业保管。第五，户口迁移。应及时衔接户籍所在派出所，由派出所将其户口落入公司集体户口册。建议落户之前与其签署相关协议，因为很多毕业生辞职后户籍不配合迁出，给企业的工作带来了麻烦。第六，组织关系转移。组织关系转移要注意及时，学校转移信开出后都有时效，应在限定时间内结转组织关系。第七，入职引导。应由人力部门组织学生与其所在部门的负责人进行接洽，双方互相了解、熟悉，为下一步开始的入职培训做好准备。

任务二　培训推销人员

实施步骤

1. 选择准备培训的推销人员。
2. 选择推销人员培训内容。
3. 选择推销人员培训方法。

思考案例

沃尔玛坚信内部培训出人才。沃尔玛有一整套健全的培训体系，这套完整的培训体系奠定了沃尔玛在世界上零售业龙头老大的基础。这个培训体系大致可分为以下几个方面：

1. 新人入职培训，90天定乾坤。沃尔玛在全世界的雇员总数大约为110万，为了留住人才，公司将注意力集中在帮助新员工在刚入职的90天里，适应公司环境。如分配老员工给他们当师傅；分别在30天、60天和90天时对他们的进步加以评估等。这些努力降低了25%的人员流失，也为公司的进一步发展赋予了新的动力。

2. 六个月培训后即可被提拔。在沃尔玛，经过6个月的训练后，如果表现良好，具有管理好员工、管理好商品销售的潜力，公司就会给他们一试身手的机会，先做经理助理，或去协助开设新店，如果干得不错，就会有机会单独管理一个分店。因此，今天沃尔玛公司的绝大多数经理人员产生于公司的管理培训计划，是从公司内部提拔起来的。

3. 海外培训、利用股东大会培训。在美国沃尔玛总部设有沃尔玛零售学院,不定期地从世界各地的沃尔玛公司选拔工作表现优秀、有发展潜力的管理人员前往接受培训。培训内容涉及到零售学、商场运作及管理、高级领导技术培养等。培训时间从数周至数月不等。另外,一年一度的股东大会,更是为全世界的沃尔玛人提供了相互沟通、交流、学习的机会。

资料来源:价值中国网 http://www.chinavalue.net/Management/Blog/2013-1-31/956191.aspx

以上案例讲述的是关于沃尔玛对营销人才培训的案例,沃尔玛对新进员工进行入职培训,可以使新员工尽快适应自己的岗位,对优秀的有发展潜力的管理人员进行海外培训,不仅可以让他们学习先进的管理经验,也可增强对企业的忠诚度。本任务就是论述推销人员培训的相关知识。

一、培训分类

一般情况下,企业有三种类型的员工需要培训:一是新进人员,培训目的是使他们尽快熟悉销售工作,实现零距离上岗;二是有经验的推销人员,培训目的在于提高销售效率;三是销售经理,企业期望他们掌握管理知识,提高管理技能,更好地带领团队工作。

(一) 岗前培训

所谓岗前培训是指向新员工介绍企业的规章制度、企业的文化以及企业的业务和员工。就其本质来讲,岗前培训只是培训的开始,是新员工在组织中发展自己职业生涯的起点。岗前培训意味着新员工必须放弃某些理念、价值观念和行为方式,适应企业文化的要求和企业发展目标,学习新的工作准则,规范自己的工作行为。企业在这一阶段的工作是要帮助新员工建立与同事和工作团队的关系,建立符合实际的期望和积极的工作态度。岗前培训一般发放员工手册,使新员工熟悉推销的流程,由组训人员督导日常的行为规范,使新员工早日适应工作节奏,快速进入工作状态。

(二) 在职培训

所谓在职培训,是指在工作现场,主管或技能熟练的老员工通过日常的工作对下属、普通员工和新员工们进行必要的推销知识、销售技能、工作方法等教育的一种培训方法。它的特点是在具体工作中,双方一边示范讲解、一边实践学习。学员有不明之处可以当场询问,教授者可当场给予解答、纠正,还可以在互动中发现以往工作操作中的不足、不合理之处,共同改善,也称为"职场内培训"。

小资料

在职培训是企业最常使用的销售培训方法，培训的基本程序是通过观察“推销技能高手”的销售活动示范，提高受训者的技能。在职培训的好处是不耽误受训者的正常工作，可以使受训者在接受严格的辅导、训练后，及时找出差距，认识到工作中的不足，并加以改善。比较典型的做法为现场指导、模拟演练。在职培训最佳的特色是“一对一”训练，即所谓的师傅“手把手”教学。训练过程中，“师傅”最好只扮演“指导性”角色，观察“徒弟”的推销活动，然后再讲解为顾客服务过程中应注意的细节，让徒弟领悟如何操作才是正确的。“师傅”也可以与“徒弟”一起确立推销目标，在无客户的情况下进行模拟演练。

（三）专题培训

所谓专题培训，是针对推销工作中某特定的内容、事件而进行的培训，一般公司推出新产品或要进行某一特定活动的时候，会召集大家来进行共同探讨，提高大家的重视程度。专题培训的内容比较集中，以此强调实效性，如管理团队专题培训、电话推销专题、销售数据分析专题等。

（四）脱产培训

所谓脱产培训，又可以称为脱离工作任务培训，是受训者被派到公司外部或者是公司邀请业界、社会资深讲师给全体员工进行培训，目的是让受训者安心学习，以加速提高推销技能、管理技能。

二、培训内容

对于推销人员的培训，要根据培训目标，参加培训人员的原来水平和企业的营销策略等制定，一般而言，培训包括以下内容。

1．思想品质教育

思想品质教育主要是指对推销人员进行职业道德教育和职业荣誉感教育，以增强其事业心和自信心。同时，还要进行全心全意为顾客服务和遵纪守法的教育等。

2．产品知识

产品知识是推销人员培训的基础。推销人员必须对本企业的产品有彻底的认识，只有这样，在其推销和介绍产品时，才能取得顾客的信任。推销人员应了解产品的特性功能、使用方法、制造程序、生产成本及利润情况。

3．企业知识

企业知识包括企业的发展历史、组织结构、经营方法、财务制度、营销目标策略，主要产品的推销情况、价格、运输、安装和服务的政策与程序。通过这些知识的掌握能尽快地消除新招聘人员的陌生感，提高推销人员的推销自信心。

4．市场知识

市场知识主要介绍消费者地区分布及经济状况、消费者购买动机与购买习惯、影响消费者购买的有关因素、用户所喜欢的产品形态、企业在市场竞争中所处的地位等。

5. 竞争者资料

竞争者资料包括竞争对手的推销战略及新产品开发情况,竞争产品的特点、性能、成本、利润、使用方法及与本企业产品的比较、分析。

6. 推销技巧

推销技巧主要介绍推销程序和责任,讲授推销实务,进行推销实践训练(示范、观察等),分析和把握顾客心理等。

7. 交易知识

交易知识介绍记账、使用支票、提款、汇款、计算利息等业务知识及有关分期付款、寄售等方面的知识等。

8. 政策、法律培训

在一定意义上讲,市场经济就是法制经济。在社会主义市场经济条件下,推销人员要顺利完成推销任务,必须了解有关的政策、法律。例如,经济合同法、反不正当竞争法、商标法、专利法、产品质量法、税法等。

三、培训方法的选择

常用的培训方法有课堂培训法、会议培训法、模拟培训法、实地培训法和电子信息学习法。企业可根据实际情况选择合适的方法。下面给出了各种方法的含义和优缺点。

(一) 课堂培训法

由销售专家或有丰富推销经验的推销人员采取讲授的形式将知识传授给受训人员。这种方法应用最为广泛,优点在于经济性,一个培训教师可以同时对多名推销人员进行培训。缺点是此法为单向沟通,受训人获得讨论的机会较少,讲授者也无法顾及受训人的个别差异,只能尽可能地考虑最重要最普遍的培训需求。

(二) 会议培训法

一般是组织推销人员就某一专门议题进行讨论,会议由主讲老师或销售专家组织。此法为双向沟通,受训人有表示意见和交换思想、学识、经验的机会,培训教师在会议过程中可以有针对性地就某一专题组织讨论。

(三) 模拟培训法

模拟培训法是一种由受训人员亲自参与并具有一定实战性的培训方法,具体做法可分为实例研究法、角色扮演法、业务模拟法等。实例研究法是一种由受训人分析所给的推销实例材料,并说明如何处理实例中遇到的问题的模拟培训法。角色扮演法是一种由受训人扮演推销人员,由有经验的推销人员扮演顾客,受训人向“顾客”进行推销的模拟培训法。业务模拟法是一种模仿多种业务情况,让受训人在一定时间内作出一系列决定,观察受训人如何适应新情况的模拟培训法。

（四）实地培训法

实地培训法也叫在职培训法，这是一种在工作岗位上练兵的培训方法。在新来的推销人员接受一定的课堂培训后即可安排在工作岗位上，由有经验的推销人员带一段时间，然后逐渐放手，使其独立工作。这种方法有利于受训者较快地熟悉业务。

（五）电子信息学习法

可以将推销技巧制作成光盘，实行信息化教学，也可以通过计算机设备和互联网技术进行推销技巧培训。网络教学相比传统教学模式，更能培养学生信息获取、加工、分析、创新、利用、交流的能力；同时网络教学能够培养学生良好的信息素养，把信息技术作为支持终身学习和合作学习的手段，为适应信息社会的学习、工作和生活打下必要的基础。

项目小结

21世纪企业生存与发展的关键是什么？是人才！人才的招聘录用是组织运作中一个重要环节，推销人员的培训是企业人力资源开发的重要内容，只有通过不断地补充新鲜血液，更新员工的思路、知识、信息、技能，才能使企业走上可持续发展的道路。

项目练习

一、单项选择

1. 通过打开 http://www.yingjiesheng.com/网址，搜索南京市招聘营销类职位的企业，属于下面（　　）招聘途径。

A. 招聘网站　　B. 报纸　　C. 校园招聘　　D. 人才交流会

2. 用人单位收到求职的简历后，应按照招聘条件、岗位要求、有无相关工作经验、是否符合人才需求等条件进行筛选，是（　　）。

A. 发布招聘启事　　B. 筛选求职简历
C. 组织面试　　D. 进行业务能力测试

3. 推销工作是一个需要承受很强压力的工作，需要对能力、性格、成就等测试属于（　　）。

A. 筛选求职简历　　B. 组织面试
C. 进行业务能力测试　　D. 体检

4. 企业开展管理团队培训、电话推销培训属于（　　）。

A. 岗前培训　　B. 在职培训　　C. 专题培训　　D. 脱产培训

5. 对推销人员进行诚实守信方面的培训属于（　　）培训。

A. 思想品质教育　　B. 竞争者资料
C. 推销技巧　　D. 交易知识

6. 进行分析和把握顾客心理的培训属于（　　）培训。

A. 市场知识　　B. 竞争者资料　　C. 推销技巧　　D. 交易知识

7. 由有经验的推销人员带一段时间，然后逐渐放手，使其独立工作属于(　　)。

A. 课堂培训法　　B. 会议培训法

C. 模拟培训法　　D. 实地培训法

二、根据性格类型填写表格。

性格类型	适合做销售的	不适合做销售的
热诚友善、不卑不亢、屈原型、渴望成功、随机应变、争强好胜、林黛玉型、漠视挫折、花花公子型、意志坚定、贵族老爷型、明察秋毫		

三、实训

1. 假设你是江苏省食品集团有限公司人事部经理，模拟招聘5名推销员。

2. 在教室里模拟对新招聘的员工进行推销技巧模拟培训。

3. 撰写一份营销、销售类求职简历。

四、课堂练习

登陆金陵人才网网站 http://www.025zp.com/，查看企业发布的营销、销售类型的招聘启事。了解怎样填写和发布营销、销售类型的招聘启事。

项目十三　激励与考核推销人员

职业能力目标与学习要求

1. 知识目标：了解推销人员的激励和考核的原则；掌握推销人员激励的方法和考核的内容。

2. 技能目标：能够针对不同类型推销员实施激励；能够对推销人员实施考核。

3. 任务分解：

任务一：激励推销人员，任务二：考核推销人员。

任务一　激励推销人员

实施步骤

1. 理解激励推销人员的原则。

2. 将推销人员分类。

3. 针对不同类型选择合适激励方法。

思考案例

《经济心理学杂志》透露,理论上来说,相对一些非现金的奖励和其他方式的激励,员工还是会选择现金奖励的。但实际上,如果有一些特别的非现金奖励,员工还是会乐于接受的。更重要的是,其他研究也建议企业采取非现金奖励更有意义,也往往比直接给予现金更能激发员工生产力。

根据调研显示,96%的雇员认为旅游福利是最有诱惑力的奖励,而在享受过旅游福利的员工中,72%的人觉得这种方式可以增加他们对公司的忠诚度。

资料来源:中国商业电讯网 http://www.prnews.cn/press_release/73303.htm

以上案例讲述的是通过实施现金和旅游激励可以提高员工工作的积极性和对公司的忠诚度,那么如何系统地对推销人员实施激励正是本任务所探讨的。

一、激励推销人员的原则

激励推销人员的措施必须科学合理,否则不仅起不到调动和鼓舞推销人员的作用,相反还会挫伤其原有的工作热情。推销管理部门在对推销人员进行激励时,应当根据企业、产品、推销地区、推销环境和推销人员的不同情况制订合理的激励方案。应遵循以下的原则。

(一)公平合理原则

公平合理原则主要体现在对推销员的薪资报酬上,即企业对所有推销员都实行统一的薪酬管理制度。这里的公平并不意味着平均,而是指认同感,只有企业实行的薪酬制度被推销员认同了,才是公平的、合理的。

一项心理学调查结果显示,员工的工作动力与热情不仅受到自己所得绝对报酬的影响,还受到他人所得相对报酬的影响,即一个人不仅关心自己获得了多少报酬,还关心同事获得了多少报酬。当同事的薪资与自己持平,即便是略高于自己,也能容忍;但当同事的薪资比自己高出许多,但所做的工作却不如自己,即便是自己也拿了丰厚的报酬,也会产生不满的情绪,不但工作热情会急速下降,情绪也会更加低落。

拓展阅读

薪酬内部公平的四点误区

误区一:体现公平性,就要增加变动性收入在个人总薪酬中的比重。

员工个人薪酬基本由四个部分构成:基本现金、补贴、变动收入和福利。其中,弹性最大的是变动性收入。因此,其比例的提高更能增加薪酬的激励性。但你不能忽略以下两点:

一是薪酬的保障性功能。如果本企业员工的整体收入水平较低,那么薪酬保障性功能就更为重要,只有收入相对稳定,才能使员工队伍相对稳定。

二是不同层级员工间,变动性收入比重的差异方向应正确。我们经常看到的情况是,不断提高普通员工的变动性薪酬比例,同时却降低高层管理人员变动性薪酬比例。这种做法很不科学。按现代绩效管理的理念,由于企业资源结构的变化,不可分割性资源对企业绩效的影响越来越大,而管理层对不可分割资源效率的影响是更主要的,因此他们的收入应与这部分资源的效率相联系而表现出更强的变动性。

误区二:要体现公平,就必须用一种科学的方法将员工的工作进行量化,然后依据这种量化的考核结果来确定薪酬。

许多企业试图把企业的经营目标通过层层分解的方式量化到每一个人身上,然后根据每个人的指标完成情况来确定薪酬。但事实上这种方法存在问题。

企业的经营目标未必都是可以量化的。尽管一些质量性指标可以通过一定的逻辑关系变成量化指标,但这一系列的转化过程就可能使其失真。即使一些可以直接量化的指标,譬如财务指标,也不可能简单地分解到所有的岗位中去,因为不同岗位的职能是不同的。

科学的方法是通过岗位评价确定岗位薪酬,对低层级岗位应以定性考核为主,定量考核为辅。对一定层级以上的管理者,适宜采用量化成分较多、约束力较强、独立性较高、以最终结果为导向的考核指标,即以定量指标为主,定性指标为辅。

误区三:经常性的薪酬调整能够提高公平性。

员工薪酬的背后其实包含着员工与企业间诸多方面的约定和承诺,而这些约定和承诺是需要一定的周期来履行的。如果企业不断进行薪酬调整就意味着单方面修改约定和承诺,这样会使员工无所适从,企业也难以形成一个公平的标准。有专家认为,正常的企业调薪每年应在1~2次,调整频率过高会导致员工队伍的不稳定。

误区四:内部收入差距较大是不公平的体现。

在许多管理者特别是国企管理者对于拉开企业内部的收入差距仍然心存疑虑,认为差距较大会增加员工的不公平感。有些企业领导强调管理层的薪酬不能超过一般员工的3~5倍。其实,内部收入差距未必是导致员工不公平感的主要因素。

更容易给人造成不公平感的是企业薪酬制度的不明确、不稳定、随机性以及在许多企业中大量存在的隐形收入。事实上,越是内部收入差距较大的行业,往往越是具有竞争力且发展较为迅速的行业。

资料来源:百度百科 http://baike.baidu.com/view/2959653.htm

(二)言而有信原则

对推销员的激励政策,企业应秉承言而有信的原则。即一旦推销员达到了企业预先规定的奖励目标,企业就应该及时兑现承诺,给予员工奖励。如果拖延奖励的时间,或者对奖励大打折扣的话,会给推销员造成开空头支票的感觉,严重打击他们的工作积极性。

(三)物质奖励与精神奖励相结合原则

物质奖励,从本质上说就是企业给予员工的工资、报酬,这是员工满足其生存和生活最基本需求的保障。精神奖励是人实现自我价值的需求,这是较高层次的需求,其作用也较为持久。因此,企业应把这两种奖励机制有机地结合起来,使其相互补充、相互促进,实现激励作用的最大化效果。

拓展阅读

激励的作用

《左传》中的《曹刿论战》指出带兵打仗“一鼓作气,再而衰,三而竭”。营销团队的激励管理也是如此,高产的营销团队,一定是充分发挥每一个人能力的团队。究竟激励的作用有多大?科学研究证明:人在无激励状态下只能发挥自身能力的10%~30%;在物质奖励状态下能发挥自身能力的50%~80%;在适当精神激励的状态下能发挥自身能力80%~100%,甚至超过100%。因此我们激励我们的营销团队,可以划分为物质激励和精神激励。只用物质激励会让团队变得唯利是图;只用精神激励团队,团队会变得没有动力。物质和精神相互配合最好。

资料来源:中国营销传播　http://www.emkt.com.cn/article/559/55991.html

总而言之,企业对推销员的激励原则要以人为本,建立在认同感基础之上,灵活运用各种激励手段,以达到激励的最佳效果。

拓展阅读

销售员激励名言

1. 任何业绩的质变都来自于量变的积累。

2. 即使爬到最高的山上,每一次也只能脚踏实地地迈一步。

3. 怕苦的人苦一辈子,不怕苦的人苦一阵子。

4. 人与生俱来的两个天赋:聆听和微笑。

5. 销售是从被别人拒绝开始的。

6. 世上最重要的事,不在于我们在何处,而在于我们朝着什么方向走。

7. 积极的人在每一次忧患中都看到一个机会,而消极的人则在每个机会都看到某种忧患。

8. 莫找借口失败,只找理由成功。

9. 行动不一定带来快乐,而无行动则决无快乐。

10. 世上没有绝望的处境,只有对处境绝望的人。

11. 伟大的事业不是靠力气、速度和身体的敏捷完成的,而是靠性格、意志和知识的力量完成的。

12. 推销必须有耐心,不断地拜访,以免操之过急,亦不可掉以轻心,必须从容不迫,察颜观色,并在适当时机促成交易。

13. 在取得一鸣惊人的成绩之前,必先做好枯燥乏味的准备工作。

14. 不要等待机会,而要创造机会。

15. 顾客后面还有顾客,服务的开始才是销售的开始。

16. 昨晚多几分钟的准备,今天少几小时的麻烦。

资料来源;励志网　http://lizhi.bvgv.com/html/82.html

二、激励推销人员的方法

如何才能真正了解销售人员的特点和内心需求呢？美国盖洛普管理顾问公司的研究结论很有指导意义，它将销售人员分成四种：竞争型、成就型、自我欣赏型、服务型。盖洛普认为，要提升销售人员的业绩，就要针对不同类型的销售人员采取不同的激励方式。简单地说，销售激励也应因人而异，以下是盖洛普公司对四种类型销售人员的研究结论。

（一）竞争型推销人员的激励

这类销售人员在销售竞赛中会表现得特别活跃。对于此类竞争性很强的人，最简单的办法就是清楚地把成功的标准告诉他。他们需要各种各样的销售定额，他们也渴望通过成绩来证明自己，销售竞赛是激发其潜能的最有效方式。

精明的销售经理能巧妙地挑起这类销售人员之间的竞赛。美国某知名公司一位销售高手说："刚开始做销售时，我在公司里连续5个月都是最佳销售人员，因此便自鸣得意、趾高气扬了起来，不久，公司新来了一位销售人员，我们的销售区域很相似，他开始超过我并成了当月最佳销售人员，这时，销售经理开始对我说，'嗨，大腕，新手就要打败你了，你要不赶上来，你的地盘就归他了'。这席话大大鞭策了我，也激励了我的对手，于是，我便跟他暗地较起劲来，我们俩争先恐后，月月都想打败对方，结果，我们两人的业绩都获得了大幅度的提升，简直难分高下。"

（二）成就型推销人员的激励

许多销售经理认为，成就型销售人员是理想的销售人员，他会给自己定目标，而且会把目标定得比别人更高。只要整个团队能取得成绩，他不在乎功劳归谁，他是一名优秀的团队成员，销售经理该如何激励这类已经能自我激励的销售人员呢？正确的方法是：确保他们不断受到挑战。

比如，美国阿克里·沃斯公司总裁兰德尔·墨菲在其长期职业发展计划中指出："跟成就型销售人员一起坐下来，弄清楚其工作中很关键的三个方面（擅长什么、哪些方面有待提高、哪些方面是不擅长而需要学习的），接下来，一起为该销售人员制定改善目标。"再比如，美国某知名企业培训总监认为："激励成就型销售人员的最好办法就是放手让他去做，把大目标交给他们，放手让他们去干，这种管理方式对他们来说本身就是一种很大的激励"。此外，激励成就型销售人员的另外一种有效方法是培养其进入管理层。"如果其对管理有兴趣，那就在其身上进行投资，"美国奥丽酒店副总裁如是说，"培养他们，拉他们走出销售圈子，开拓眼界，这样做一定会有回报，因为成就型销售人员有主人翁精神，能做战略性规划并承担相应的责任。"

小故事

在辽阔的非洲草原上，弱肉强食、适者生存永远是不变的真理。每天早上，羚羊妈妈总是早早地叫起小羚羊说："今天你一定要跑得比最快的那只狮子还要快，不然的话你就会没命。"每天早上，狮子妈妈也对早早被叫起来的小狮子说："今天你一定要跑得比最慢的那只羚羊要快，否则，你将没有早餐吃。"不管你是强者还是弱者，都要努力去做到更好，这就是危机感，否则，对生活麻木不仁，安于现状，裹足不前，等待我们的只有是被淘汰的命运！

（三）自我欣赏型推销人员的激励

自我欣赏型销售人员需要的远不止奖牌和旅行，他们希望感到自己重要，精明的销售经理应该设法让他们如愿以偿，这是对此类销售人员最有效的激励方式。比如，美国优利公司销售总监菲希特曼说："我们会让自我欣赏型的杰出销售人员带几个小徒弟，这类人喜欢被年轻人奉为大师。我们也乐意这样做，因为这样可以激励他们不断进取，如果新人完成任务，就证明他指导有方。"再比如，盖洛普公司总经理赞盖里认为："最能激励自我欣赏型销售人员的方法是向其征询建议，比如，请其加入企业智囊团或就重大事项征询其意见。"

（四）服务型推销人员的激励

服务型销售人员通常最不受重视，因为他们往往带不来大客户，他们的个性往往比较保守，不喜欢张扬，甚至缺乏野心。美国优利公司销售总监菲希特曼说："我对这类人提不起兴趣，因为他们不出来争取新地盘，他们也许能在竞争中站得住脚跟并跟客户维持很好的关系，但他们却不能推动企业发展，他们更有点像默默无闻的英雄。"激励这类销售人员的最好办法是公开宣传其事迹。Inc 公司销售副总裁说："我们在全公司通报表扬其优质服务，在公司大会上宣讲其事迹。"

对于身心疲惫的销售人员，销售经理可做的是运用有效的激励方法去唤醒他。实际上，每个优秀销售人员的背后都有一个他喜欢的、能激励他的优秀经理。由于需要对不同类型的销售人员采用不同的激励方式，销售经理很有必要对自己的部属做深入分析，如此，他才能真正找到有效的激励方法，一言以蔽之，销售激励也应因人而异。

拓展阅读

如何做好销售团队的激励工作

在企业管理中如何做好销售团队的激励工作呢？我们要做好激励大众，收拢人心的工作，必须要做到三个方面：一是激励班底高层；二是激励元老；最后是激励一线销售员工。激励销售人员前面已经有所论述，这里只论述怎样激励班底高层和激励元老。

1. 激励班底高层

中国人人性有一个特点：既喜欢让人管，但同时又不喜欢让人管。那么，是管好呢？还是不管好？当然是管好，不过要讲究策略，需要你管到一定程度，管到恰到好处。管得他心服口服，又舒舒服服。

第一件事，要和你的班子成员有一个价值层面的激励规则，也就是分配层面的激励规则。因为在你的团队里，负责人一旦有事没人商量，就要跟副手们商量，所以团队里基本的事情他都知道，而且你要通过他实现你的经营设想。所以你要对班子成员有一个价值层面的游戏规则，就是利润分配问题。你不解决这个问题，或者你不去挑明这个问题，那么最后班子成员心里就会感觉不平衡。他说，我年薪才 10 万块钱，你企业一年利润 8000 万，都是你老板自己的，我不平衡，我要带人出去搞，我也要做老板。由此，问题就出来了。所以这个价值层面必须有一个游戏规则，这个规则怎么定，一个企业一个样，可以采取期权制、利润分享制。

第二件事，要和你的领导班子有一个高级层面的激励规则，也就是在精神层面。换句话说，给他一个施展才华的平台，挑战自我的机会，满足他的自我实现需求，通过事业激励人。不仅要让他们成为经济上的富翁，还要增加新的内涵，在精神文化，知识能力方面要达到高级境界。做到经济富翁、知识富翁、精神富翁三者合一，成为了激励高层的富有成效的新手段。

第三层面，班子成员要有一个管理层面的激励规则，即授权与监督。做老板的，浑身是铁又能打几颗钉。班子成员是老板们较为信任的对象，老板们为了发展，必须把权力策略性地分配给副手们，让副手们放手去干，但为了避免失控，在授权的同时还要建立监督机制，管理上有一个著名的墨菲定律，即任何事情只要有向坏方向发展的可能，就一定会向那个方向发展，没有监督的授权很危险的。很多领导容易犯不愿授权，或授权后故作大方，放松监督的毛病。授权必须是可控的，不可控的授权就是弃权。

2. 激励元老

老员工是公司的一笔财富，很多企业都设有工龄补贴，这是为了鼓励老员工所设的津贴。存在就是合理的，能跟随企业风雨同舟多年说明元老们的忠诚，忠诚是要通过时间考验的，领导们都希望自己的团队能够长期发展，希望员工忠诚，那么就要重视元老，奖励元老，因为你奖励什么才能得到什么。

激励公司元老，要采取三给政策，给地位、给面子、给待遇。因为你必须要用你的行动告诉你的员工，在你的团队里，如果有人做出了贡献，他就会得到尊敬，用他来做榜样，激励别人向他看齐。

资料来源：中国人力资源开开发网

任务二　考核推销人员

实施步骤

1. 理解考核推销人员的原则。
2. 选择合适的考核内容。
3. 选择合适的考核方法。

思考案例

在平安保险公司,"三大机制"尽人皆知——"竞争、激励、淘汰",这概括了平安绩效管理的核心机制。

平安绩效管理体系的高效运行,首先得益于公司将绩效管理放在公司战略的高度。平安认为,企业经营目标的达成,绩效管理应当成为核心驱动因素。因此,在推行和实践上,最高管理者做出了很好的表率,而且亲自参与、甚至主导着公司绩效管理体系的规划和发展。

其次,平安致力于通过绩效管理机制,将企业战略进行逐步演绎细化,做到目标分解到人,并建立定期问责反馈与检视的机制,同时不断强化结果应用的严格管理,从而使绩效管理有效支撑着公司运营,保证了目标有效实现。

资料来源:MBA 智库文档　http://doc.mbalib.com/view/4155e9f5b9dae1a9e4507041fd9bcf92.html

以上案例讲述的是平安保险公司对员工的绩效考核。通过实施竞争、激励、淘汰考核机制,有效地支撑了平安公司的运营,保证了目标的有效实现。那么如何系统地对推销人员实施考核正是本任务所探讨的。

一、考核推销人员的含义

绩效考核,是指按照企业设定的销售量、拜访客户量、工作态度、责任心等考核指标,采用适当的考评方法,评定推销人员的工作任务完成情况、工作职责履行程度及推销人员的发展情况,并将上述评定结果反馈给推销人员的一系列过程。

二、考核推销人员的原则

(一) 公平公正

公平公正就是指考评要以事实为依据,考评政策、方案要对所有的推销人员一视同仁,不可薄厚不均,内外有别,制定的考评标准要充分与推销人员沟通协商,考评工作制度化、透明化、规范化。

(二) 赏罚分明

考核结果要有相对应的奖惩制度,考核优秀的员工应给予奖赏,如发红包、奖励物品等;成绩低下的推销人员应受到责罚,如扣发部分奖金、取消相应的奖励,不能流于形式。

小资料

企业在管理员工时往往会遇到这样一个难题:是以激励为主还是以惩处为主。这涉及到管理学中的X理论和Y理论,即把人的本性看作是向善的还是向恶的,如果认为是向善的就会以激励为主,通过激励来达到激发员工的工作热情、提高工作效率的目的。如果认为是向恶的就会以惩罚为主,通过严惩来达到规范员工行为,使员工在外在制度规范的约束下,集中精力工作,提高工作效率。事实上,在具体的操作中往往是二者并用,做到赏罚分明。但是问题是有的领导在管理中不善于惩罚,只善于激励,而有的领导只善于惩罚,而不善于激励。尤其具体到一件事情当中,比如员工犯错误时就只有惩罚,似乎不惩罚就不能起到杀一儆百的作用,不惩罚就不能体现规章制度的严肃性,不惩罚就不能显示领导管理者的威严。聪明的经理能把惩罚变成激励。

(三) 及时反馈

考评的目的不是为了责罚推销人员,而是为了提高他们的工作技能,引导其朝着正确的方向努力,只有将考核结果向员工反馈,推销人员才知道自己的工作出现了哪些偏差,才能有针对性地改善。

(四) 指标明确

推销人员绩效考评的最终目的是提高企业的整体销售业绩,因此对推销人员的考评指标要设置权重参数,凸显对销售任务完成量的考核,而不应"眉毛胡子一把抓",指标设置应贴近岗位的职责。

三、考核推销人员的内容

(一) 销售量

销售量是指推销员在一定时期内推销出去的产品总数。通常来说,推销员卖出的产品越多,销售量越大,推销业绩就越好。正确衡量和评估推销员的销售量指标要注意以下两点:首先,对产品的推销范围进行准确的界定;其次,使用相同的统计方法和计量单位。

通过对推销员销售量指标的考核,可以帮助企业了解推销计划的完成情况、销售量的升降趋势以及产品的市场占有率等信息,从而为制定更完善的推销策略提供依据。

(二) 销售额

销售额是销售量的货币表现形式,即用价值去反映一段时期内推销员开展推销工作所取得的成果。一般来说,推销员卖出的产品越多,销售额就越大,推销业绩也就越好。具体评估方法有总销售额评估、区域销售额评估、产品销售额评估和顾客类型销售额评估四种。总销售额评估,可用于分析推销员年度销售额的增长情况;区域销售额评估,可用于分析推销员在某个区域内销售额的情况;产品销售额可用于比较不同产品的销售情况;顾客销售额,可用于比较不同顾客的产品推销情况。

(三) 推销费用

推销费主要包括能计入产品销售成本的广告费、印刷费、通讯费(如电话、电报、信函等)、展销场地租赁费、代销产品管理费、售出产品的复验维修费、产品中转保管费等。企业通过对推销费用进行考核可以及时发现推销员各项开支中存在的问题,从而达到开源节流,提高推销费用使用效率的目的。通常推销费用的指标为推销费用率、平均每次拜访顾客费用、平均每类顾客花费、平均每个产品会费等。

(四) 销售利润

销售利润是推销成果的集中体现。将销售收入与销售成本和费用进行比较,就可以看出推销人员为企业创造的利润是多少。在分析销售利润时,不仅要分析销售利润的计划完成情况,而且要进一步分析其变化的原因,分析不同因素如销售量、产品价格、销售成本和销售结构等对销售利润的影响,以便于及时发现问题,提出改进的措施。利润的评估也可以按总利润及各分类利润进行分析。利润评估可以加强高利润区域、高利润产品、高利润消费人群的工作,保证公司利润的实现。

销售利润受多种因素(销售量、销售成本、产品销售单价和销售结构等)的影响和制约,因此销售利润核算还应该计算某些因素变化对销售利润产生的影响。

(五) 回款率

回款率是指在一定时期内,推销员所售产品的已收货款与应收货款的比值。只有买家完全付清购买产品的钱数,推销员的推销活动才算是告一段落。所以回款是否及时、是否完整也是衡量推销员业绩的指标之一,同时也反映了企业资金周转的速度。

(六) 顾客访问完成率

顾客访问完成率是指在一定时期内推销员实际拜访顾客次数与计划拜访顾客次数的比值。顾客访问完成率的高低可以反映出推销员工作的努力程度,即比值高就说明推销员积极进取,工作努力;比值低则表明推销员工作懈怠。具体的计算公式是:顾客访问完成率 = 实际拜访顾客次数/计划拜访顾客次数 ×100%。

(七) 顾客访问成功率

顾客访问成功率是指推销员成功拜访顾客并达成交易的次数与实际拜访总次数的比值。顾客访问成功率绩效指标充分体现了推销员的工作能力与工作效率,若与顾客访问完成率进行结合分析将更有意义。比如,若推销员的访问顾客完成率很高,但成功率较低,则说明推销员的推销技能还有待于提高。具体的计算公式是:顾客访问成功率 = 成功达成交易次数/实际拜访次数 ×100%。

(八) 订单平均订货量

订单平均订货量是指推销员在一定时期内所有订单金额或订货数量的均值。这个绩效指标既反映了推销员在一定时期内获得的订单数,也反映了推销员每张订单的容量。具体的计算公式为:订单平均订货量=订单总金额或总订货量/订单数×100%。

四、绩效考核的方法

(一)等级评估法

等级评估法是绩效考评中最常用的一种方法。根据工作分析,将被考评岗位的工作内容划分为彼此独立的几个模块,在每个模块中用明确的语言描述完成该模块工作需要达到的工作标准。将考评标准分为优秀、良好、中等、及格、不及格等等级选项,考评人根据被考评人的实际工作表现,对每个模块的完成情况进行评定,总成绩便为该推销人员的考评成绩。

(二)目标考评法

目标考评法是根据被考评的推销人员完成工作目标的情况来进行考核的一种绩效考评方式。在开始工作之前,考评人和被考评推销人员应该对需要完成的工作内容、时间期限、考评的标准达成一致。在时间期限结束时,考评人根据被考评人的工作状况及原先制定的考评标准来进行考评。

(三)序列比较法

序列比较法是对同级推销人员进行考核的一种方法。在考评之前,首先要确定考评的模块,但是不确定要达到的工作标准。将相同等级的所有推销人员在同一考评模块中进行比较,根据他们的工作状况排列顺序,工作较好的排名在前,工作较差的排名在后。最后,将每位推销人员几个模块的排序数字相加,就是该推销人员的考评结果。累计值越小,绩效越好。

(四)相对比较法

与序列比较法相仿,它也是对相同等级推销人员进行考核的一种方法。所不同的是,它是对推销人员两两进行比较,任何两位推销人员都要进行一次比较。比较之后,工作较好的推销人员记“1”,工作较差的推销人员记“0”。所有的推销人员相互比较完毕后,将每个人的成绩进行相加,累计值越大越好。与序列比较法相比,相对比较法的推销人员不宜过多,5~10名即可。

(五)小组评价法

小组评价法是指由两名以上熟悉该推销工作的经理组成评价小组进行绩效考评的方法。小组评价法的优点是操作简单、省时省力,缺点是容易模糊评价标准、主观性强。为了提高小组评价的可靠性,在进行小组评价之前,应该向推销人员公布考评的内容、依据和标准。在评价结束后,要向推销人员讲明评价的结果。在使用小组评价法时,最好结合推销人员个人评价。当小组评价和个人评价结果差距较大时,为了防止考评偏差,评价小组成员应该首先了解推销人员的具体工作表现和工作业绩,然后再做出评价。

(六) 重要事件法

考评人在平时应注意收集被考评人的"重要事件",这里的重要事件是指被考评人的优秀表现和不良表现的重要依据,对这些表现要形成书面记录。对普通的工作行为则不必进行记录。根据这些书面记录进行整理和分析,最终形成考评结果。该考评方法一般不单独使用。

项目小结

在商品经济社会,衡量企业的经济效益归根到底是看其利润与销量,销售人员扮演着举足轻重的角色。对销售人员的激励与考核只是一种手段,根本目的还是在于维系企业这一组织机构的良性发展。

项目练习

一、单项选择

1. 一旦推销员达到了企业预先规定的奖励目标,企业就应该及时兑现承诺,对员工给予奖励属于(   )。

A. 公平合理原则　　B. 言而有信原则

C. 物质奖励与精神奖励相结合原则　　D. 简单明了原则

2. 向其征询建议,或者,请其加入企业智囊团或就重大事项征询其意见这一激励方法可以向(   )推销员使用。

A. 竞争型　　B. 成就型　　C. 自我欣赏型　　D. 服务型

3. 就是放手让他去做,把大目标交给他们,放手让他们去干,确保他们不断受到挑战。是对(   )推销员使用的。

A. 竞争型　　B. 成就型　　C. 自我欣赏型　　D. 服务型

4. 对推销人员的考评指标要设置权重参数,凸显对销售任务完成量的考核。这是(   )考核原则。

A. 公平公正　　B. 赏罚分明　　C. 及时反馈　　D. 指标明确

5. 用价值去反映一段时期内推销员开展推销工作所取得的成果,其价值越多越好。这是考核推销员(   )。

A. 销售量　　B. 销售额　　C. 推销费用　　D. 回款率

6. 指推销员成功拜访顾客并达成交易的次数与实际拜访总次数的比值。这是考核推销员(   )。

A. 回款率　　B. 客访问完成率

C. 顾客访问成功率　　D. 订单平均订货量

7. 分为优秀、良好、中等、及格、不及格等等级选项,考评人根据被考评人的实际工作表现，对每个模块的完成情况进行评定，是(　　)。

A. 等级评估法　　B. 目标考评法　　C. 序列比较法　　D. 相对比较法

8. 对重要事件进行记录，根据这些书面记录进行整理和分析，最终形成考评结果。(　　)。

A. 序列比较法　　B. 相对比较法　　C. 小组评价法　　D. 重要事件法

二、填空

推销人员类型	典型特征	实施激励的方法
竞争型推销人员		
成就型推销人员		
自我欣赏型推销人员		
服务型推销人员		

三、案例分析

某食品销售公司2013年度员工绩效考核工作中，小李绩效被评了个A(考核分五级，A：杰出；B：良好；C：正常；D：需改进；E：淘汰)，小李很高兴，毕竟自己的工作得到了领导的认同和肯定。

绩效考核是由各部门经理对员工2013年工作绩效、任职状况、工作态度等方面的全面评价，结果会影响员工职位及薪级调整。小李自认为很好地完成了本职工作：全年没有明显失误，尤其前一段时间经常加班到晚上9点多，很多节假日不休息，表现还是对得起领导的评价。但是当他听到一个消息后这种喜悦感就没有了，反而愤愤不平地向女友诉苦：

“下午生产部的一个同事告诉我，他们部门的小张考核也得了个A，大家都觉得不公平。我听了很惊讶，第一感觉是不是搞错了，我并不是嫉妒他，而是觉得太不可思议了。这个小张每天都利用单位座机给女朋友打电话聊天，一天要打上三四次，有时长达半个小时之久，公司规定用单位座机打私人电话每次不能超过3分钟。另外他还经常上班玩游戏，其实在不忙的时候上上网看看新闻公司是允许的，可要是玩游戏就不成了。你说就这样的员工不得个D就算不错了，竟然能被评为A，是不是有些不公平。还有天天上网炒股的小刘，最后被评了个B，而有的人全年表现都不错只是出现过把小错误就被评为D。我加班加点努力工作的考核是A，他们天天打私人电话聊天，玩游戏也是A，考核制度岂不形同虚设？”

问题

1. 你认为该食品销售公司绩效考核制度有没有问题？
2. 应该采取哪些措施避免此类现象出现？

附录1

《营销师国家职业标准》

中华人民共和国劳动和社会保障部制定

本标准自2006年1月17日起施行

1. 职业概况

1.1 职业名称

营销师。

1.2 职业定义

从事市场调研、市场分析、营销策划、市场开拓、直接销售、客户管理等营销活动的人员。

1.3 职业等级.

本职业共设五个等级,分别为:营销员(国家职业资格五级)、高级营销员(国家职业资格四级)、助理营销师(国家职业资格三级)、营销师(国家职业资格二级)、高级营销师(国家职业资格一级)。

1.4 职业环境

室内、外。

1.5 职业能力特征

思维敏捷,口齿清楚,具有一定的观察、判断、表达、应变及人际交往能力。

1.6 基本文化程度

高中毕业(含同等学历)。

1.7 培训要求

1.7.1 培训期限

全日制职业学校教育,根据其培养目标和教学计划确定。各级别晋级培训期限均不少于160标准学时。

1.7.2 培训教师

培训教师应熟练掌握系统的市场营销知识,具有一定的实际管理经验和丰富的教学经验,同时具有良好的语言表达能力和知识传授能力。

培训营销员、高级营销员的教师应取得营销师及以上职业资格证书或相关专业中级及以上专业技术职务任职资格;培训助理营销师、营销师的教师应取得高级营销师职业资格证书或相关专业高级专业技术职务任职资格;培训高级营销师的教师应取得本职业高级营销师职业资格证书3年以上或相关专业高级专业技术职务任职资格。

1.7.3 培训场地设备

配备必要的教学设备、设施,室内光线充足、通风、卫生条件良好的标准教室;能够满足教学要求的模拟或实际培训场地。

1.8 鉴定要求

1.8.1 适用对象

从事或准备从事本职业的人员。

1.8.2 申报条件

——营销员(具备以下条件之一者)

(1) 连续从事本职业工作1年以上。

(2) 具有中等职业学校本专业(职业)或相关专业毕业证书。

(3) 经本职业营销员正规培训达规定标准学时数,并取得结业证书。

——高级营销员(具备以下条件之一者)

(1) 连续从事本职业工作3年以上。

(2) 连续从事本职业工作2年以上,经本职业高级营销员正规培训达规定标准学时数,并取得结业证书。

(3) 取得本职业营销员职业资格证书后,连续从事本职业工作2年以上。

(4) 取得本职业营销员职业资格证书后,连续从事本职业工作1年以上,经本职业高级营销员正规培训达规定标准学时数,并取得结业证书。

——助理营销师(具备以下条件之一者)

(1) 连续从事本职业工作6年以上。

(2) 具有以高级技能为培养目标的技工学校、技师学院和职业技术学院本专业或相关专业毕业证书。

(3) 取得本职业高级营销员职业资格证书后,连续从事本职业工作4年以上。

(4) 取得本职业高级营销员职业资格证书后,连续从事本职业工作3年以上,经本职业助理营销师正规培训达规定标准学时数,并取得结业证书。

(5) 具有本专业或相关专业大学专科及以上学历。

(6) 取得其他专业大学专科及以上学历证书后,连续从事本职业工作1年以上。

(7) 取得其他专业大学专科及以上学历证书后,经本职业助理营销师正规培训达规定标准学时数,并取得结业证书。

——营销师(具备以下条件之一者)

(1) 连续从事本职业工作13年以上。

(2) 取得本职业助理营销师职业资格证书后,连续从事本职业工作5年以上。

(3) 取得本职业助理营销师职业资格证书后,连续从事本职业工作4年以上,经本职业营销师正规培训达规定标准学时数,并取得结业证书。

(4) 取得本专业或相关专业大学本科学历证书后,连续从事本职业工作5年以上。

(5) 具有本专业或相关专业大学本科学历,取得本职业助理营销师职业资格证书后,连续从事本职业工作4年以上。

(6) 具有本专业或相关专业大学本科学历,取得本职业助理营销师职业资格证书后,连续从事本职业工作3年以上,经本职业营销师正规培训达规定标准学时数,并取得结业证书。

(7) 取得硕士研究生及以上学历证书后,连续从事本职业工作2年以上。

——高级营销师(具备以下条件之一者)

(1) 连续从事本职业工作19年以上。

(2) 取得本职业营销师职业资格证书后,连续从事本职业工作4年以上。

(3) 取得本职业营销师职业资格证书后,连续从事本职业工作3年以上,经本职业高级营销师正规培训达规定标准学时数,并取得结业证书。

1.8.3 鉴定方式

分为理论知识考试和专业能力考核。理论知识考试和专业能力考核均采用闭卷笔试或者上机考试等方式。理论知识考试和专业能力考核均实行百分制,成绩皆达助分及以上者为合格。营销师、高级营销师还须进行综合评审。

1.8.4 考评人员与考生配比

理论知识考试和专业能力考核的考评人员与考生配比均为1:20,每个考场不少于2名考评人员;综合评审委员不少于3人。

1.8.5 鉴定时间

理论知识考试时间为90分钟;专业能力考核时间为120分钟;综合评审时间不少于30分钟。

1.8.6 鉴定场所设备

理论知识考试和专业技能考核均在标准教室进行,应配备必要的计算机及投影设备等。

2. 基本要求

2.1 职业道德

2.1.1 职业道德基本知识

2.1.2 职业守则

(1) 热爱岗位,遵纪守法。

(2) 讲求信誉,公平竞争。

(3) 善待顾客,热情服务。

(4) 注重调研,善于创新。

2.2 市场营销基础知识

2.2.1 市场营销基本理念

(1) 市场与市场营销的含义。

(2) 市场营销管理的实质与任务。

(3) 市场营销管理哲学。

2.2.2 市场营销组合

(1) 市场营销组合的内容。

(2) 产品决策。

(3) 定价决策。
(4) 渠道决策。
(5) 促销决策。

2.2.3 商务谈判基本知识

(1) 商务谈判的成功模式。
(2) 商务谈判心理。
(3) 商务谈判思维。
(4) 不同的谈判风格。

2.2.4 商务礼仪与营销道德

(1) 社交的基本原则。
(2) 基本社交礼仪。
(3) 商务谈判礼仪。
(4) 国际商务礼俗。
(5) 营销道德的基本原则。
(6) 市场营销道德与实践。

2.2.5 市场营销理论的新发展

(1) 顾客让渡价值与顾客满意。
(2) 关系营销。
(3) 文化营销。
(4) 服务营销。
(5) 绿色营销。
(6) 全球营销。
(7) 电子商务。
(8) 客户关系管理。
(9) 交叉销售。
(10) 数字化整合营销。

2.2.6 相关法律、法规知识

(1)《中华人民共和国合同法》相关知识。
(2)《中华人民共和国消费者权益保护法》相关知识。
(3)《中华人民共和国产品质量法》相关知识。
(4)《中华人民共和国票据法》相关知识。
(5)《中华人民共和国反不正当竞争法》相关知识。
(6)《中华人民共和国广告法》相关知识。
(7)《中华人民共和国价格法》相关知识。
(8)《中华人民共和国担保法》相关知识。
(9)《中华人民共和国商标法》相关知识。
(10)《中华人民共和国劳动法》相关知识。
(11)《直销管理条例》相关知识。

(12)《禁止传销条例》相关知识。

3. 工作要求

本标准对营销员、高级营销员、助理营销师、营销师和高级营销师各级别的能力要求依次递进,高级别涵盖低级别的要求。

3.1 营销员

职业功能	工作内容	能力要求	相关知识
一、市场分析	(一)市场调研	1. 能够采集商品、市场价格信息 2. 能够发放和回收调查问卷 3. 能够识读调研计划	1. 市场调查的种类 2. 市场调查的内容 3. 市场调查的步骤 4. 直接调查的方法
	(二)市场购买行为分析	1. 能够识别不同的购买者 2. 能够分析消费者购买行为的特征 3. 能够分析组织购买行为特征	1. 购买者的类别 2. 消费者购买行为的特征 3. 组织购买行为的特征
	(三)销售机会与威胁分析	1. 能够识别销售机会与销售威胁 2. 能够分析销售机会的种类	1. 销售机会与销售威胁的种类 2. 捕捉销售机会的技巧
二、营销策划	(一)制定销售计划	1. 能够确定自己的销售目标 2. 能够进行简单的销售预测 3. 能够进行市场细分	1. 销售计划的内涵 2. 简单的销售预测方法 3. 确定销售目标的主要方法 4. 市场细分知识
	(二)产品策划	1. 能够分析和评价产品组合 2. 能够进行企业产品的展示策划	1. 分析和评价产品组合的方法 2. 企业产品的展示策划知识
	(三)渠道策划	1. 能够选择经销商 2. 能够管理批发商和零售商	1. 如何选择经销商 2. 批发商和零售商管理
	(四)市场推广策划	1. 能够实施销售促进方案 2. 能够利用优待券、折价优待、集点优待、赠送样品和 POP 广告促销 3. 能够确定人际交往策略 4. 能够协助组织公关活动	1. 销售促进知识 2. 优待券促销知识 3. 折价优待促销知识 4. 集点优待促销知识 5. 赠送样品促销知识 6. POP 广告促销知识 7. 组织公关活动知识
三、产品销售	(一)寻找与访问客户	1. 能够寻找潜在顾客名单 2. 能够合适地拜访客户 3. 能够恰当地介绍产品	1. 寻找潜在顾客的方法 2. 约见顾客的方法 3. 介绍产品的方法
	(二)商务洽谈	1. 能够选择报价的时机 2. 能够正确报价 3. 能够与顾客友好沟通 4. 能够正确运用常见谈判技巧	1. 报价的原则 2. 报价的技巧与方法 3. 常见谈判技巧
	(三)试行订约	1. 能够识别客户异议 2. 能够正确处理常见顾客异议 3. 能够识别购买信号	1. 顾客异议的类型 2. 处理异议的方法 3. 购买信号类型
	(四)货品管理	1. 能够进行商品分类 2. 能够做好订货管理、发货管理与退货管理 3. 能够正确选择运输方式与工具 4. 能够进行销售终端陈列管理	1. 商品分类知识 2. 订货管理知识 3. 发货管理知识 4. 退货管理知识 5. 商品运输管理知识 6. 销售终端陈列管理知识

续表

职业功能	工作内容	能力要求	相关知识
四、客户管理	(一) 客户服务管理	1. 能够对客户服务进行分类 2. 能够提供周到的客户服务	1. 客户服务的种类 2. 售前、售中、售后服务知识
	(二) 客户信用管理	1. 能够计算应收账款 2. 能够催收应收账款 3. 能够运用讨债策略进行讨债	1. 信用管理的相关概念 2. 应收账款统计知识 3. 应收账款管理知识 4. 讨债策略
	(三) 客户关系管理	1. 能够建立客户档案 2. 能够进行客户筛选 3. 能够运用 ABC 法管理客户	1. 客户档案知识 2. 客户筛选知识 3. ABC 分析法

3.2 高级营销员

职业功能	工作内容	能力要求	相关知识
一、市场分析	(一) 市场调研	1. 能够进行实地调查 2. 能够汇总市场调查资料 3. 能够对调查资料进行简单的分类	1. 实地调查的基本方法 2. 资料的简单归类 3. 资料的简单分析
	(二) 市场购买行为分析	1. 能够归纳不同类购买者的购买行为类型 2. 能够针对不同类购买者的购买行为类型提出不同的营销对策	1. 消费者够买行为类型 2、产业购买行为类型 3. 中间商购买行为类型
二、营销策划	(一) 制定区域市场计划	1. 能够选择目标市场 2. 能够划分销售区域 3. 能够设计销售组织结构 4. 能够拟定销售区域作战方略 5. 能够进行销售区域的时间管理	1. 目标市场选择知识 2. 划分销售区域的步骤 3. 销售组织结构类型 4. 销售区域作战方略 5. 销售区域的时间管理
	(二) 产品策划	1. 能够判断产品所处的生命周期阶段 2. 能够提出相应的营销对策	1. 产品生命周期的知识 2. 产品生命周期各阶段的营销对策
	(三) 渠道策划	1. 能够选择渠道模式 2. 能够管理渠道流程	1. 渠道模式知识 2. 渠道流程知识
	(四) 市场推广策划	1. 能够协助制定销售促进策略 2. 能够事实销售促进策略 3. 能够协助制定公共关系策略 4. 能够选择公共关系活动模式 5. 能够确定公关的对象	1. 销售促进策略 2. 公共关系策略 3. 公共关系活动模式 4. 公关对象选择的知识
三、产品销售	(一) 拜访与接近顾客	1. 能够拟定拜访计划 2. 能够接近潜在顾客 3. 能够认定顾客资格	1. 拜访计划的内容 2. 接近顾客的方法 3. MAN 法则
	(二) 商务洽谈	1. 能够对报价做出解释 2. 能够判断对方的报价意图 3. 能够运用让步策略进行讨价还价 4. 能够分析谈判僵局的原因 5. 能够制定突破谈判僵局的策略 6. 能够正确运用常见谈判策略	1. 报价解释的原则 2. 对待对方报价的策略 3. 常见的理想让步策略 4. 僵局的成因分析知识 5. 突破僵局的策略与技巧 6. 常见谈判策略
	(三) 试行订约	1. 能够分析客户异议的原因 2. 能够正确把握与创造成交机会 3. 能够建议客户签订购买合同	1. 客户异议的原因 2. 建议成交的策略

续表

职业功能	工作内容	能力要求	相关知识
	(四) 货品管理	1. 能够正确运用订单的报价方式 2. 能够进行订单的流程管理 3. 能够选择与确定商品包装种类 4. 能够管理销售终端业务	1. 订单的报价方式 2. 订单的管理流程 3. 商品包装知识 4. 销售终端业务管理知识
四、客户管理	(一) 客户服务管理	1. 能够做好售前、售中、售后服务 2. 能够评价服务质量 3. 能够采取提高服务质量的措施	1. 客户服务的内容 2. 影响服务质量的差距分析 3. 提高服务质量的方法
	(二) 客户信用管理	1. 能够调查客户信用情况 2. 能够制定讨债策略	1. 客户信用调查分析的方法 2. 讨债策略与技巧
	(三) 客户关系管理	1. 能够进行客户分析与组合 2. 能够区分不同的客户投诉 3. 能够提出处理客户投诉的建议	1. 客户分析与组合策略 2. 客户投诉的内容 3. 处理客户投诉的方法

3.3　助理营销师

职业功能	工作内容	能力要求	相关知识
一、市场分析	(一) 市场调研	1. 能够收集二手资料 2. 能够设计市场调查问卷 3. 能够进行抽样调查	1. 间接资料调查方法 2. 市场调查问卷设计方法 3. 抽样调查知识
	(二) 市场购买行为分析	1. 能够分析消费者与产业购买决策过程 2. 能够针对不同购买决策过程阶段提出不同的营销对策	1. 消费者购买决策过程 2. 产业购买决策过程 3. 中间商和政府购买决策
二、营销策划	(一) 制定销售计划	1. 能够编制销售计划 2. 能够确定与分配销售配额 3. 能够编制销售预算 4. 能够进行销售活动分析	1. 销售计划体系的内容 2. 销售配额知识 3. 销售预算知识 4. 销售活动分析的方法
	(二) 产品策划	1. 能够提出新产品开发建议 2. 能够分析新产品采用者类型 3. 能够提出调整产品价格的建议	1. 新产品的类型 2. 新产品采用者类型 3. 新产品扩散知识 4. 定价策略与技巧的知识
	(三) 渠道策划	1. 能够选择不同的销售代理方式 2. 能够根据要求选择、管理代理商 3. 能够设计和运作连锁经营体系	1. 销售代理的选择知识 2. 销售代理商的管理 3. 连锁精英管理知识
	(四) 市场推广策划	1. 能够策划销售促进活动 2. 能够制定广告策略 3. 能够策划公共宣传活动 4. 能够建立与媒体的联系	1. 销售促进策划知识 2. 广告策略 3. 公共宣传活动策划知识 4. 与媒体保持联系的原则
	(五) 网络营销策划	1. 能够在互联网上与客户进行交流 2. 能够利用电子邮件进行营销 3. 能够利用互联网收集信息	1. 网络客户监控知识 2. 电子邮件营销知识 3. 互联网络调研知识
三、产品销售	(一) 访问顾客	1. 能够分析顾客购买心理 2. 能够顾客心态进行推销 3. 能够接近潜在顾客 4. 能够引起顾客兴趣 5. 能够激发顾客购买欲望	1. 顾客心理类型 2. 销售方格与顾客方格 3. 拜访顾客的方法 4. 产品介绍知识 5. 激发购买欲望知识

续表

职业功能	工作内容	能力要求	相关知识
	(二) 商务洽谈	1. 能够制定让步策略 2. 能够分析各种商务风险 3. 能够控制谈判进程 4. 能够分析合同纠纷产生的原因 5. 能够进行合同纠纷的谈判 6. 能够正确运用常见谈判策略和技巧	1. 让步策略 2. 阻止对方进攻的策略 3. 商务风险的预测与控制知识 4. 回避商务风险的措施 5. 驾驭谈判进程的知识 6. 合同纠纷谈判的知识 7. 常见谈判策略与技巧
	(三) 试行订约	1. 能够处理客户异议 2. 能够寻找合适的时机提出成交建议 3. 能够增减或修改合同条款	1. 处理客户异议的程序 2. 提出成交建议的方法 3. 签订合同的知识
	(四) 货品管理	1. 能够制定订购决策 2. 能够选择商品检测的方法 3. 能够做好销售终端管理	1. 订购决策知识 2. 商品检测的方法 3. 销售终端管理知识
四、客户管理	(一) 客户服务管理	1. 能够评价服务质量 2. 能够采取措施提高服务质量	1. 服务质量的评价标准 2. 提高服务质量的方法
	(二) 客户信用管理	1. 能够确定信用管理的目标 2. 能够制定信用政策 3. 能够选择追账策略	1. 信用管理的目标 2. 信用政策的主要内容 3. 追账策略
	(三) 客户关系管理	1. 能够选择分销商 2. 能够激励中间商客户 3. 能够处理窜货问题	1. 选择分销商的知识 2. 激励中间商客户知识 3. 窜货管理知识
五、团队建设	(一) 界定销售人员	1. 能够明确销售人员的职责 2. 能够制定人员销售决策	1. 销售人员的职责 2. 人员销售决策的内容
	(二) 招聘销售人员	1. 能够选择企业招聘的途径 2. 能够进行网络招聘 3. 能够利用报纸进行招聘	1. 企业招聘的途径 2. 网络招聘知识 3. 报纸招聘知识 4. 招聘工作要点
	(三) 销售人员培训	1. 能够分析培训需求 2. 能够制定与实施培训计划 3. 能够评估培训效果 4. 能够组织销售会议	1. 分析培训需求知识 2. 制定与实施培训计划知识 3. 评估培训效果知识 4. 组织销售会议知识
	(四) 建立销售制度	1. 能够推行销售制度管理 2. 能够建立营销管理基本制度	1. 销售制度管理知识 2. 营销管理基本制度

3.4 营销师

职业功能	工作内容	能力要求	相关知识
一、市场分析	(一) 市场调研	1. 能够拟定市场调研计划 2. 能够组织实施市场调研活动 3. 能够撰写市场调研报告 4. 能够测算总市场潜量和区域市场潜量	1. 制定调研计划的知识 2. 组织市场调研活动的知识 3. 总市场潜量和区域市场潜量含义
	(二) 市场营销环境分析	1. 能够综合分析国内市场行情 2. 能够分析市场营销宏观环境、微观环境给企业带来的机会与威胁 3. 能够根据机会与威胁提出相应的对策	1. 市场营销环境分析的知识 2. 国内市场行情分析的知识

续表

职业功能	工作内容	能力要求	相关知识
二、营销策划	（一）制定销售计划	1. 能够市场营销计划 2. 能够对产品进行市场定位	1. 市场营销计划的内容 2. 市场定位的知识
	（二）产品策划	1. 能够提出新产品创意 2. 能够设计包装策略 3. 能够计算与分析需求弹性 4. 能够制定产品价格	1. 新产品开发知识 2. 包装策略知识 3. 需求弹性与定价方法的知识
	（三）渠道策划	1. 能够设计分销渠道的长度、宽度和广度 2. 能够制定基本渠道政策 3. 能够制定物流计划	1. 销售分销渠道的知识 2. 渠道政策的内容 3. 物流计划的内容
	（四）市场推广策划	1. 能够进行广告促销策划 2. 能够寻找广告代理 3. 能够策划公共宣传活动 4. 能够进行危机公关 5. 能够撰写公共宣传新闻稿	1. 广告促销策划的内容 2. 广告代理的知识 3. 公共宣传活动策划的知识 4. 危机公关的知识 5. 公共宣传新闻稿的知识
	（五）网络营销策划	1. 能够对营销网页设计提出要求 2. 能够利用互联网络进行市场推广 3. 能够确定网络营销组合策略	1. 企业站点知识 2. 网页设计知识 3. 网络推广知识 4. 网络营销组合知识
三、客户管理	（一）客户服务管理	1. 能够进行服务质量的测评 2. 能够制定服务营销策略	1. 服务质量测评的知识 2. 服务营销组合的知识
	（二）客户信用管理	1. 能够规划信用销售业务流程 2. 能够进行应收账款管理 3. 能够合理应用信用政策	1. 信用销售业务流程规划知识 2. 应收账款管理知识 3. 信用政策知识
	（三）渠道成员管理	1. 能够设计中间商客户的绩效评估指标体系 2. 能够提出渠道改进策略 3. 能够协调渠道成员之间的冲突	1. 中间商客户的绩效评估知识 2. 渠道改进策略 3. 渠道冲突管理的知识
四、团队建设	（一）激励销售人员	1. 能够制定竞赛激励计划 2. 能够激励不同类型的销售人员	1. 竞赛激励的方式 2. 激励不同类型销售人员的方法 3. 成功销售代表的特质 4. 成功销售主管的特质
	（二）销售人员的绩效考核	1. 能够收集考核资料、建立绩效标准、选择考核方法 2. 能够计算与分析销售效率	1. 绩效评估知识 2. 销售效率计算方法 3. 销售效率图

3.5　高级营销师

职业功能	工作内容	能力要求	相关知识
一、市场分析	（一）市场调研	1. 能够做出何时、何地对何种产品进行市场调查的决策 2. 能够进行市场行情预测	1. 市场预测决策知识 2. 市场预测的步骤与方法
	（二）国际市场分析	1. 能够对国际经济形势、行业状况和商品供求进行综合分析 2. 能够对生产发展趋势进行预测	1. 宏观经济与产业政策和知识 2. 国际营销环境知识

续表

职业功能	工作内容	能力要求	相关知识
二、营销策划	(一) 制定销售规划	1. 能够分析现有业务 2. 能够编制现有业务组合计划 3. 能够编制新业务发展计划 4. 能够设计市场营销组织 5. 能够提出市场营销活动的控制方案	1. 现有业务的分析方法 2. 新业务计划的编制方法 3. 市场营销组织的设计知识 4. 市场营销控制的方法
	(二) 产品策划	1. 能够进行品牌形象设计 2. 能够制定并实施品牌策略 3. 能够根据市场情况调整产品价格	1. 品牌与商标知识 2. 品牌设计的原则与方法 3. 品牌策略知识 4. 主动与应对变价知识
	(三) 渠道策划	1. 能够制定分销渠道战略 2. 能够设计与管理特许经营体系 3. 能够设计国际分销渠道模式 4. 能够进行渠道整合	1. 分销渠道战略知识 2. 特许经营体系知识 3. 国际分销渠道知识 4. 渠道整合知识
	(四) 市场推广策划	1. 能够制定市场推广计划 2. 能够制定广告促销决策 3. 能够制定公共宣传决策 4. 能够制定直复营销决策	1. 市场推广计划知识 2. 广告促销决策知识 3. 公共宣传决策知识 4. 直复营销决策知识
	(五) 网络营销策划	1. 能够制定企业站点规划 2. 能够进行域名注册 3. 能够制定在线价格策略 4. 能够制定网际销售促进策略	1. 企业站点规划知识 2. 域名注册知识 3. 在线价格策略知识 4. 网际销售促进策略知识 5. 网络安全知识
三、客户管理	(一) 客户服务管理	1. 能够评价与监控服务质量 2. 能够设计顾客满意度调查表 3. 能够确定顾客忠诚度的衡量标准	1. 评价与监控服务质量的知识 2. 衡量顾客满意度的知识 3. 顾客忠诚度管理知识
	(二) 客户信用管理	1. 能够全面调查客户资信 2. 能够确定客户信用等级评估指标 3. 能够审定客户信用限度	1. 客户资信调查与分析的知识 2. 客户风险分类方法
	(三) 客户关系管理	1. 能够设计客户关系管理系统 2. 能够建立与管理战略联盟	1. 客户关系管理系统知识 2. 产销战略联盟知识 3. 战略联盟管理知识
	(四) 商务谈判的组织与管理	1. 能够制定切实可行的谈判方案 2. 能够组织谈判活动	1. 谈判人员组合的知识 2. 谈判现场布置的知识 3. 谈判活动管理的知识
四、团队建设	(一) 制定销售人员战略规划	能够制定销售人员战略规划	销售人员战略规划的方法
	(二) 甄选销售人员	1. 能够提出招聘销售人员的要求 2. 能够面试、选拔销售人员	1. 招聘程序 2. 面试与选拔销售人员知识
	(三) 激励销售人员	能够选择激励销售人员方式	1. 激励原理 2. 激励销售人员方式
	(四) 建立销售人员薪酬制度	能够制定合理的薪酬销售人员制度	1. 薪酬知识 2. 销售人员薪酬制度的制定方法

4. 比重表

4.1 理论知识

	项目	营销员（%）	高级营销员（%）	助理营销师（%）	营销师（%）	高级营销师（%）
基本要求	职业道德	10	10	10	10	10
	基础知识	25	25	20	20	20
相关知识	市场分析	10	10	10	15	10
	营销策划	20	20	25	25	30
	产品销售	25	25	20	—	—
	客户管理	10	10	10	20	15
	团队建设	—	—	5	10	15
合计		100	100	100	100	100

4.2 专业能力

	项目	营销员（%）	高级营销员（%）	助理营销师（%）	营销师（%）	高级营销师（%）
能力要求	市场分析	20	20	20	25	25
	营销策划	25	25	30	35	40
	产品销售	35	35	20	—	—
	客户管理	20	20	20	25	20
	团队建设	—	—	10	15	15
合计		100	100	100	100	100

附录2

推销流程图

推销流程图(一)

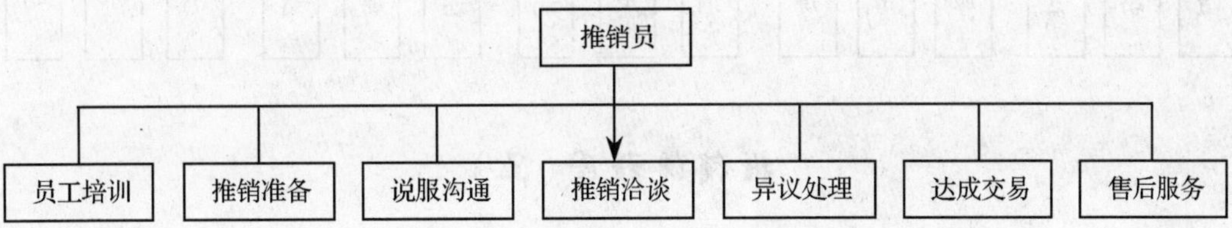

推销流程图(二)

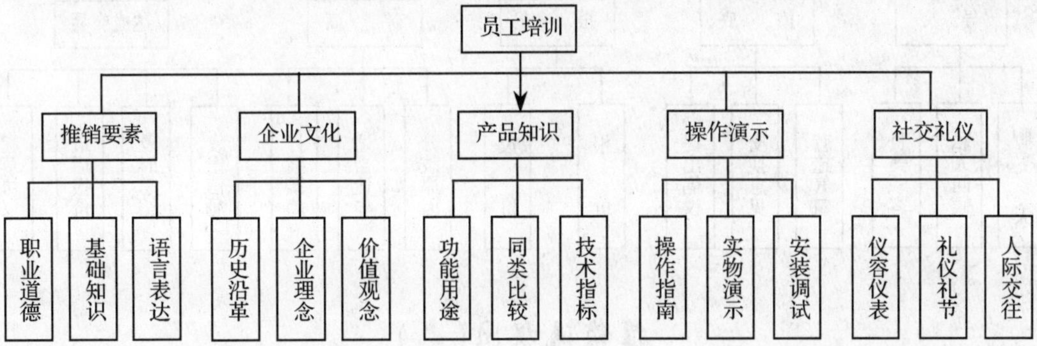

推销流程图(三)

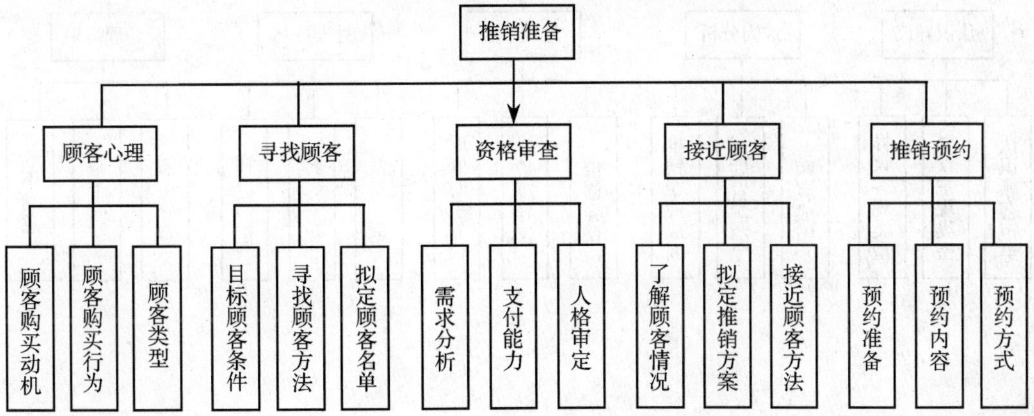

推销流程图（四）

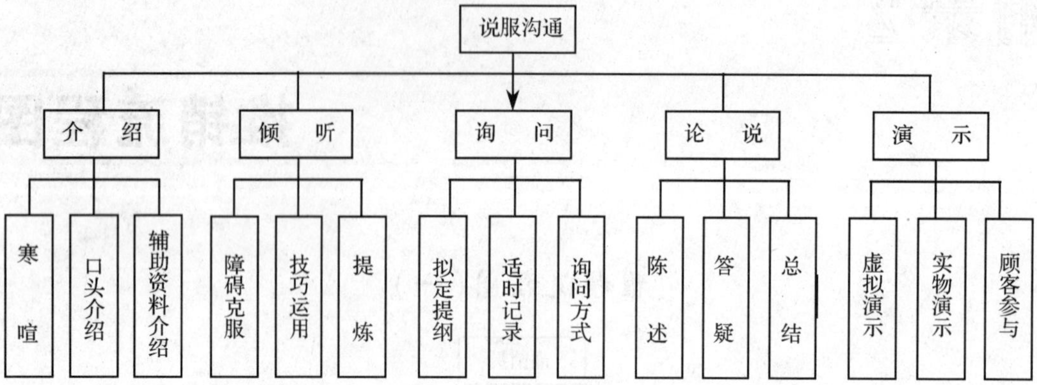

推销流程图（五）

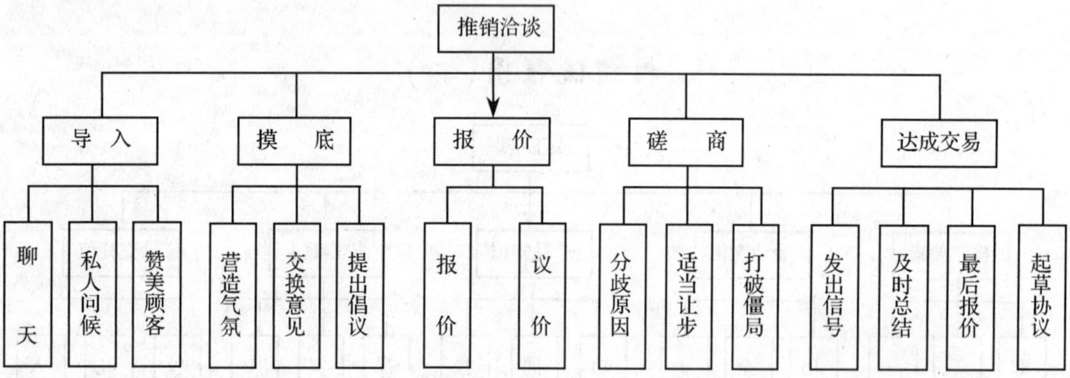

推销流程图（六）

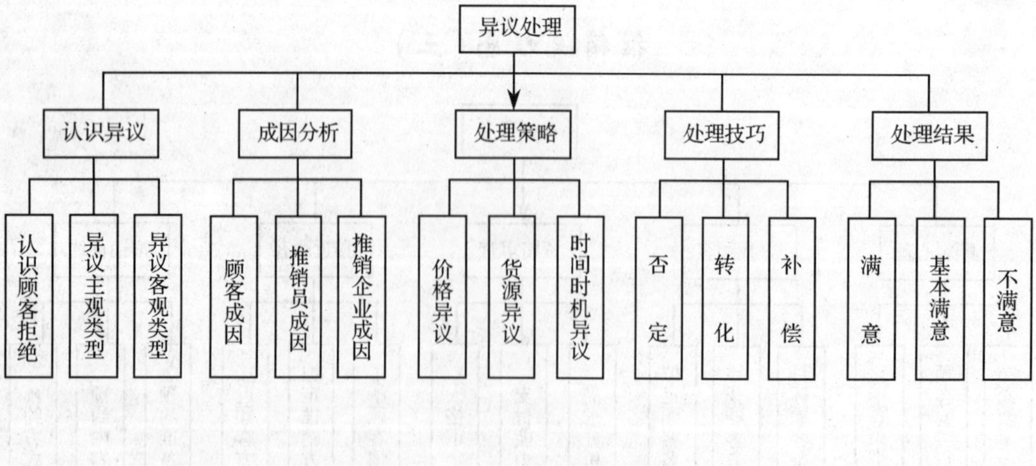

附录3

某医药公司促销员手册

第一章　促销员的含义

促销员是指在零售终端通过现场服务引导顾客购买、促进产品销售的人员。他们是:

一、形象代言人

促销员面对面地直接与顾客沟通,促销员的一举一动、一言一行在顾客的眼中就代表着公司(品牌)的形象。

二、沟通的桥梁

促销员是公司(品牌)与消费者之间的桥梁,一方面把品牌的有关信息传递给消费者,另一方面又将消费者的意见、建议和希望等信息传达给公司,以便公司更好的服务于消费者。

三、服务大使

促销员是在充分了解自己所销售的产品特性、使用方法、用途、功效、价值的基础上,适时地为顾客提供最好的服务、建议和帮助,以优良的服务来征服顾客,压倒竞争对手。

第二章　促销员的职责

一、宣传品牌

(1) 通过在药店与消费者的交流,向消费者宣传本品牌产品和公司形象,提高品牌知名度。

(2) 在药店派发本品牌的各种宣传资料和促销品。

二、产品销售

利用各种销售和服务技巧,提高消费者的购买欲望,增加本公司产品销量。

三、产品陈列

做好药店生动化、产品陈列和POP(point of purchase,卖点广告)的维护工作,保持产品与助销品的整洁和标准化陈列。

四、收集信息

(1) 收集顾客对产品的期望和建议,及时、妥善地处理顾客的异议,并及时向主管汇报。

(2) 收集竞争品牌的产品、价格和市场活动等信息,及时向主管汇报。

(3) 收集药店对公司品牌的要求和建议,及时向主管汇报,建立并保持与药店良好的客情关系,获得最佳的宣传和促销支持。

(4) 了解药店的销售、库存情况及时要求药店进货,并及时向主管汇报药店进销存情况。

五、填写报表

完成日、周、月销售报表及其它报表填写等各项行政工作,并按时上交主管。

六、其他

完成主管交办的各项其它临时任务及药店安排的其它有关工作,早晚上下班时要做好药店的卫生清洁,适时维护客情关系。

第三章　促销员的要求

一、促销员的基本素质要求

(1) 爱心:爱心是成功的最大秘诀和有力武器,爱是打开顾客心灵的钥匙。

(2) 信心:人之所以能,是因为相信自己能。

(3) 恒心:忍耐、一贯、坚持。

(4) 主动:只有积极主动,才能更好的完成上级分配的各项任务。

(5) 热心:热情是推销才能中最重要的一个因素。把热情和工作结合在一起,事半功倍。

二、促销员应掌握的基本知识

(1) 了解公司

(2) 了解行业和常用术语

(3) 产品知识

(4) 竞争品牌情况

(5) 药品陈列与药店生动化常识

(6) 顾客特性与其购买心理

(7) 促销技巧

(8) 工作职责与工作规范

三、优秀促销员的特点

1. 从公司角度看

积极主动的工作态度;饱满的工作热情;独立的工作能力;良好的人际关系;优秀的团队

精神。

2. 从顾客的角度看

外表整洁;有礼貌;有耐心;态度友好、亲切、热情;竭诚服务;解疑答问;专业;关心顾客的利益、意见和要求。

第四章　我们的顾客

一、顾客是什么

对我们而言,顾客是全世界最重要的!

顾客是商业链中最重要的环节;

顾客是我们的衣食父母,一切业绩与收入的来源;

顾客是上帝;顾客至上;顾客永远是对的。

因此:

(1) 情绪低落时要进行自我心理调节,以免使顾客不悦;

(2) 对自己讨厌的顾客,也要从内心感激,否则你的言行会不自觉地流露出你的反感;

(3) 当顾客不讲理时,要忍让,因为顾客永远是对的;

(4) 绝不要逞一时口舌之快而得罪顾客,因为他们是我们的衣食父母,不是斗智斗勇的对象。

切记:我们的工作职责就是满足顾客的需要!

二、顾客的类型

1. 走马观花型

这类顾客一般行走缓慢,谈笑风生,东瞧西看,哪有热闹往哪去。对这类顾客,应随时注意其动向,当他到货架前欲查看我们的药品时,促销员应热情接待,尽量不使其空手而归。

2. 一见钟情型(易诱导型)

这类顾客大多喜欢新奇的东西,当他对某种药品发生兴趣时,会表露出中意的神情并询问。促销员要主动推荐。

3. 胸有成竹型

这类顾客目光集中,脚步轻快,直奔而来。促销员应迅速接近,积极推荐,尽量不要让他购买其它品牌。

作为一名促销员,每天要接待各种各样的顾客,能否使他们高兴而来,满意而归,关键在于把握不同顾客的购买动机和心理特征,采用灵活多样的接待技巧,通过主动、良好的服务来创造顾客提高业绩。

第五章　促销技巧

一、推销法则

推销的内容包括推销自己、推销观念、推销产品。先推销自己,再推销观念,最后推销产品。不管你推销什么,你都必须做到与众不同。如果你不能让顾客喜欢你,相信你,那就意味着你已失败了一大半。

二、5S 原则

1. 微笑(smile)

微笑可体现感谢的心与心灵上的宽容,笑容可表现开朗、健康和体贴的心态。

2. 迅速(speed)

以迅速的动作表现活力,不让顾客等待是服务的重要衡量标准。

3. 诚恳(sincerity)

以真诚的态度工作是促销员的重要基本心态和为人处事的基本原则。

4. 灵巧(smart)

以灵巧、敏捷、优雅的身体语言来获得顾客的信赖。

5. 研究(study)

要时刻学习和熟练掌握药品知识,研究顾客心理以及接待与应对的技巧。

三、FAB 法

1. 特性(feature)

介绍产品的特点、功能、用途等。

2. 优点(advantage)

相对于同类产品有哪些优点、疗效等。

3. 好处(benefit)

给顾客带来的好处、利益、方便等。

四、促销的步骤

顾客购买心理过程及促销员接待步骤。

(一) 顾客在购买过程中的心理变化

1. 注视留意

当顾客想买或随意浏览时,首先要环视货架上陈列的药品,如果此时发现了感兴趣的某种药品时,他就会驻足观看。在浏览的过程中,顾客往往会注意到店内的环境设施、药品陈列、电视演示以及各种宣传资料、POP 的摆放等等。

从购买过程来看,这是第一阶段,也是最重要的阶段。

如果顾客在浏览中没有发现感兴趣的药品,而促销员又不能引起顾客的注意,那么购买过程即告中断;倘若能引起顾客的注意,就意味着成功了一大半。

因此,当有顾客伫立在我们的货架前看药品时,促销员应立即主动地向顾客打招呼,同时可以用适当的询问来了解和观察顾客购买意图。

2. 感到兴趣

当顾客驻足于我们的药品前或是观看 POP 上的信息时,可能会对药品的价格、使用方法、功效等内容中的某一点产生了兴趣和好奇,进而会触摸、翻看或咨询。

顾客的兴趣来源于两方面：药品（品牌、广告、促销、POP 等）；促销员（服务使顾客愉悦）

3. 联想

顾客对我们的药品产生了兴趣时，可能会从触摸和各个不同的角度端详，或相关的产品宣传资料中联想到“此药品将会给自己带来哪些益处?”顾客经常会把感兴趣的药品和自己的日常生活联系在一起。“联想”阶段十分重要，因为它直接关系到顾客对药品表示满意或不满意、喜欢或不喜欢的最初印象和感情的阶段——“喜欢阶段”。在这个阶段，顾客的联想力肯定是非常丰富而又飘忽不定的。因此，在顾客选购药品时，促销员应使用各种方法和手段适度地帮助顾客提高他的联想力——这也是成功销售的秘诀之一。

4. 产生欲望

产生联想之后的顾客，接着会由喜欢而产生一种对这种药品购买的欲望和冲动。当顾客询问某种药品、并仔细地加以端详时，就已经表现出他非常感兴趣想买了。因此，促销员要抓住时机，通过细心观察，揣摩顾客的心理，进一步介绍其关心的问题，促进顾客的购买欲望。

5. 比较权衡

上述的欲望仅仅是顾客准备购买，尚未达到一定要买的强烈欲望。顾客可能会做进一步的选择；也可能会仔细端详其它同类产品；还可能从店中走出去，过一会儿（也可能是几天）又到本店，再次注视此药品。

此时，顾客的脑海中会浮现出很多曾经看过或了解过的同类药品，彼此间做个更详细、更综合的比较分析（比较的内容包括药品的品牌、功效、价格、质量等）

比较权衡是购买过程中买卖双方将要达到顶点的阶段，即顾客通过比较之后有了更全面的认识，将要决定购买与否的关键阶段。

也许有些顾客在比较之后就不喜欢这种药品了，也许有些顾客会做出购买决定，还有些顾客在这时会犹豫不决，拿不定主意，此时就是促销员表现的最佳时机——适时的提供一些有价值的建议，供其参考，帮助顾客下定决心。

6. 信任

在脑海中进行了各种比较和思想斗争之后的顾客往往要征求（询问）促销员的一些意见，一旦得到满意的回答，大部分顾客会对此药品产生信任感达成购买。

影响信任感的三个因素有：

（1）相信促销员

一是促销员的优质服务让顾客产生愉悦的心情，从而对其产生好感；

二是顾客对促销员的专业素质（药品专业知识）非常信任，尤其是对其提出的有价值的建设性意见表示认同，从而产生信赖感。

（2）相信药店（经营场所）

一是大多数顾客（特别是老年顾客）较注重药店的信誉，对一些国有的大药店或老字号的药店比较信赖；

二是 65% 的药品是在大型药店或老字号的药店购买。

（3）相信药品（制造商）

一是年轻顾客多认可知名品牌药品；

二是公司值得信赖。

在顾客即将产生信任的阶段,促销员的接待技巧、服务用语、服务态度、专业知识就显得非常重要,因为这些知识与销售服务技巧直接关系到能否当好顾客的参谋,使其产生信任感。

7. 决定购买

即顾客决定购买药品并付诸行动,例如有顾客说:"小姐,麻烦帮我拿一盒阿胶补血口服液。"这时要把握时机,一推一个疗程四盒。

8. 满足

顾客做出购买决定还不是购买过程的终点。

因为顾客在付款的过程中还可能发生一些不愉快的事情。如交款时、包装时、送客时促销员如有不周到之处,即会引起顾客的不满,甚至发生当场退货的事情。因此,促销员要自始至终保持诚恳、耐心的待客原则,直至将顾客送别为止。满足感,有两种:

(1) 顾客买到了称心的药品后所产生的满足感;

(2) 对促销员亲切服务的认可所产生的满足感。

另外,药品使用过程中的满足感也至关重要。这种满足感需要一定的时间才能体现出来,通过自己使用或家人对其购买药品的看法来重新评价所做出的购买决定是否明智。它影响顾客的重复购买率。

(二) 促销员接待步骤

第一阶段:销售开启

1. 待机(对应"注视")

所谓待机就是药店已经营业,顾客还没上门或暂时没有顾客光临之前,促销员边做销售准备、边等待接触顾客的机会。

促销员在待机过程中,不仅要想方设法吸引顾客的视觉,用整理药品、宣传品等方法引起顾客的注意,还要随时作好迎接顾客的准备。

但是,如果待机时间太长,容易造成促销人员扎堆聊天、吃东西、剪指甲、化妆、精力不集中等现象发生。

待机原则有以下几项:

(1) 正确的待机姿势。将双手自然下垂轻松交叉于胸前,或双手重叠轻放在柜台上,两脚微分平踩于地,身体挺直、向前微倾,站立的姿势不但要使自己不容易感觉疲劳,而且还必须使顾客看起来顺眼。另外,在保持微笑的同时还要以极其自然的态度观察顾客的一举一动,等待与顾客做初步接触的良机。

(2) 正确的待机位置。站在能够照顾到自己负责的药品区域,并容易与顾客做初步接触的位置为宜。

(3) 暂时没有顾客时。从另一方面来讲,当眼前没有顾客时,促销员仍保持正确的待机姿势是一件很痛苦的事情,有时也是徒劳。促销员应抓紧时间做其他工作:

检查陈列区 POP 和药品。随时清理自己负责的区域的环境卫生,认真检查药品包装质量,把有毛病或包装不合格的药品挑出来,尽可能地遮掩或移至相对隐蔽的位置,以防流入顾客手中,影响药店和本品牌的声誉。

整理与补充药品。把顾客挑选之后的药品重新摆放整齐;查看当天的销售情况和记录;随时补充不足的药品;及时更换破损和不足的 POP 及宣传品;检查货架与药品的卫生。

其他准备工作。学习充实有关药品和陈列技巧的知识;观察、学习别人的服务技巧,取长补短;注意竞品的销售状况和市场活动。

(4) 时时以顾客为重。即有顾客来时,要立即停下手中的事,招呼顾客。。

(5) 不正确的待机行为,包括:

躲起来偷看杂志、剪指甲、化妆、吃零食等;

几个人聚在一起嘀嘀咕咕,或是大声说话;

胳膊拄在药品、货架上,或手插在口袋里;

背靠着墙或依靠着货架,无精打采、胡思乱想、发呆、打哈欠;

远离工作岗位到别处闲逛;

目不转睛、不怀好意地盯着顾客的行动或打望顾客的衣服、容貌;

专注于整理药品,无暇顾及顾客。

2. 初步接触(以阿胶补血口服液产品为例)

从顾客的心理来讲,与其接触的最佳时机是在"兴趣"和"联想"之间,在这之前或之后,都不合适。

(1) 初步接触的时机

当顾客与促销员的眼神相碰撞时;

当顾客四处张望,像是在寻找什么时;

当顾客突然停下脚步时;

当顾客长时间凝视我们的阿胶补血口服液时;

当顾客用手触摸我们阿胶补血口服液时;

当顾客主动提问时。

对于 OTC (Over The Counter,即非处方药,可在柜台上卖的药)产品,顾客的购买心理过程是非常快的,从"注视"到"决定行动"中的心理阶段是很短暂的,这就需要促销员尽早与其接触。

(2) 初步接触的方法

产品接近法——当顾客正在凝视产品(如阿胶补血口服液)时。这种方法是销售中最有效的接近方法,因为通过向顾客介绍阿胶补血口服液,可以把顾客的注意力和兴趣与阿胶补血口服液联系起来。例如,促销员用手指向阿胶补血口服液和顾客搭话:"您好,您正在看的是我们公司推出的最新产品,阿胶补血口服液第四代,补血造血快。若您感兴趣的话,我可以详细地介绍一下。"

当阿胶补血口服液的某种特性与顾客的需求相吻合时,用这种介绍方法接近顾客十分有效。

服务接近法——当顾客没有在看阿胶补血口服液,或者我们不知道顾客的需求时,最有效的方法就是用友好和职业性的服务接近法向顾客提供帮助。一般情况下,可以单刀直入地向顾客询问,例如,"您好,您想看看什么产品?"

有一种情况,就是顾客在浏览阿胶补血口服液时不愿意被别人打扰,可能会说:"我什么都不买，只是随便看看。”遇到这种情况，我们应以真诚的口吻说：“没关系，您可以慢慢看，如有什么需要帮忙的，请随时叫我。”然后要注意，不要紧跟着顾客，也不要紧盯着顾客的一举一动，用视线的余光照顾到顾客就行了。

如果遇到或察觉到脾气较暴躁、刺头类型的顾客时，最好随他自由选择，待对方发问时再上前介绍。

3. 产品提示

在这一步骤中，阿胶补血口服液提示的目的不仅是促销员把阿胶补血口服液拿给顾客看看，还要求促销员将阿胶补血口服液本身的情况（功效、价格等作简单清楚的介绍，以提高顾客的联想力，刺激其购买欲望的产生。

（1）介绍阿胶补血口服液本身的情况

① 让顾客了解阿胶补血口服液的使用状况。顾客在购买阿胶补血口服液之前，非常想知道阿胶补血口服液在使用时的效果。因此，促销员一定要想方设法多向顾客介绍这方面的情况，其中包括阿胶补血口服液的功效、价格、原料、工艺、服用方法、副作用等，这也是做阿胶补血口服液展示的过程，展示的目的就是要使顾客看清阿胶补血口服液的特点，减少挑选的时间，引起其购买的兴趣。

② 尽可能鼓励顾客触摸、试用阿胶补血口服液。促销员不仅要将阿胶补血口服液知识解释给顾客听，拿给他看，更要让他触摸、试用，充分调动顾客的多种感官，以达到刺激其购买欲望的目的。

③ 要让顾客对同类产品作比较。顾客在购买时都喜欢比较，在许多同类产品中，阿胶补血口服液从内在质量到外包装都是比较优秀的。所以，促销员应将阿胶补血口服液和同类产品作可信比较，在功效、疗程、价格、服用方便等方面比出阿胶补血口服液的优势来。一来满足顾客买到的是最好的欲望，二来大多数顾客希望买到的阿胶补血口服液是由自已判断挑选的，而不是由促销人员推荐的。

（2）介绍阿胶补血口服液行情

顾客多有从众心理。他们会选择热销的阿胶补血口服液。

（3）介绍时引用例证

一般可引用的证据有：荣誉证书、质量认证证书、数据统计资料、专家评论、广告宣传情况、报刊的报到情况等。除此以外，以往顾客使用阿胶补血口服液的情况、体验与评价，都能作为说服顾客购买的依据。

第二阶段：展示产品

1. 产品说明

前面已经讲过，顾客在对阿胶补血口服液产生欲望后，并不会立即购买，而要在心里反复进行思想斗争，经过多方面“比较权衡”直到充分信赖之后，才会采取购买行动。

促销员要为顾客做阿胶补血口服液说明，首先必须精通阿胶补血口服液有哪些原药材制成及各种原药材的补血益气作用，原药材是千百年来公认有确切疗效的，对顾客有很强的说服力。

（1）要注意调动顾客的情绪

常常能见到一些促销人员只顾自己讲得口若悬河，滔滔不绝，实际上没人愿意来药店听你单口相声,也不愿被强迫推销。推销是互动的、双向的沟通和交流。它应该由问题和解释、特性、优点和利益的方案,以及一种简单、轻松的对话方式组合而成。如果促销员不顾及顾客的感受,顾客可能只记得你讲的一小部分,还因不感兴趣或反感而扭头就走。如果能与顾客展开对话,让顾客参与到说明的活动中来,让其发表意见,促销员在适当的时机主动提问并回答一些问题,就会大大提高成交的机率。

(2) 语言要流利,避免口头禅

在阿胶补血口服液说明时,要避免"啊"、"嗯"、"大概"、"可能"等口头禅或含糊不清的语言,轻则会让顾客认为你对阿胶补血口服液不熟悉,重则认为你不诚实。

2. 顾问式积极推介

经过促销员的一番详细说明之后,顾客对阿胶补血口服液的功效、使用方法、价格等已经有了全面的认识,甚至会产生强烈的购买欲望。但是,大多数的顾客在这个阶段是不会冲动地立即掏出钱包的,在他们的脑海中还会浮现出很多曾经看过或了解过的同类补血口服液,彼此间做个更详细、综合的比较分析;有的顾客也可能只是有一些犹豫,不知道该不该买?买得值不值?

顾客的"比较权衡"是购买过程中买卖双方将要达到顶点的阶段,所以在此时,促销员要把握机会,提供一些有价值的建议给顾客,供其参考,帮助顾客下定决心。

(1) 认识顾问式服务

所谓顾问式服务就是促销员要真诚地帮助顾客,不论顾客能否在阿胶补血口服液介绍和自身决策方面做某种程度的选择,促销员都要站在顾客的立场上为其着想,针对顾客的需求给予他们最多的阿胶补血口服液的咨询和建议,使他们能放心、愉快地购物。

(2) 积极推介的四个原则

① 帮助顾客比较产品。促销员要帮助顾客做阿胶补血口服液的比较,利用各种例证充分说明所推荐的阿胶补血口服液与其它补血口服液的不同之处,并对顾客特别强调此阿胶补血口服液的优点在哪里。

② 要实事求是。千万不要信口开河,把不好的说成好的,没有的说成有的,要本着诚实的原则。

③ 设身处地地为顾客着想。必须处处站在顾客的角度,为顾客的利益着想,只有这样才能比较容易说服顾客购买。

④ 让产品自身说话。把阿胶补血口服液自身的特点展示给顾客看,效果会更好。

为了赢得顾客的信赖,促销员不仅要熟悉自己的产品,还要对竞争产品加以研究,这样,推介才更有说服力。

(3) 推介时要注意销售要点的运用

由于阿胶补血口服液有多种功效,这就需要促销员首先把产品功效中最能影响顾客购买决定的一点——补血快,用最简单、最可信的语言表达出来。其次才是介绍其它特点。

(4) 推介产品的最佳方法——使用 FAB 句式

针对不同顾客,把最符合顾客需求的阿胶补血口服液利益向顾客推介。

3. 处理反对意见

在推介中,顾客会随时提出各种疑问或是用各种理由来挑剔。我们把这种疑问和挑剔统称为反对意见。

顾客提出反对意见是销售活动中的一种必然现象,它既是成交的障碍,又是顾客有购买意图的征兆。如果顾客没有购买兴趣和动机,也就不必在阿胶补血口服液上多费唇舌了。

为把反对意见转化为有利于销售的行为,促销员要抓住机会,了解隐藏在反对意见背后的真实动机。

处理反对意见的注意事项:

① 抱欢迎的积极态度,不能一副不屑的样子;

② 不要与顾客争辩;

③ 找出顾客误解和反对意见的真正原因;

④ 在解释时,如遇顾客提及竞争品牌,要从正面阐述自己品牌的优势,讲述竞争品牌不具备的优点,不要讲竞争对手的坏话;

⑤ 要不断观察顾客的反应;

⑥ 不懂或无法处理时,应与药店或主管取得联系。

第三阶段:完成销售

1. 掌握成交的时机

当顾客一旦出现购买的信号时,促销员就要自然停止阿胶补血口服液介绍,转入建议购买的攻势中。机会稍纵即逝,要好好把握,时刻记住,只有把球踢进才是最终目的。

(1) 语言上的购买信号

① 反复关心某一优点或缺点时;

② 询问有无赠品时;

③ 征询同伴的意见时;

④ 讨价还价,要求打折时;

⑤ 关心售后服务时;

(2) 行为上的购买信号

① 面露兴奋神情时;

② 不再发问,若有所思时;

③ 同时索取几个同类补血口服液来比较、挑选时;

④ 关注促销员的动作与谈话时;

⑤ 不断点头时;

⑥ 翻阅产品说明和有关资料时;

⑦ 离开后又转回来时;

⑧ 查看阿胶补血口服液有无瑕疵时;

⑨ 不断地观察和盘算时。

2. 建议购买

时机成熟时,就要大胆请求顾客购买,并一推一个疗程,不要想对方能否买得起。因为我们提供给顾客的是高科技、高品质的产品,所以促销员要非常自信、理直气壮地要求顾客下定决心购买!

3. 成交

要尽快帮助顾客确定他要的数量,包装时要快捷,并检查阿胶补血口服液有无污损。

4. 出售连带产品(经销商处促销)

顺便推荐本厂相关连的产品,如阿胶块。

5. 建立相关资讯

尽可能地记下顾客性别、年龄、教育程度等资料以便反馈回公司。

6. 欢送顾客

无论是已购买或是没有购买产品的顾客,对他们都要表示真诚的感谢之意。要注意顾客有无遗留物品,并不要忙于收拾、整理东西。送客是最后的服务机会,给顾客留下一个好印象,有助于顾客的重复购买或以后再买。

五、语言表达的技巧

(1) 态度要好。点头示意,笑脸相迎。

(2) 要突出重点和要点。推荐和说明必须抓住重点,突出要点,言简意赅。

(3) 表达要恰当。说话准确、贴切。

(4) 语气要委婉。把涉及顾客生理上的缺陷和忌讳的话讲得中听。

(5) 语调要柔和。说话柔和会使顾客产生舒服的感觉。

(6) 要通俗易懂。使用普通话,避免专业术语。

(7) 不要夸大其辞。诚实、客观的推介阿胶补血口服液。

(8) 要留有余地。不能说"没有了"、"不知道"等毫无伸缩性的绝对回答。

(9) 要有问必答。如:无论是有关阿胶补血口服液交易的问题,还是其他问题,都要尽量回答;对不知道的,要表示歉意。

第六章　促销员行动规范

一、职业仪表要求

职业仪表是指促销人员在工作时的服装、修饰、举止姿态、精神状态、个人卫生等方面的外观表现,以能反映健康的精神面貌、给顾客带来良好的感觉为标准。

(1) 服饰美:和谐、大方,穿戴整洁。

(2) 修饰美:美观、淡雅,讲究个人卫生。

(3) 举止美:言谈清晰文雅,举止落落大方,态度热情稳重,动作干脆利落。

(4) 情绪美:热情洋溢,精力充沛。

二、规范用语

常用的规范用语包括:

"您好!"

"好的!"

"请您稍等!"

"让您久等了!"

"对不起!"

“谢谢您!”

三、禁忌用语

最可能出现的禁忌用语包括:
“你自己看吧。”
“不可能出现这种问题。”
“这肯定不是我们的原因。”
“我不知道。”
“你要的这种没有。”
“这么简单的道理你也不明白?”
“我只负责卖东西,不负责其他的。”
“这些产品都一样,没什么可挑的。”
“想好没有,想好了就赶快交钱吧。”
“没看我正忙着吗? 一个一个来!”
“别人用得挺好的呀!”
“我们没有发现这个毛病呀。”
“你先听我解释。”
“你怎么这样讲话的?”
“你相不相信我?”

四、药店纪律

(1) 不能珠光宝气,香气扑鼻。
(2) 不能衣观不整,掉扣脱线。
(3) 不能发型、化妆怪异。
(4) 不能表情麻木,萎靡不振,抱肘拥胸,手插衣袋。
(5) 不能与顾客、药店管理人员发生争执。
(6) 不能看报刊杂志、剪指甲、化妆。
(7) 不能谈天说地、嬉笑喧哗、吃零食。
(8) 不能靠在货架或墙上。
(9) 不能远离工作岗位,到别处闲逛。
(10) 不能出现违法乱纪、违反药店及公司其它规章制度的行为。

五、日常工作流程

1. 上班
出门之前请检查是否遗忘所需物品(如钥匙、胸卡等)。
2. 准备工作
(1) 参加工作例会
- 早例会;

向主管汇报前一天的销售业绩以及重要信息反馈；

听从主管分派当日工作计划和工作要点；

清点、申领促销品。

(2) 商品及促销品的清点、登记、检查、整理和准备,包括价签的检查。

(3) 场地的清洁。

3. 营业中的注意事项：

(1) 及时要货、补货；

(2) 做好销售记录、促销品登记；

(3) 随时保持好标准化陈列和整洁；

(4) 搞好与药店店员的客情关系。

4. 营业即将结束时的工作

(1) 清点、整理阿胶补血口服液与促销品；

(2) 报表、报告的完成与整理；

(3) 药店场地的清洁和整理。

(4) 参加工作例会。

- 晚例会

向公司主管提交各项报表、报告,反馈消费需求信息与竞品信息；

表现的自我评价与主管评价,接受批评和建议。

- 周、月例会

向主管提交各项报表、报告,反馈消费需求信息与竞品信息；

清点、申领促销物品；

工作表现的评估与分析；

接受主管或公司组织的知识技能培训。

六、促销员考核制度

(1) 促销员由业务主管进行考核。

(2) 促销员每日考勤(考勤时间以规定作息时间为准)由所在药店该柜组长考勤(在考勤表上签名)；考勤表由本人保管,遗失或作弊者处以当日应得基本工资两倍的罚款；此考勤办法由公司业务主管向药店柜组长说明。

(3) 由公司业务主管作抽查,凡迟到、早退30分钟者,罚款20元；超出30分钟者,处以当日应得基本工资2倍的罚款；迟到、早退60分钟以上以及脱岗者,视为旷工,扣除所有应得工资并辞退。

(4) 病事假需提前通知公司业务主管,经同意后方可,并扣除当日应得工资；每月超过2次劝其离职。

(5) 违反《药店纪律》、《行动规范》及不服从业务主管管理者,一次罚款50元；两次以上及情节严重者,扣除所有应得工资并辞退。

资料来源:http://www.btophr.com/s_frm2004/48087.shtml

附录4

销售计划书实例

互动宽带进家庭计划市场推广方案

在2010年7月份，江苏省H市广电分公司完成新发展基本用户全年任务的115%，互动电视用户完成全年任务的97.5%，宽带用户完成全年任务的85%。经营收入与去年同比增长62.2%，完成全年指标的79.32%，其中增值业务营业收入比例大幅提高，是数字电视基本收视费的33.7%。

针对H市互动电视和有线宽带良好发展趋势的实际情况，我们决定加快实施“互动宽带进家庭”计划，力争基本业务和增值业务收入相当。达到抢占市场先机，优化经营结构，提高经营质量的目的，使广电网络真正成为千家万户人人享用的多媒体信息服务平台。

一、市场现状分析

（一）数字电视老用户

截止到2010年7月底，H市有线数字电视用户12.4万户，互动电视终端3.04万户，有线宽带在线9000户，同时使用互动电视和有线宽带用户3000户。

（二）数字电视新用户

抽样调查数据（表7-1）显示，平均互动率47.2%，平均宽带率31.2%。

表7-1　数字电视使用状况

新建小区	总数	互动	互动率	宽带	宽带率
香格里拉	319	175	54.8%	92	28.84%
恒辉花园	127	62	48.8%	33	25.98%
欧洲城	169	76	44%	77	45.5%
电厂河	147	47	31.9%	36	24.5%

二、目标定位

（一）总体目标

通过设计互动和宽带捆绑套餐，吸引互动电视用户使用有线宽带，让有线宽带用户使用互动电视，使更多的家庭同时使用互动电视和有线宽带。

在三网融合过渡期内，使全市数字电视家庭互动率达到50%，宽带率达到30%，力争基本业务和增值业务收入相当。达到抢占市场先机,优化经营结构,提高经营质量的目的。

（二）目标客户

1.“互动+宽带”目标客户

(1) 数字电视老用户(图7-1)

- 互动电视用户中未用有线宽带用户:2.7万户。
- 有线宽带用户中未用互动电视用户:6000户。
- 互动电视、有线宽带均未用用户:8.4万户。

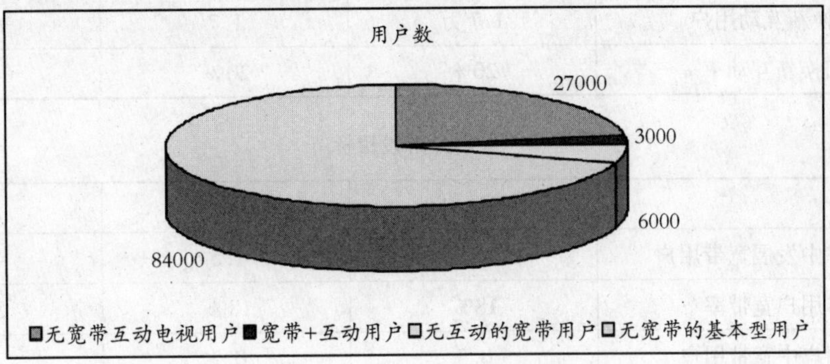

图7-1 数字电视用户概况

(2) 数字电视新用户

新增用户约1万户/年。

2. 互动电视目标客户

(1) 数字电视老用户

未使用互动电视用户9万户。

(2) 数字电视新用户

新增用户约1万户/年。

3. 有线宽带目标客户

(1) 数字电视老用户

未使用有线宽带用户11.1万户。

(2) 数字电视新用户

新增用户约1万户/年

（三）目标测算

到2012年底,H市有线数字电视用户预计增长到约15万户,按互动率达到50%测算,互动用户需增长至7.5万户;按宽带率达到30%测算,宽带在线用户需增长至5万户。

现有互动在线用户3.04万户;宽带在线用户约1万户。

因此要在两年内达到最终目标,互动用户需新发展4.5万户,新装数字电视用户需达到50%的互动率,即新装互动用户1.5万户;互动以旧换新用户则需达到3万户以上,即8.4万基本用户中以旧换新的互动率需达到40%以上。

宽带用户最终需要发展到5万户,除现有在线用户外则需要在两年内新发展宽带4万户。互动中未用宽带的用户2.7万户,宽带率需达到37%,约1万户;互动和宽带均未用的8.4万户,宽带率需达到37%以上,约3万户。

（四）分阶段目标任务

根据目标测算，计划分成两个阶段来发展（表7-2，表7-3）

表7-2　互动分阶段目标

	2011年	2012年	合计
新装用户中互动用户	0.8万	0.7	1.5万
新装互动率	53%	47%	50%
以旧换新互动用户	1.7万	1.7	3.4万
以旧换新互动率	20%	20%	40%

表7-3　宽带分阶段目标

	2011年	2012年	总计
基本用户中发展宽带用户	1.5	1.5	3万
基本用户宽带率	18%	18%	36%
互动用户中宽带用户	0.5	0.5	1万
互动用户宽带率	19%	19%	37%

三、市场推广

（一）营销策略

坚持以互动电视的发展带动有线宽带的发展，以有线宽带的发展促进互动电视的发展，将付费频道、高清电视、本地化信息等优势资源有机结合、有效配合。

1. “互动+宽带”发展策略

设计“互动+宽带”产品，并统称为“互动E网”套餐（表7-4）。用户加入“互动E网”后，年资费为600元，包含600元有线宽带包年不限时，+96元互动电视基本服务费，+100元精选付费节目包一年。

套餐资费：600元。

表7-4　“互动E网”套餐内容

套餐内容	套餐价值	总价值
有线宽带包年不限时	600元	796元
互动电视基本服务费	96元	
精选付费电视节目包一年	100元	

2. 互动发展策略（上表外边框已改，原表格边框未显示）

（1）针对新用户延续领互动型机顶盒优惠初装费政策；

（2）针对老用户开展机顶盒“以旧换新”活动。

3. 宽带发展策略

每月单独开展宽带促销活动，拉动新用户入网，老用户续费。

（二）营销手段

1. 用户加入套餐优惠政策

对已完成整转的区域，把互动电视用户和有线宽带用户作为第一目标用户，制定相应的优惠政策，使互动电视用户订购有线宽带，有线宽带用户订购互动电视业务，令其真正得到具有诱惑力的实惠。

（1）"互动+宽带"优惠政策（表7-5~表7-8）

A. 互动用户加入互动E网套餐：600元

表7-5 互动E网套餐：600元

套餐内容	套餐价值	总价值
有线宽带包年不限时	600元	800元
数字电视服务费	100元	
精选付费电视节目包一年	100元	

副机购买互动机顶盒用户，加入互动E网套餐：1063元

表7-6 互动E网套餐：1063元

套餐内容	套餐价值	总价值
互动机顶盒一台	593元	1193元
有线宽带包年不限时	600元	

B. 宽带老用户，基本型升级为互动，加入互动E网套餐：0元

表7-7 互动E网套餐：0元

套餐内容	套餐价值	总价值
互动机顶盒一台	593元	593元

注：需交回旧机顶盒一台，并承诺连续开通互动电视两年。

C. 基本型用户，加入互动E网套餐：600元

表7-8 互动E网套餐：600元

套餐内容	套餐价值	总价值
互动机顶盒一台	593元	1193元
有线宽带包年不限时	600元	

注：需交回旧机顶盒一台，并承诺连续开通互动电视两年。

以上用户加入互动E网套餐，第二年起，年资费按照"互动E网"套餐资费交纳。

（2）互动新发展优惠政策

新入网用户，选择互动型：200元。

表 7-9　互动型:200 元

套餐内容	套餐价值	总价值
互动机顶盒一台	593 元	793 元
数字电视增值服务费	200 元	

注:新入网用户需另缴纳 280 元初装费,承诺使用互动电视两年。

有线数字电视用户(无有线宽带),基本型升级互动型:100 元。

表 7-10　基本型升级互动型:100 元

套餐内容	套餐价值	总价值
互动机顶盒一台	593 元	693 元
数字电视增值服务费	100 元	

注:需交回旧机顶盒一台,并承诺连续开通互动电视两年。

(3) 宽带新发展优惠政策

有线宽带包年不限时 600 元 + 宽带促销活动。

2. 互动 E 网示范小区

对新建小区,我们联合本地各大媒体单位与房产开发商共同建设互动电视、有线宽带示范小区工程。使互动电视与有线宽带相互融合、相互依存、一体营销,共同进入家庭。

(1) 新小区目标数量

两年内,建成数字电视示范小区 30 ~ 40 个,全互动电视和有线宽带网络接入。

(2) 目标任务

初步测算,新小区平均每个小区约 800 户,总户数约 24000 ~ 32000 户,使宽带率达到 37%,互动率达到 50%,宽带用户平均达到 1.03 万户,互动平均达到 1.4 万户。

(3) 新小区初步实施细则

数字电视新入网用户需缴纳 480 元费用,其中含初装费 280 元,互动点播费 200 元,由开发商同市有线共同为小区所有住户承担一部分费用。

数字电视示范小区住户,交房时将领到一张“电视一卡通”,住户可凭此卡和卡上姓名的身份证到市有线数字电视营业网点免费领取一台互动型机顶盒,并且只需缴纳 600 元,加入“互动 E 网”套餐,数字电视所有业务除了高清电视外全部开通,5 个工作日内由有线安装人员上门安装调试。

另外,小区住户还可以到物业管理办公室办理数字电视。

(4) 数字化增值服务

小区物业管理中的监控网络,可使用有线数字电视线路,作为合作诚意项,进行优惠安装。

(三) 营销渠道

除了资费策略和宣传推广策略的制定外,营销渠道的建立也是本次推广活动的一项重要措施,且已经成为成功地满足顾客和竞争需要的关键性战略武器。因此为了实现最终市场营销的成功,抢占市场份额,必须建立完善而立体的营销渠道。

1. 营业厅营销

营业厅营销是重中之重，因为营业大厅是用户办理业务的集中场所，主要的营业指标都来自于营业员的营销，因此对营业员的营销技能培训以及资费策略的学习和研究是窗口营销的一项重要措施。由于整转时期注重互动业务的全力推广，对互动业务已经掌握了很强的实战营销能力，因此对于新套餐"互动+宽带"业务的熟悉后，相信也同样可以掌握很好的营销技巧，推进新业务增长。

2. 社区营销

针对市场现状，市场营销部采取个人用户分片区管理、分片区营销的模式，每个片区根据用户规模配置相应的客户经理，进行点对点的营销，坚持服务进社区，宣传进社区，营销进社区。

3. 代理营销

与各个小区物业管理谈合作，由物业管理处代办各项业务以及业务的咨询，再由客户经理上门服务，以此种方式打开小区宣传推广的大门，并方便用户了解新业务，且可以及时的办理，从而不流失每一个潜在用户。

4. 合作营销

合作营销是拓展营销渠道的又一重要举措，我们将进一步深化和各大电器卖场、房地产开发商、企事业单位之间的合作。例如，配合新套餐的推出，我们可以同房地产开发商合作开展"互动宽带试点小区"项目，全面覆盖新建小区，抢占潜在市场。

（四）宣传策略

1. "互动e家"品牌宣传

采用点、面结合的方法，加大宣传力度，让用户充分了解到新套餐内容和优势，让用户知晓新产品。一是"面"上提高宣传广度。采用平面媒体((市晚报、广播电视报)进行宣传；利用自有媒体宣传，如在开机画面、信息频道、EPG挂角(数字电视的一种广告)、电视邮件、电视字幕、短信平台等宣传新产品的内容或者优势；二是"点"上拓展宣传深度。通过小区广告牌、横幅，深入社区宣传；每周常态化进小区现场宣传；小区各楼道口张贴"互动e家"宣传单页；三是利用活动提高宣传热度。采用大型公关活动来宣传："互动e家"产品上市新闻发布会、"互动e家"形象代言人选拔赛、"互动e家"产品的宣传语征集等大型公关活动。

2. "互动e家"推广计划

第一阶段：市场预热(10月8日~11月8日)，10月8日为互动宽带产品上市日(召开新闻发布会、利用自有媒体展开立体式的广告宣传，中间穿插互动宽带家庭产品广告语征集活动)，让用户知晓新产品。

2.1　针对主要目标受众：原有的互动用户及有线宽带用户

宣传形式：点上宣传，互动界面屏显、TVMAIL、手机短信、客户经理电话、人员推广。

(1) 互动电视屏显：

互动e家，惠及全家！H市有线9月28日起，全新推出"互动e家"即"互动+宽带"，加入套餐享受多重优惠，咨询电话：96296。

(2) Email：

互动e家，惠及全家！H市有线9月28日起，全新推出"互动e家"即"互动+宽带"，加入套餐享受多重优惠,咨询电话:96296。

(3) 手机短信

互动 e 家,惠及全家! H 市有线 9 月 28 日起,全新推出"互动 e 家"即"互动 + 宽带",加入套餐享受多重优惠,咨询电话:96296。

(4) 客户经理电话

内容:您好,我是 H 市有线工作人员,我们现在推出"互动 e 家",主要告知什么是互动 e 家,加入 e 家有什么好处。

形式:宣传单页发放到互动电视用户家里。

2.2 针对目标受众:全体市民

宣传形式:面上宣传,EPG、开机画面、屏显、电视台、报纸、营业网点、小区广告牌、横幅

(1) EPG 广告

互动 e 家,惠及全家!

9 月 28 日起隆重上市

咨询电话:96296

(2) 开机画面

互动 e 家,惠及全家!

市有线 9 月 28 日起隆重推出全新"互动 e 家"套餐,600 元即可无限上网一年 + 免费畅点互动电视基本服务一年 + 免费看 10 套付费频道。详询:96296

(3) H 市晚报

形式:广告画面

主题:互动 e 家,惠及全家!

H 市有线 9 月 28 日起隆重推出全新"互动 e 家"套餐,600 元即可无限上网一年 + 免费畅点互动电视基本服务一年 + 免费看 10 套付费频道。详询:96296

软文:《H 市有线启动互动宽带家庭计划》、《互动宽带一个也不能少》

主题活动:互动宽带家庭计划广告语征集

奖品设置:

一等奖 2 名:高清互动机顶盒一台;

二等奖 5 名:有线宽带包年不限时一年;

三等奖 8 名:数字电视增值业务充值卡一张;

纪念奖 12 名:精美礼品一份。

(4) 广播电视报

软文:《H 市步入互动宽带新时代》

形式:广告画面

主题:互动 e 家,惠及全家!

H 市有线 9 月 28 日起隆重推出全新"互动 e 家"套餐,600 元即可无限上网一年 + 免费畅点互动电视基本服务一年 + 免费看 10 套付费频道。详询:96296

主题活动:互动宽带家庭计划广告语征集

(5) 营业网点

形式:宣传单页、游动字幕、KT 板(广泛用于广告展示促销)

海报:

主题:互动 e 家,惠及全家!

H 市有线 9 月 28 日起隆重推出全新"互动 e 家"套餐,600 元即可无限上网一年 + 免费畅点互动电视基本服务一年 + 免费看 10 套付费频道。详询:96296

办理地点:大治路 6 号清河营业厅　解放西路 82 号清浦营业厅

正大路 2 号城南营业厅

咨询电话:96296

宣传单页:

正面

主题:互动 e 家,惠及全家!

H 市有线 9 月 28 日起隆重推出全新"互动 e 家"套餐,600 元即可无限上网一年 + 免费畅点互动电视基本服务一年 + 免费看 10 套付费频道。详询:96296

办理地点:大治路 6 号清河营业厅　解放西路 82 号清浦营业厅

正大路 2 号城南营业厅

咨询电话:96296

背面:互动 e 家的具体内容

(6) 小区广告牌

主题:互动 e 家,惠及全家!

H 市有线 9 月 28 日起隆重推出全新"互动 e 家"套餐,600 元即可无限上网一年 + 免费畅点互动电视基本服务一年 + 免费看 10 套付费频道。详询:96296

办理地点:大治路 6 号清河营业厅　解放西路 82 号清浦营业厅

正大路 2 号城南营业厅

咨询电话:96296

背面:互动 e 家的具体内容。

第二阶段:品牌推广,提倡新业务的全新理念——互动宽带家庭,打造属于您的一站式娱乐生活。10 月 1 日 ~ 10 月 31 日,启动产品品牌形象宣传,主要通过互动家庭的形象代言人选拔赛,同时上部分公交户外广告。

四、机顶盒置换处理措施

(一) 回收处理

由创维机顶盒厂家对互动升级置换回的基本型机顶盒,以一定的价格进行回收处理。

1. 直接由厂家回收:南京启动的以旧换新活动机顶盒,创维机顶盒厂家 60 元/台收回,南京回收的机顶盒时间比较长,对厂家没有实际的回收价值;由于公司机顶盒比较新,可以采用以较高的价格回收处理,至少需 100 元以上每台。

2. 退回厂家翻新处理,重新包装,直接销售给客户(给客户一定的折扣)。

(二) 销售处理

对互动升级置换回的基本型机顶盒,进行性能测试,对发放时间进行登记,从而对新旧程度进行分类。

留下一部分性能较好，使用时间较短的基本型机顶盒，对其贴上性能测试等级标签以及新旧程度标签，将其作为副机购买的二手产品，以优惠的价格供需要购买第二台基本型机顶盒的用户选择。

二手机顶盒的保修期与新机顶盒相比，有一定的时间差别，在办理过程中由营业员对用户进行提醒。

H市广电分公司市场营销部

2010年9月2日

参考文献

[1] 赵欣然,王霖琳. 推销原理与技巧. 北京:北京大学出版社,2011.
[2] 思恩. 乔. 吉拉德经典推销思想和案例. 北京:中国纺织出版社,2012.
[3] 岳贤平. 推销洽谈. 北京:北京出版社,2012.
[4] 杨洁. 现代推销技术. 北京:北京大学出版社,2009.
[5] 兰晓华. 乔・吉拉德快速推销技巧. 北京:中国纺织出版社,2012.
[6] 刘志敏,张爱玲. 推销策略与艺术. 北京:中央广播电视大学出版社,2011.
[7] 郑锐洪. 推销学. 北京:中国人民大学出版社,2011.
[8] 姬爱国. 现代推销理论与技巧. 郑州:中原农民出版社,2007.
[9] 李享章. 推销原理与技巧. 上海:立信会计出版社,2010.
[10] 何毓颖. 推销与实务. 成都:电子科技大学出版社,2009.
[11] 孙金霞. 推销与谈判实务. 武汉:华中科技大学出版社,2009.
[12] 郭晓峰. 推销人员必备全书. 北京:中国纺织出版社,2010.
[13] 李享章. 推销原理与技巧. 上海:立信会计出版社,2010.
[14] 郑锐洪. 推销学. 北京:中国人民大学出版社,2011.
[15] 刘志敏,张爱玲. 推销策略与艺术. 北京:中央广播电视大学出版社,2011.
[16] 文义明. 世界上最伟大的推销大师实战秘诀. 北京:中国经济出版社,2011.
[17] 思恩. 乔・吉拉德经典推销思想和案例. 北京:中国纺织出版社,2012.
[18] 文义明. 世界上最伟大的推销大师实战秘诀. 北京:中国经济出版社,2011.
[19] 田春来. 现代推销技术. 北京:北京理工大学出版社,2012.
[20] 宋洪波,任锡源. 现代推销技术. 北京:中国物资出版社,2012.
[21] 宋素红,李学芝. 推销理论与实务第 2 版. 北京:化学工业出版社,2013.
[22] 陈国栋,周贺来. 现代推销实务第 2 版. 北京:机械工业出版社,2013.
[23] 冯枫. 推销技术. 北京:航空工业出版社,2012.
[24] 崔平. 推销学. 北京:机械工业出版社,2005.
[25] 戴尔・卡耐基. 卡耐基口才训练. 上海:上海社会科学院出版社,2006.
[26] 邱少波. 现代推销技能. 上海:立信会计出版社,2005.
[27] 吴健安. 现代推销理论与技巧. 北京:高等教育出版社,2005.
[28] 于雁翎. 推销实务. 广州:广东高等教育出版社,2006.
[29] 钟立群. 现代推销技术. 北京:电子工业出版社,2005.
[30] 中华演讲网 http://www.zhyjw.com/Article/yj/yjjq/Index.html
[31] 无忧营销网 http://www.wuvale.com/index.html
[32] 励志网 http://lizhi.bvgv.com/